MEIN GROSSES BUCH DER STICKMOTIVE

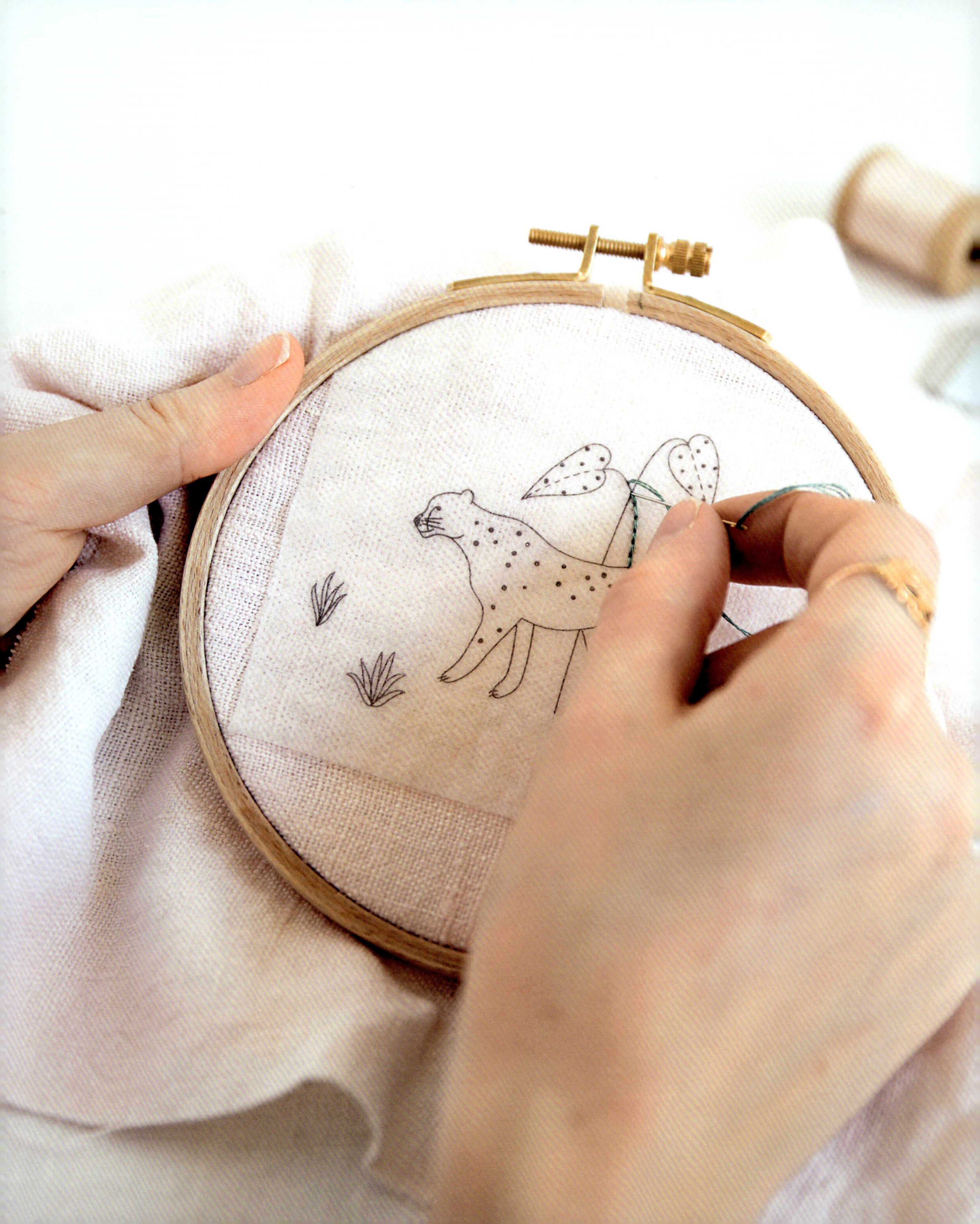

LUCILE TRICHET
FOTOGRAFIE ÉMILIE GUELPA

MEIN GROSSES BUCH DER STICKMOTIVE

MIT ÜBER **300** VORLAGEN

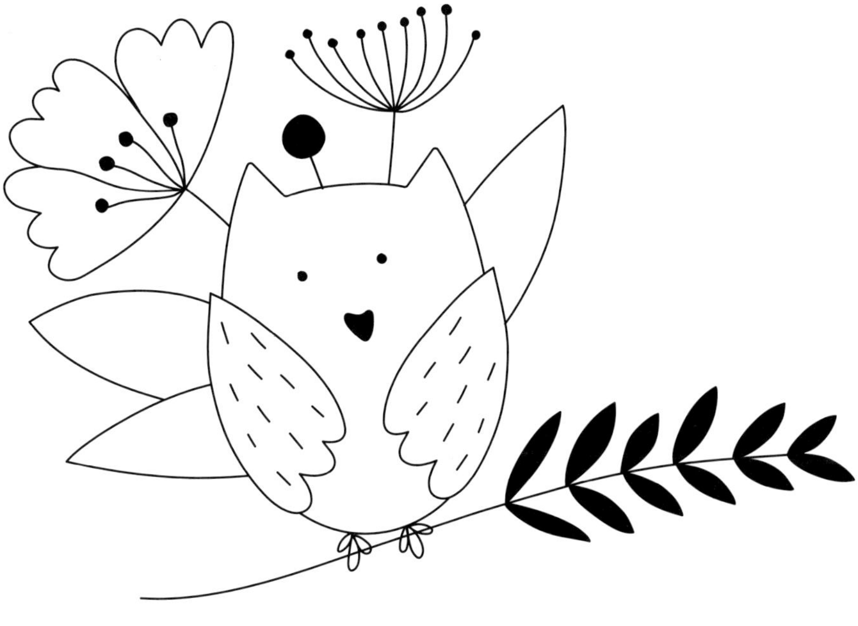

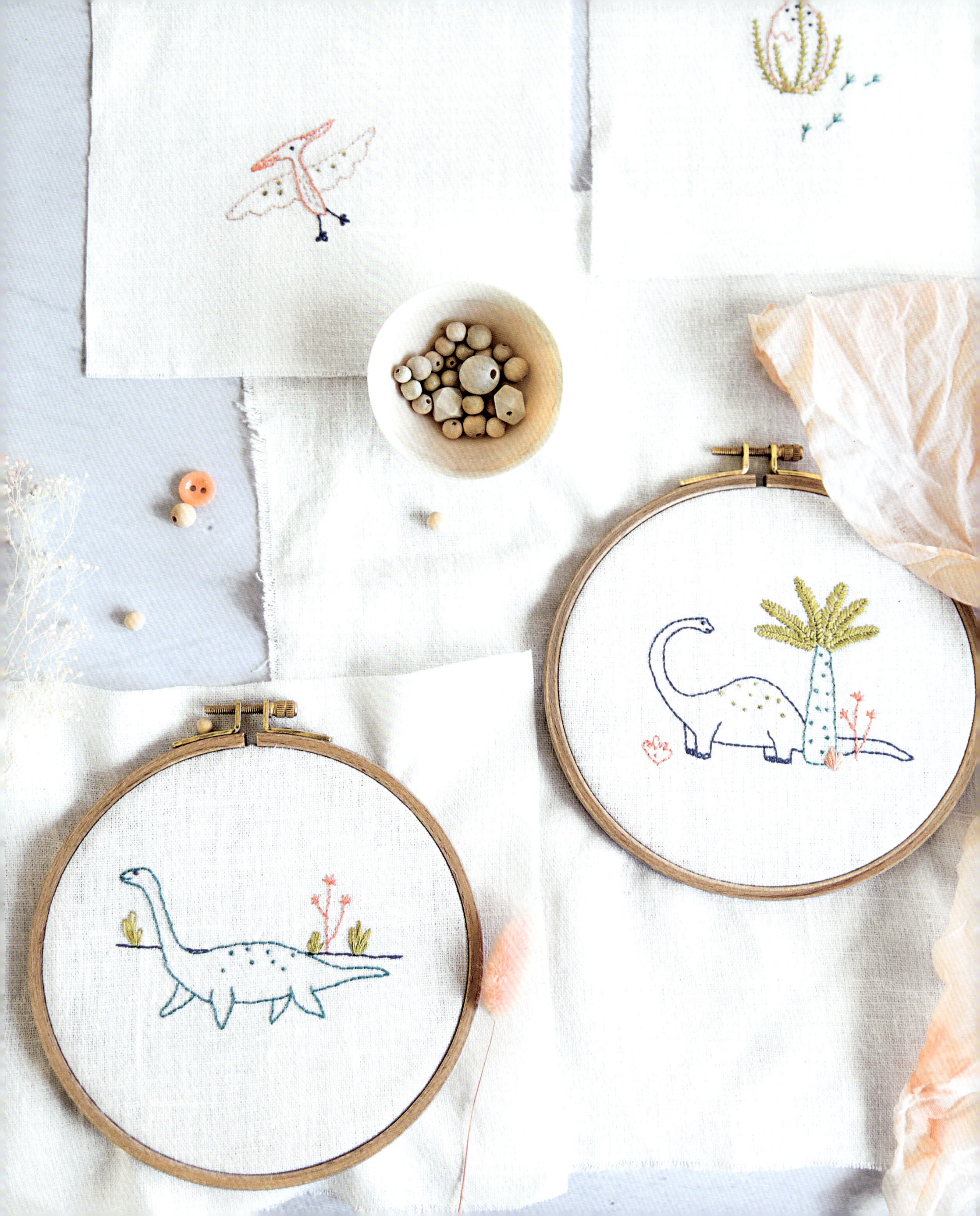

INHALT

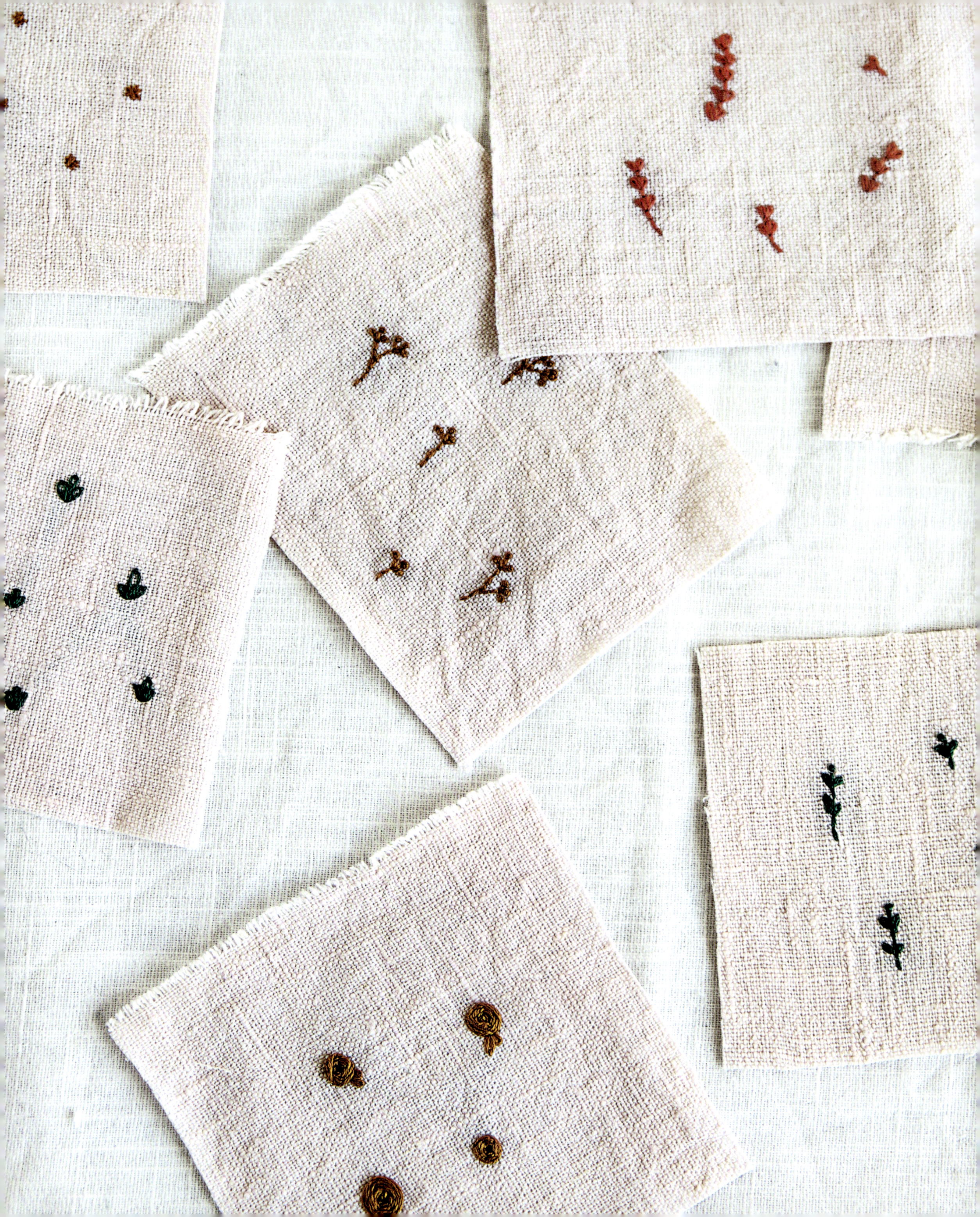

EINLEITUNG

Stickerei ist Design. Design mit Stoff und Faden. Damit lassen sich ganz nach Belieben Formen, Linien und Muster gestalten.

Ich wollte Stickmotive entwerfen, die aussehen wie auf Papier gezeichnete Skizzen. Kleine niedliche und poetische Elemente, Worte wie Erinnerungen, mit denen man Kleidungsstücke, Taschen und Accessoires des täglichen Lebens verzieren kann. Kleine Motive zum Kombinieren, im Doodle-Stil, mit zarten Mustern.

Die von Generation zu Generation überlieferte Kunst des Stickens lässt einem viel Raum für Kreativität und Individualität, denn sie passt sich den Moden und verschiedenen Kulturen an.

Heutzutage tritt, durch Entschleunigungs-Bewegungen und den Trend zum Selbermachen gefördert, die Stickkunst wieder mehr in den Vordergrund. Denn dabei kann man ganz in Ruhe und ohne Zeitdruck schöne Dinge gestalten. Sticken ist eine Möglichkeit, sich selbst auszudrücken und zu sich selbst zu finden.

Meine Motive habe ich mir im Laufe der Zeit und durch verschiedene Einflüsse angeregt erdacht; sie können je nach Schwierigkeitsgrad und Erfahrung ausgeführt werden. Die Modelle „Schritt für Schritt" sind eher für Anfänger, während bei den „zusammengesetzten" die Ausführung, Nadeln und Farben variiert werden können. Aber man kann sie immer wieder neu zusammenstellen, kombinieren und abwandeln, ganz nach Lust und Laune, wie auf einem großen Feld der Möglichkeiten. Und wenn Sie dieses Buch dazu anregt, Ihre eigenen Motive zu entwerfen und so wie ich die eigenen Gedanken auf den Stoff zu bringen, wäre ich überglücklich!

Und nicht vergessen: *Sticken ist einfach, man braucht nur Zeit und Herzblut!*

Lucile

NOTWENDIGE UTENSILIEN

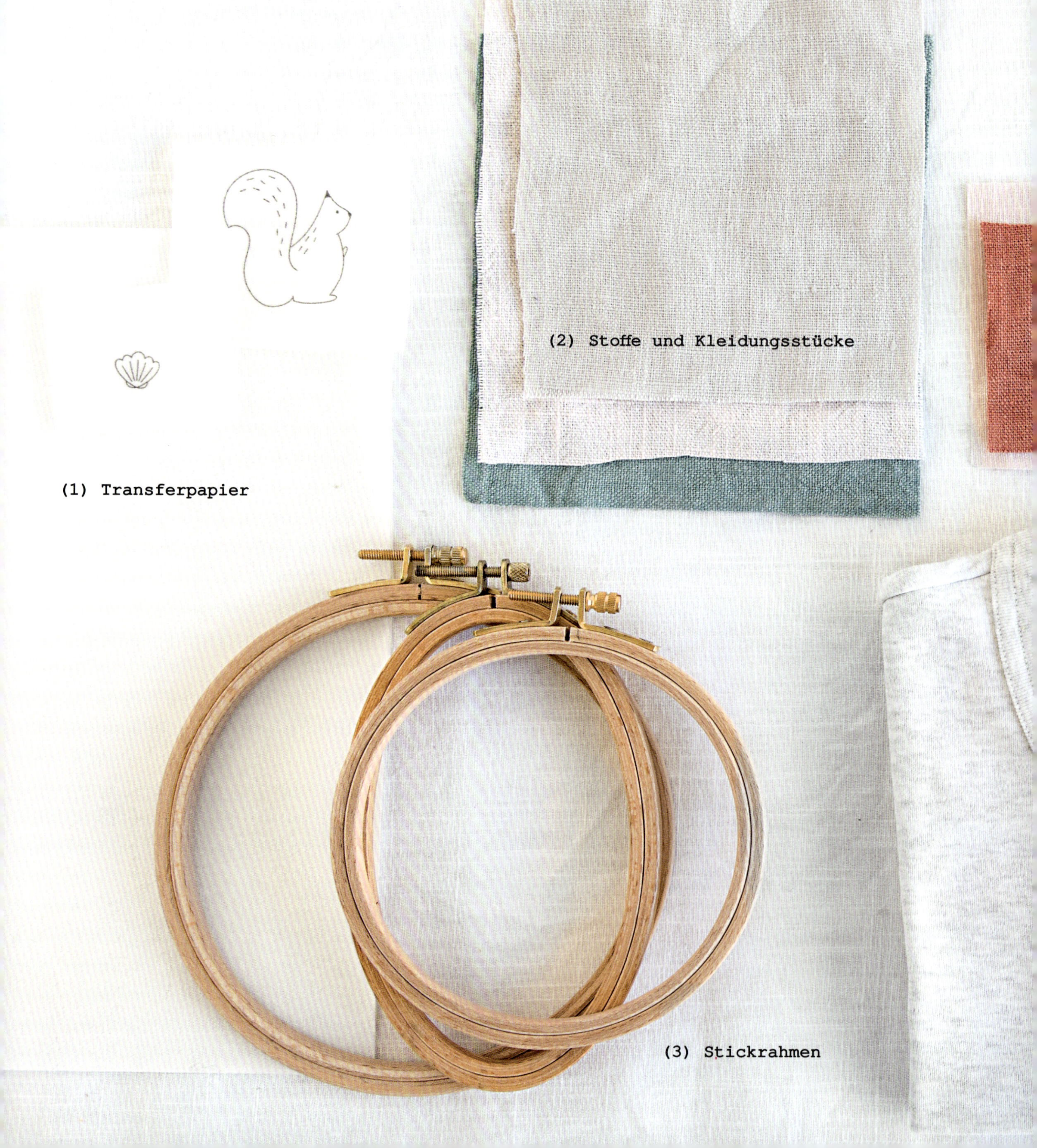

(1) Transferpapier

(2) Stoffe und Kleidungsstücke

(3) Stickrahmen

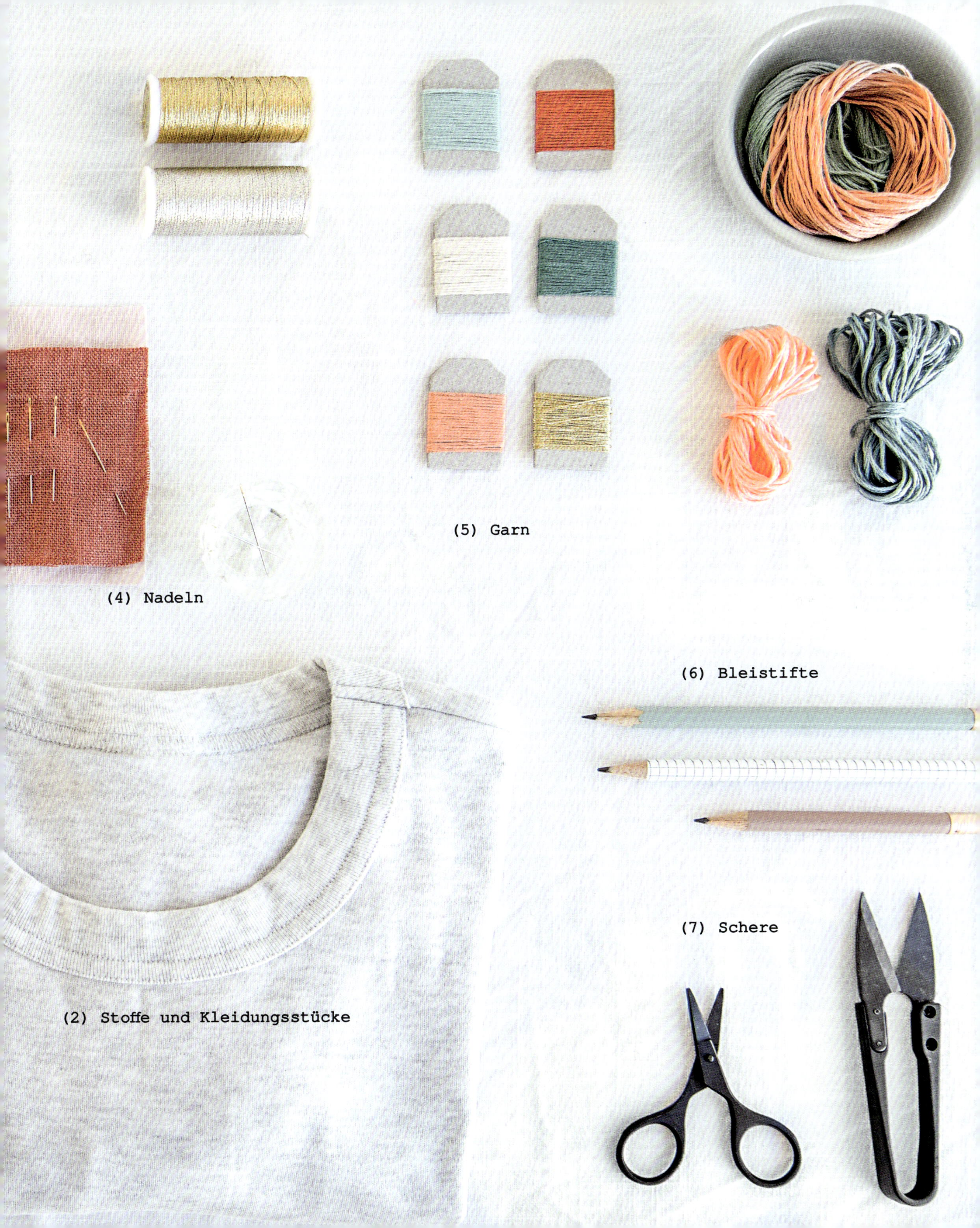
(5) Garn
(4) Nadeln
(6) Bleistifte
(7) Schere
(2) Stoffe und Kleidungsstücke

NOTWENDIGE UTENSILIEN

(1) Transferpapier
Damit kann man das Motiv auf ein Trägerpapier übertragen. Meistens wird wasserlösliches Transferpapier oder Schneiderkopierpapier verwendet.

(2) Stoffe und Kleidungsstücke
Wenn man ein Kleidungsstück oder ein Accessoire bestickt, sollte es aus glattem, mitteldickem Stoff sein, der nicht zu elastisch ist. T-Shirt-Stoffe sind meist elastisch, daher sollte man beim Kauf daher darauf achten, dass sich der Stoff nicht zu sehr dehnt, wenn man ihn auseinanderzieht. Für dekorative Arbeiten wie in diesem Buch eignet sich Aida-Zählstoff oder Stramin, also ein Stoff mit sichtbaren Fäden.

(3) Stickrahmen
Am besten ist ein Modell, das gut in der Hand liegt und den Stoff nicht beschädigt. Es gibt Modelle aus Kunststoff und aus Holz, wobei die aus Holz später einen hübschen Rahmen bilden, wenn man die Stickerei aufhängen möchte! Für die Stickereien in diesem Buch benötigt man Stickrahmen mit 12 oder 15 cm Durchmesser. Bei Bedarf kann man den Stickrahmen auf der Arbeit auch verschieben, damit das Motiv, an dem man gerade arbeitet, immer in der Mitte liegt.

(4) Nadeln
Zum Sticken eignen sich dünne Sticknadeln mit einem großen Nadelöhr, die den Stoff nicht beschädigen und keine Spuren hinterlassen.
Es gibt sie in unterschiedlichen Größen, die je nach Stärke des Stoffes und des Garns ausgewählt werden. Sticknadeln werden mit einer Skala von 1 bis 10 bezeichnet, von der dicksten bis zur feinsten Stärke.
Für die Stickereien in diesem Buch, für die der Faden meist doppelt genommen wird, nimmt man eher dünnere Nadeln in Stärke 7 oder 8.

(5) Garn
Die Wahl des Garns ist sehr wichtig, seine Qualität hat Auswirkungen auf die Stickerei.
Baumwolltwist, zum Beispiel von DMC, ist hochwertig und in unendlich vielen Farbnuancen erhältlich. Alle Projekte in diesem Buch wurden damit angefertigt.

(6) Bleistift
oder Transferstifte
Mit diesen Stiften kann man die Motive direkt auf den Stoff aufzeichnen. Allerdings eignet sich diese Methode eher für einfache Motive auf hellem Stoff. Möchte man kompliziertere Muster oder auf dunklem Stoff sticken, sollte man die Muster eher mit Transfer- oder Transparentpapier übertragen.

(7) Schere
Eine Schere ist beim Sticken ein unerlässliches Werkzeug. Am besten nimmt man eine kleine Schere mit einer feinen Spitze, die gut und präzise schneidet.
Um Fadenenden abzuschneiden, kann man auch einen Fadenabschneider verwenden – dessen Präzision ist unschlagbar.

GRUNDLAGEN DES STICKENS

Motiv auswählen
In diesem Buch gibt es Vorschläge für zahlreiche Motive in unterschiedlichen Größen und Schwierigkeitsgraden.
Bei den „Schritt-für-Schritt"-Motiven wird alles detailliert erklärt!
Die „zusammengesetzten" Motive lassen mehr Spielraum, was die Farbwahl und Ausführung betrifft.
Die Skizzen, bei denen mehrere Motive zu einem neuen Bild zusammengefügt werden, werden vor allem fortgeschrittene Stickerinnen begeistern.
Die Motive können beliebig abgepaust und miteinander kombiniert werden, indem man sie über- oder nebeneinanderlegt.
Mit diesen Motiven ist alles möglich.

Motiv übertragen
Das Motiv muss zunächst unbedingt auf den Stoff übertragen werden, dafür gibt es verschiedene Methoden.

Mit einem Transferstift
Zunächst das Motiv auf Papier übertragen. Die Kopie sollte kontrastreich sein, damit alle Details gut zu erkennen sind. Dann die Kopie mit der rechten Seite auf Transparentpapier legen und das Motiv auf der Rückseite mit einem Transferstift nachzeichnen. Diese Seite dann auf den zu bestickenden Stoff legen und das Motiv aufbügeln. Diese Technik eignet sich besonders für helle Stoffe und einfache Motive.

Mit Schneiderkopierpapier
Das Motiv abpausen, den Stoff glatt ausbreiten und das Kopierpapier mit der rauen Seite nach unten darauflegen. Darüber das Motiv legen und die drei Schichten zusammenheften, damit sie nicht verrutschen. Die Konturen des Motivs mit einem Bleistift nachzeichnen, dabei den Stift feste drücken, anschließend die Papiere abnehmen. Für dunkle Stoffe helles Kopierpapier und für helle Stoffe dunkles Papier verwenden, damit die Motive gut zu erkennen sind.

Mit wasserlöslichem Transferpapier
Dies ist die einfachste und verlässlichste Methode.
Das Motiv mit einem spitzen Bleistift auf das Transferpapier übertragen, dann die dünne Folie abziehen und das Transferpapier auf den Stoff kleben. Wenn man einen Drucker besitzt, kann man das Motiv einscannen und direkt auf das Transferpapier drucken. So werden alle Details übertragen.
Anschließend das Motiv sticken und dabei mit der Nadel durch das Papier und den Stoff stechen.
Am Ende wird der Stoff in Wasser gelegt, wobei sich das Papier auflöst.
Daher spricht man auch von „Zauberpapier".

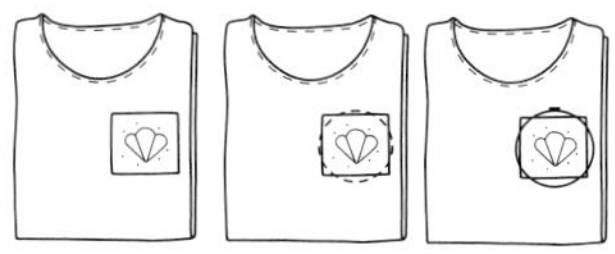

Den Stickrahmen befestigen
Zunächst den Stoff schön glatt bügeln.
Dann auf einer glatten Arbeitsfläche den inneren Ring des Stickrahmens um das Motiv unter den Stoff legen und den äußeren Ring darüberlegen, die Ringe ineinanderdrücken. Dabei darauf achten, dass der Stoff gespannt ist, ohne dass er sich jedoch verzieht, und die Schraube am Stickrahmen festziehen.

Den Stickfaden vorbereiten
Der Stickfaden ist der in die Nadel eingefädelte Faden.
Er sollte nicht zu lang sein, damit er sich nicht verheddert oder beschädigt wird.
Es ist daher besser, ihn regelmäßig zu erneuern. Stickfäden aus Baumwolltwist und aus metallischem Garn werden unterschiedlich vorbereitet.

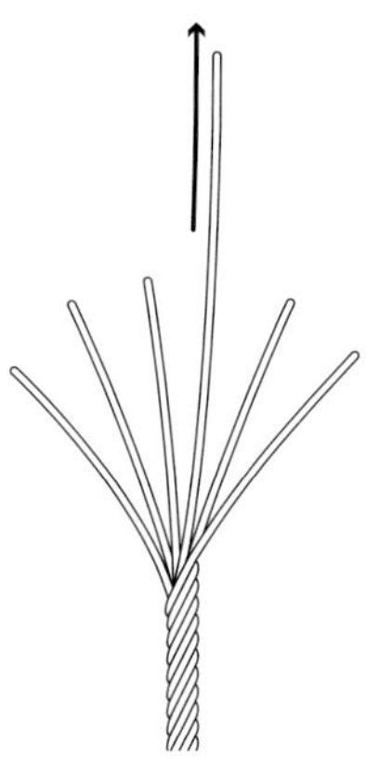

Baumwolltwist
Er ist in Strängen à 8 m erhältlich. Das Garn zunächst auf 1 bis 1,5 m zurechtschneiden.
Das Garn besteht aus 6 ineinander verdrehten Einzelfäden, aber zum Sticken braucht man nur einen einzelnen.
Um die Fäden von einander zu trennen, vorsichtig einen davon herausziehen und die anderen zwischen Daumen und Zeigefinger festhalten, damit sich die Fäden nicht verknoten.
Den Faden dann doppelt legen, die Enden in eine Nadel fädeln und mit dem doppelten Faden sticken.

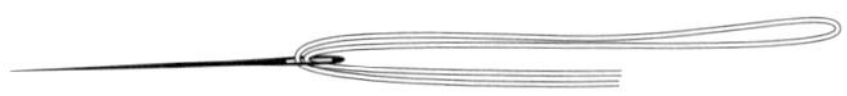

Diamant Metallic-Stickgarn
Dieses Garn wird auf Spulen geliefert. Einen etwa 60 cm langen Faden abschneiden, auf eine Nadel fädeln und am Ende mit einem doppelten Knoten sichern.
Dieses Garn wird mit einem einfachen Faden gestickt.
Er sollte nicht länger als etwa 60 cm sein, weil er sehr fein ist und sonst beim Sticken beschädigt wird.

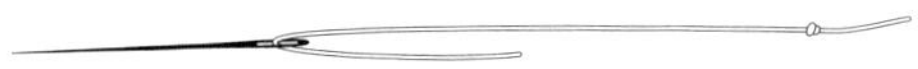

Der Anfang
Der Baumwolltwist wird nicht am Fadenende verknotet, weil er dafür zu dick ist. Den Faden einfädeln, mit der Nadel von unten nach oben in den Stoff stechen und auf der Unterseite eine Schlaufe stehen lassen. Den ersten Stich machen, die Nadel durch diese Schlaufe führen und festziehen. Diesen Anfang kann man bei allen Arten von Stickstichen setzen. Meist ist der erste Stich dabei ganz klein und verschwindet später unter einem anderen Stich.
Diese Technik jedoch nicht mit Metallic-Stickgarn anwenden, es wird mit einem doppelten Knoten auf der Stoffunterseite gesichert.

Sticken
Beim Sticken wird mit verschiedenen Farben und Stichen, manchmal auch mit verschiedenen Garnen gearbeitet.
Grundsätzlich wird zuerst der Hintergrund gestickt. Anschließend den Vordergrund arbeiten, damit er sich besser abhebt.
Für kleine Details einen einzelnen Baumwollfaden verwenden, damit die Stiche nicht zu dick werden.
Keine Panik, wenn sich

ein Fehler eingeschlichen hat! Den Faden aus der Nadel ziehen, die Nadel unter den missratenen Stich schieben und damit den Faden vorsichtig lösen. Diesen Vorgang wiederholen, bis alle misslungenen Stiche aufgelöst sind. Soll die Stickerei später aufgehängt werden, kommt es nicht so sehr auf die Rückseite an. Andernfalls sollte der Faden auch auf der Rückseite sauber vernäht werden, damit sie „ordentlich“ aussieht.

Fäden vernähen
Nach Fertigstellung eines Motivs und vor einem Farbwechsel müssen unbedingt die Fäden vernäht werden. Auf der Rückseite des Stoffes dürfen keine losen Fäden sein, weil die Gefahr groß ist, dass sie sich verheddern, und weil sie sich auch beim späteren Waschen des Stoffes nicht verschieben dürfen. Die Nadel auf der Stoffunterseite unter den letzten Stich schieben, dann 2 bis 3 cm daneben unter den nächsten, den Faden durchziehen und dicht am Stoff abschneiden.Auf dieselbe Weise kann man den Faden von einer Stelle zur nächsten führen, indem man ihn unter den schon ausgeführten Stichen entlangführt.

Arbeit beenden
Wenn wasserlösliches Transferpapier verwendet wurde, nach Beendigung der Stickerei den Stickrahmen entfernen und die Stelle mit dem Transferpapier flach in kaltes Wasser legen, bis sich das Papier vollständig aufgelöst hat. Das dauert etwa 10 Minuten.

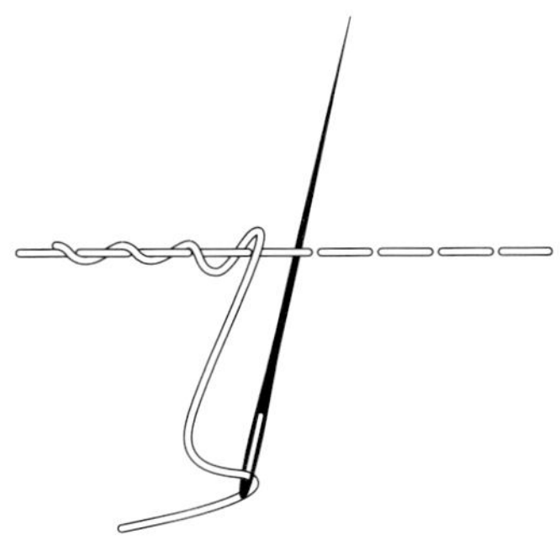

Mit dem Finger Reste des Transferpapiers ausklopfen und eventuelle Spuren mit Waschmittel auswaschen.
Den Stoff flach liegend trocknen lassen. Anschließend die Stickerei vorsichtig von der Rückseite bügeln, dabei ein feuchtes Bügeltuch auflegen. Die Stickerei sieht nach dem Bügeln noch hübscher aus, weil sich dadurch die Fäden schöner legen.
Soll die Stickerei im Stickrahmen bleiben, den überstehenden Stoff von der linken Seite aus abschneiden.

Wurde ein Kleidungsstück oder Accessoire bestickt, kann es im Schonwaschgang gewaschen werden. Vor dem Waschen und Bügeln stets auf links wenden.

DIE WICHTIGSTEN STICKSTICHE

Steppstich
Dies ist der gängigste Stich. Er bildet eine Linie, mit der die Motive leicht und präzise gearbeitet werden können.
Er muss schön gleichmäßig sein und zwischen den Einstichen sollten 2 bis 3 mm liegen.
Aber man kann den Stich für kleinere Motive oder Rundungen auch verkürzen. Zwischen den Einstichen sollte keine Lücke sein, damit sie eine geschlossene Linie bilden.

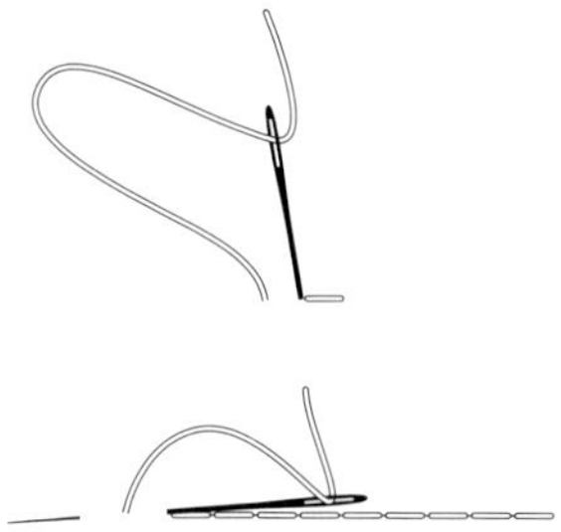

Vorstich
Dieser Stich ist ganz einfach und schnell gestickt.

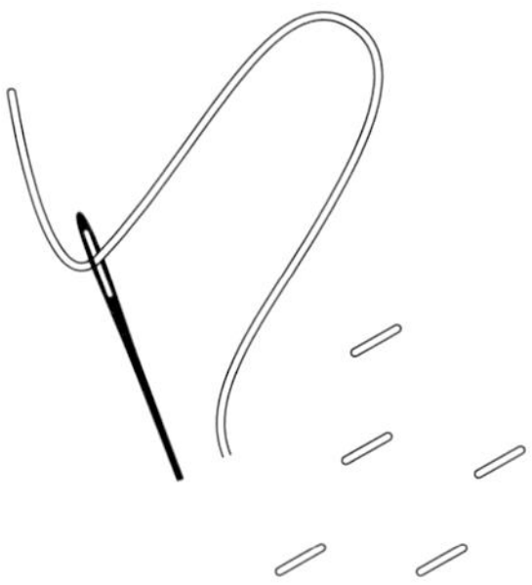

Einen langen Stich in die gewünschte Richtung ausführen, dann den nächsten und so fort. Mit dem Vorstich kann man gut beispielsweise sehr zarte Materialien nachahmen.

Kettenstich
Mit diesem Stich lassen sich dichte Linien sticken, die plastischer als mit dem Steppstich wirken. Dabei werden kleine Schlingen aneinandergereiht. Der Kettenstich kann in alle Richtungen gestickt werden.
Mit einer Schlinge beginnen (wie für ein Blatt), in Stichlänge aus dem Stoff ausstechen und den Faden unter der Nadel zu einer weiteren Schlinge legen. Den Kettenstich am Ende auf der Stoffunterseite unter der letzten Schlinge sichern.

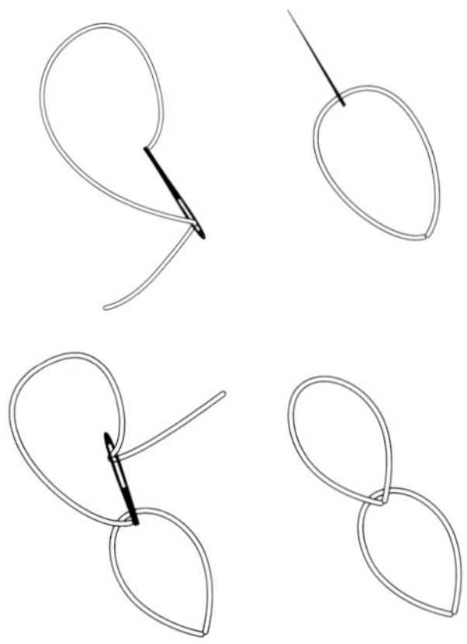

Schlingenstich (Blatt)
An der Blattspitze einstechen und den Faden zu einer großen Schlinge legen, wie zu einer Blattform. Dann gegenüber der Einstichstelle im Blattinneren wieder ausstechen und die Schlinge mit einem kleinen Stich darüber sichern.
Den Blattstiel zwischen den Blättern mit einem Steppstich sticken. Werden mehrere Blätter gestickt, von außen nach innen arbeiten und im Wechsel den Schlingen- und Steppstich sticken.

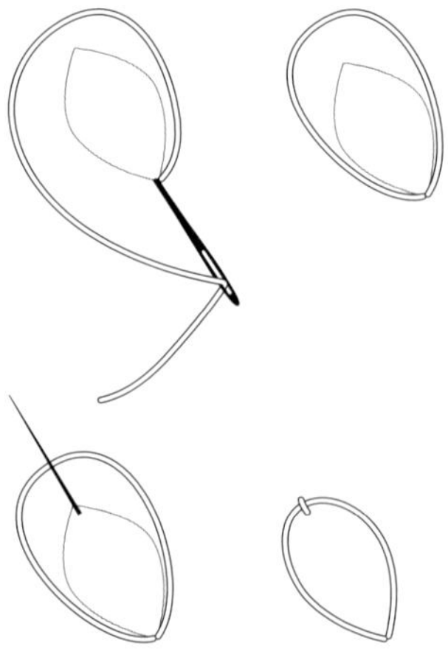

Schlingenstich (Blüte)
Mit dem Schlingenstich lassen sich ganz einfach Blüten sticken. Mit 3, 4, 5 oder 6 im Kreis angeordneten Schlingen kann man

hübsche Blüten kreieren. Lässt man in der Mitte etwas Platz, kann man dort mit einem Knötchenstich den Blütenstempel sticken.

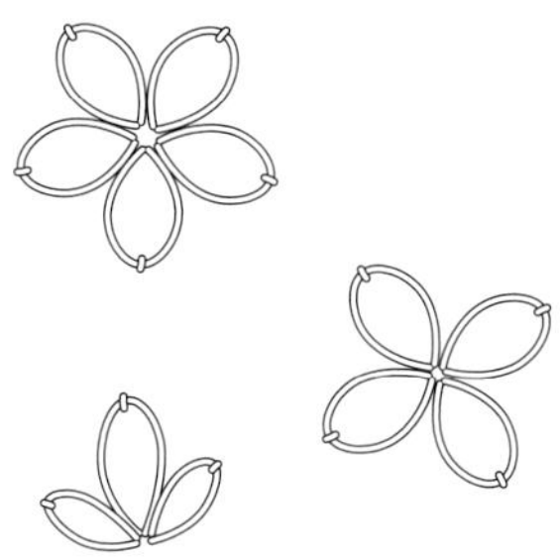

Verbundener Fliegenstich

Dieser Stich eignet sich für mehr oder weniger dichte Blattranken. Der verbundene Fliegenstich wird von oben nach unten gearbeitet.

Am oberen Ende der Ranke beginnen und immer drei gleich lange Stiche sticken, einen vertikalen und zwei schräg verlaufende.

Dabei stets von derselben Stelle am Stiel ausgehen. Darauf achten, dass die vertikalen Stiche auf einer Linie liegen, damit der Stiel schön gerade wird.

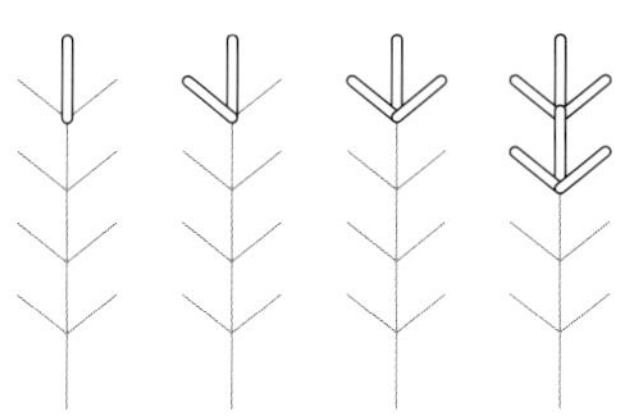

Festonstich (Wagenrad)

Dieser Stich wird in gleichmäßigen Vierteln gearbeitet.

In der Gleichmäßigkeit liegt der Schlüssel zum Gelingen des Festonstichs. Für ein halbes Wagenrad führt man die unten aufgezeichneten Stiche aus, den Faden dabei nicht zu fest anziehen, damit die Stiche gleichmäßig werden.

Fügt man dem halben Wagenrad noch weitere Viertel an, ergibt sich ein ganzes Rad.

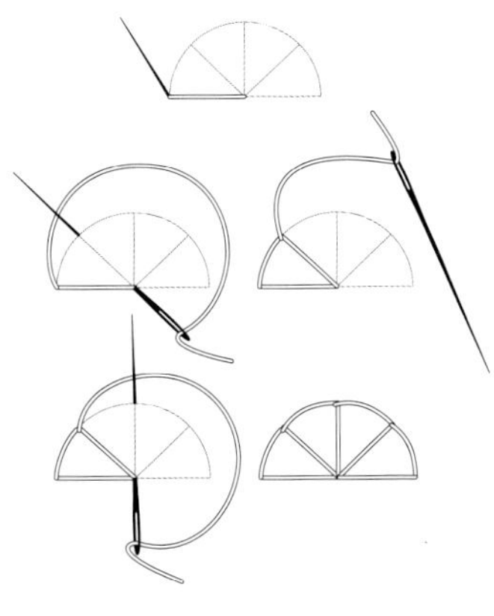

Plattstich

Mit diesem Stich lassen sich prima Flächen füllen und der Stickerei Glanz und Plastizität verleihen. Die Flächen mit schön parallelen Stichen füllen und den Faden festziehen, damit keine Zwischenräume sichtbar bleiben.

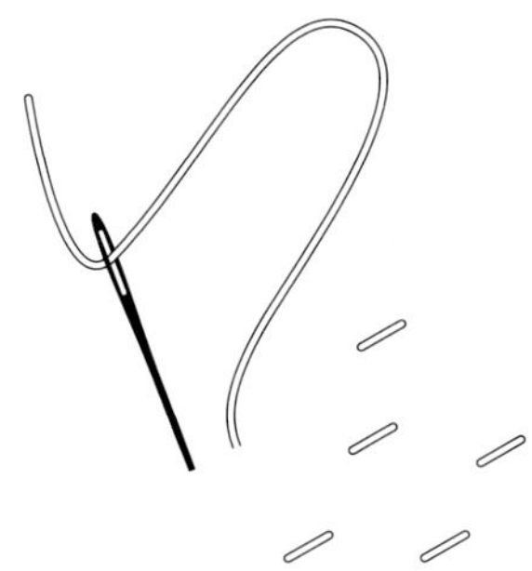

Versetzter Plattstich

Dieser Stich ist ein Füllstich.

Er wirkt etwas leichter als der klassische Plattstich, verleiht der Stickerei wie dieser aber auch Struktur. Er kann in verschiedenen Farben gestickt werden, sodass man damit sehr gut auch Abstufungen in einem Farbton darstellen kann. Mit dem versetzten Plattstich werden gerne ganze Flächen oder große Blumen gestickt.

Er wird von links nach rechts und von oben nach unten ausgeführt. Mit einer Reihe beginnen und dabei zwischen langen und kurzen Stichen abwechseln. In der zweiten Reihe werden die kurzen und langen Stiche dann versetzt gestickt und auf diese Weise die leeren Flächen gefüllt. Wechselt

DIE WICHTIGSTEN STICKSTICHE

man zwischen den Reihen die Farben, erzeugen die verschachtelten Stiche eine Farbabstufung.

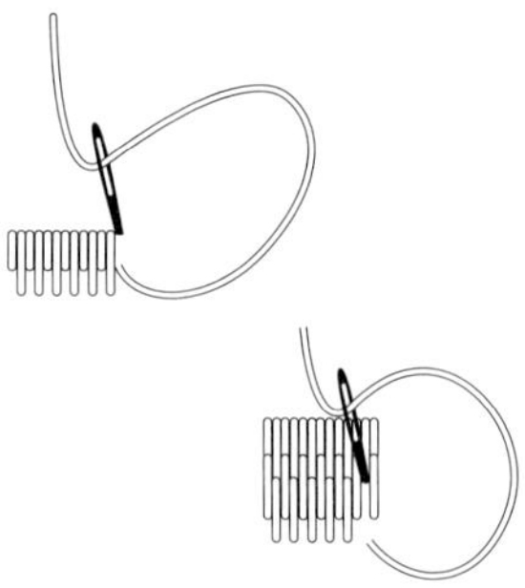

Sternstich
Für kleine Kreuze oder Sterne kann man einfach Vorstiche übereinandersetzen. Bei größeren Sternen sollte man in der Mitte einen Sicherungsstich sticken, damit sich der Stern auf dem Stoff nicht verschiebt.

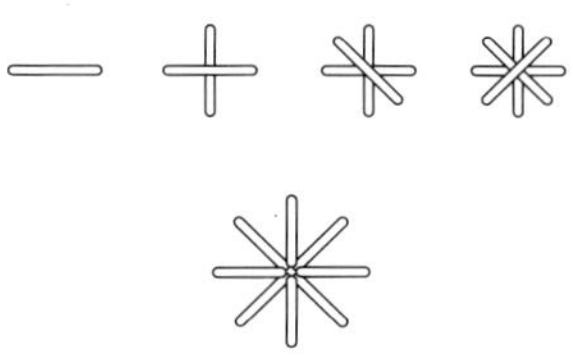

Spinnwebstich
Dieser Stich ist einfach auszuführen, aber sehr effektvoll. Damit lassen sich hübsche Röschen anfertigen.
Mit 5 oder 7 sternförmig angeordneten Stichen (immer mit einer ungeraden Anzahl) beginnen, deren Länge sollte dem Radius der fertigen Rose entsprechen. Mit der Nadel in der Mitte ausstechen und den Faden weben, ihn dafür abwechselnd über und unter den Stichen führen, bis die Rose ganz gefüllt ist. Zum Schluss den Faden auf der Rückseite sichern.

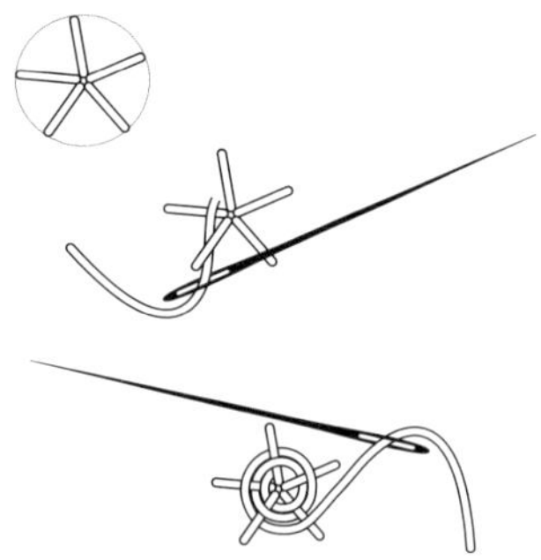

Knötchenstich
Dieser Stich ist sehr vielseitig. Man kann ihn alleine oder in Gruppen anordnen oder auch ganze Flächen damit bedecken und ihnen damit ein „flauschiges" Aussehen verleihen. Häufig stickt man damit Augen oder Fruchtknoten von Blüten. Mit der Nadel von unten nach oben stechen, den Faden zwischen Daumen und Zeigefinger derselben Hand nehmen, mit der die Nadel gehalten wird, und zweimal um die Nadel wickeln. Direkt neben der Ausstichstelle (bis 1 mm) die Nadel wieder in den Stoff stechen, ohne den Faden loszulassen, und die kleine Schlaufe ganz nah an den Stoff schieben. Die Schlaufe festhalten und die Nadel vorsichtig auf die Stoffunterseite ziehen, bis sich ein Knötchen bildet.

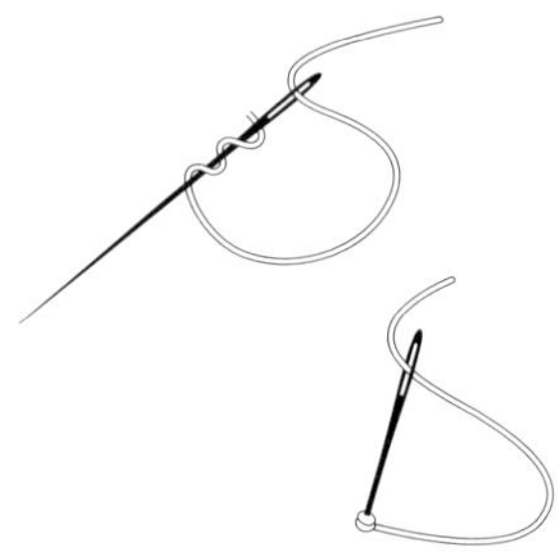

Fliegenstich
Mit diesem Stich kann man kleine Bögen sticken.
Zuerst einen lockeren Vorstich sticken und dann auf dem höchsten Punkt des Bogens wieder einstechen, sodass sich der Faden zu einem Bogen legt.
Wenn mehrere Bögen nebeneinander gestickt werden sollen, einen nach dem anderen ausführen. Wenn der Faden zu fest gezogen wird, bildet sich statt des Bogens ein Dreieck, was aber durchaus auch gewollt sein kann.

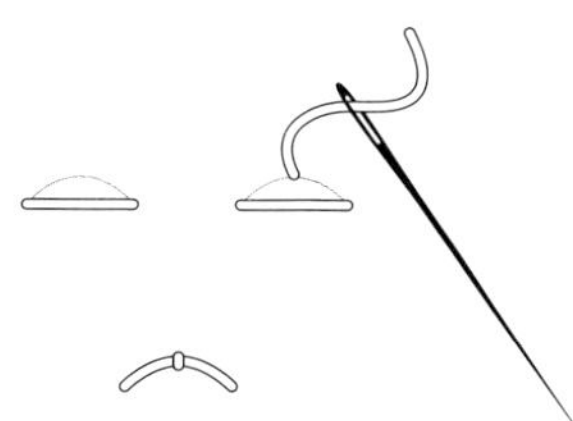

Umschlungener Steppstich
Dieser Stich wird auf Basis eines Steppstichs ausgeführt. Nadel und Fadel immer in dieselbe Richtung zwischen den Einstichen hindurchführen.
Dieser Stich ist besonders dekorativ, er wirkt wie verzwirntes Garn. Der Effekt verstärkt sich noch, wenn man für den Steppstich und für den umschlungenen Stich Garn in unterschiedlichen Farben verwendet.

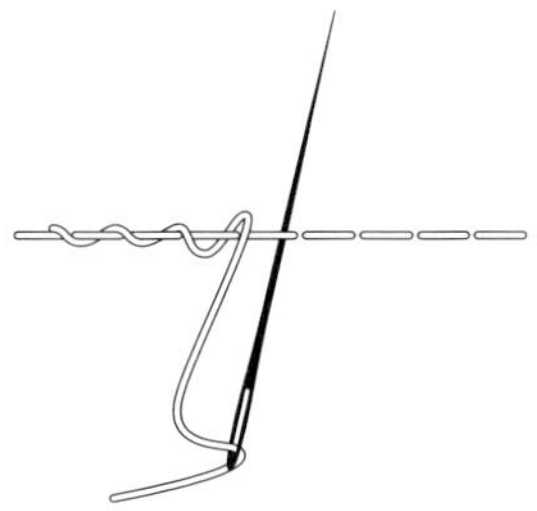

LEGENDEN

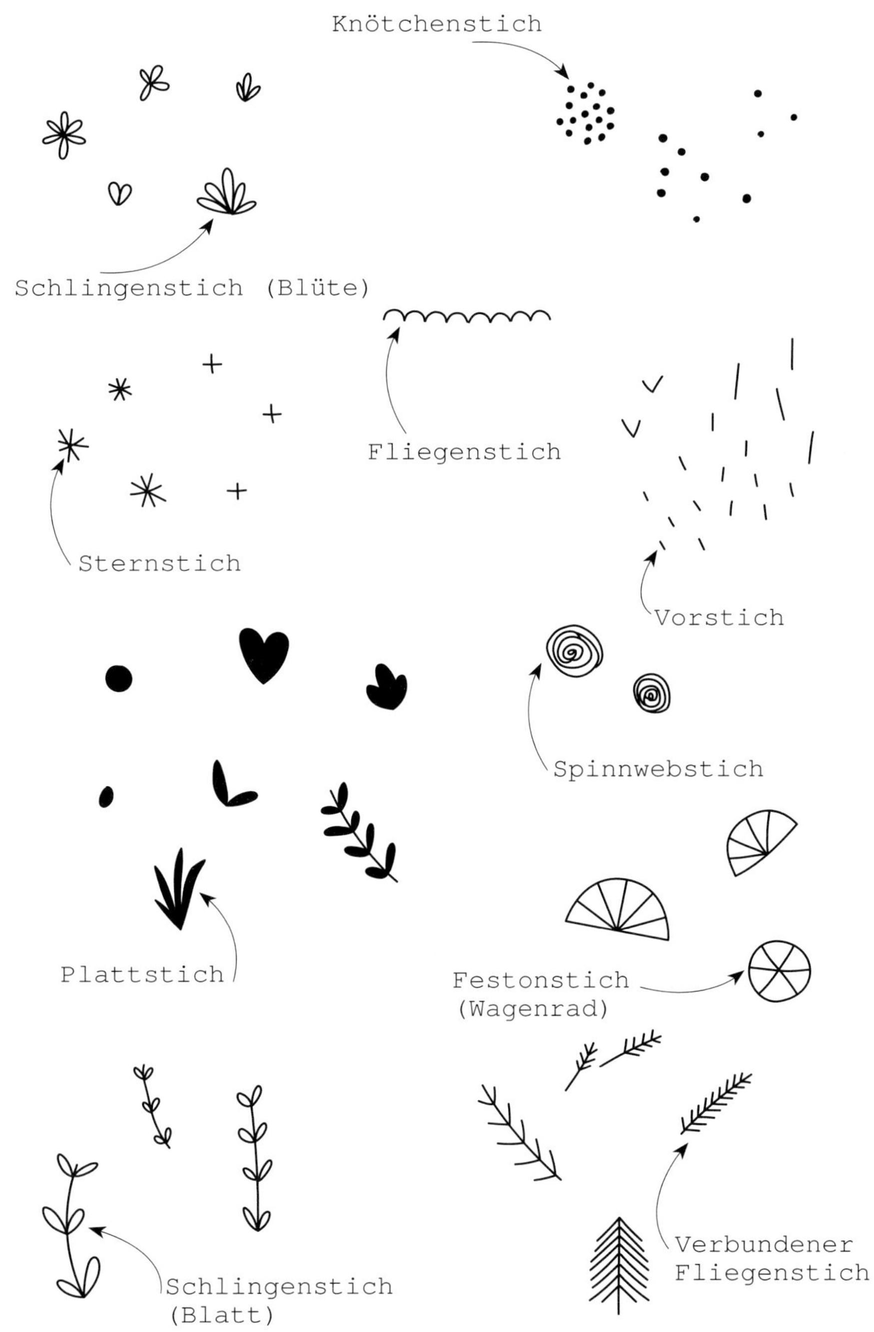

MEIN FARBFÄCHER

Beim Sticken greife ich auf die hier abgebildete Farbpalette zurück. Ich liebe es, mit den Farben zu spielen und harmonische Farbkombinationen zu finden.
Für jede Stickerei wähle ich das Garn passend zum Thema, aber auch zum Stoff, auf dem gestickt wird, aus.

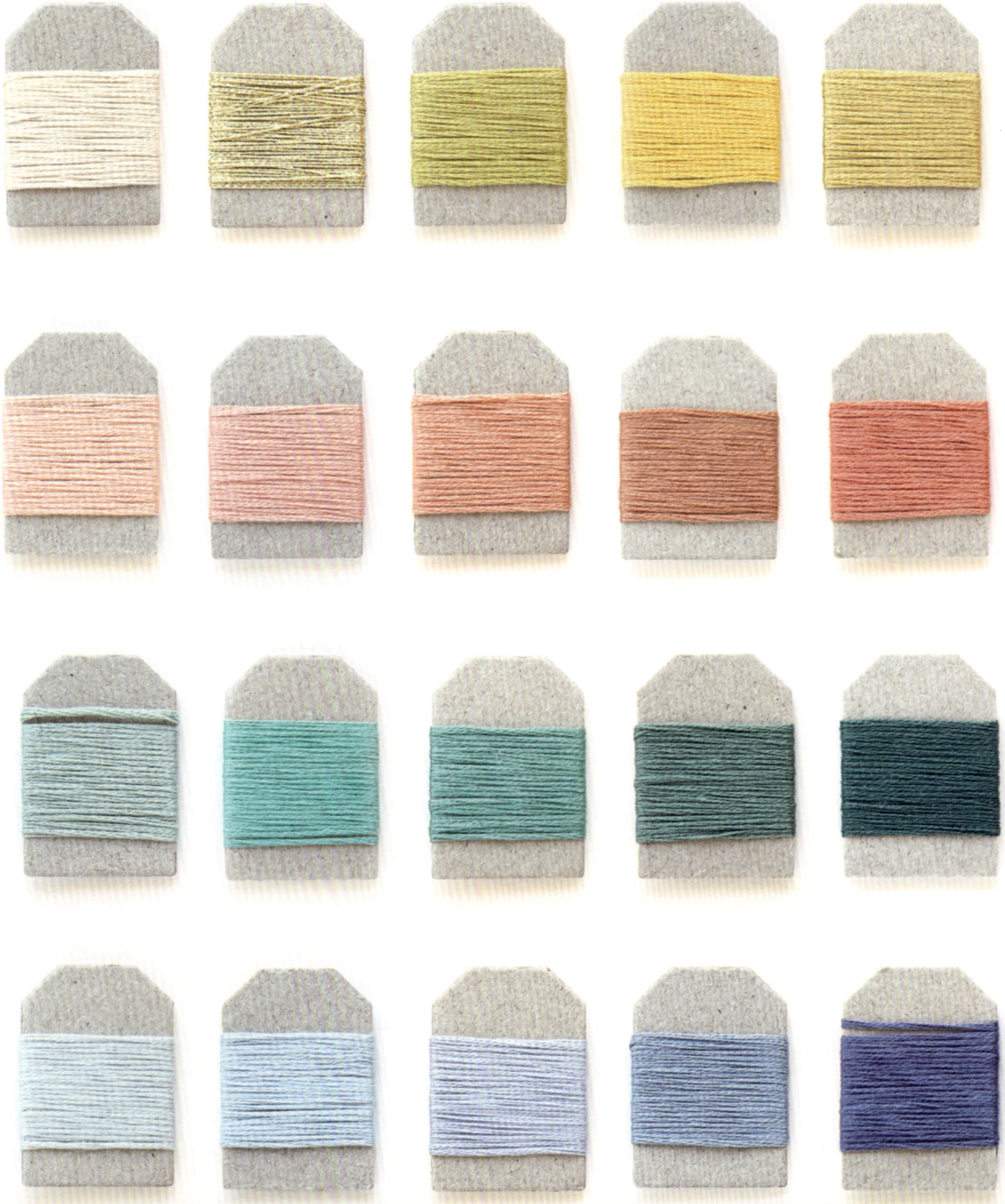

Häufig - und in den meisten Fällen eher unbewusst - wähle ich eine Palette von ausgewogenen Farben aus und entscheide mich für verschiedene Töne von Gelb, Rosa, Grün und Blau, wobei ich sanfte Zwischentöne bevorzuge.

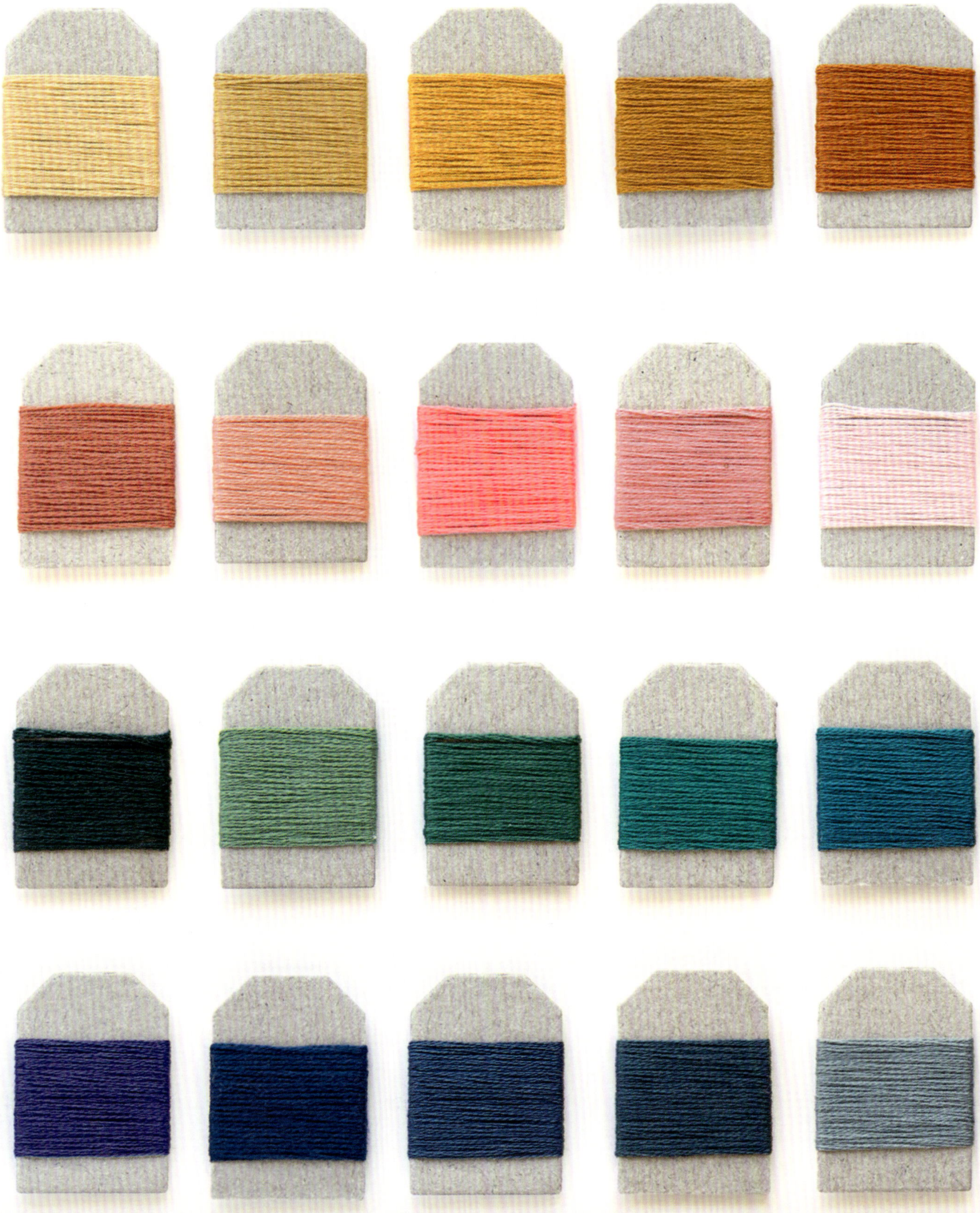

HÜBSCHE BLUMEN-STRÄUSSE

Entwerfen Sie eigene kleine Sträuße. Die Möglichkeiten sind unbegrenzt, Sie müssen nur Ihre Lieblingsblüten und -blätter auswählen… Nehmen Sie dann noch einen ausgefalleneren Behälter, wie etwa eine Kaffeetasse, einen Korb oder eine kleine Schachtel.

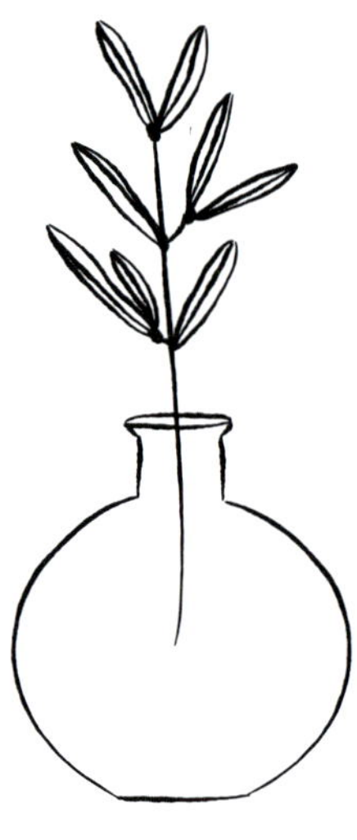

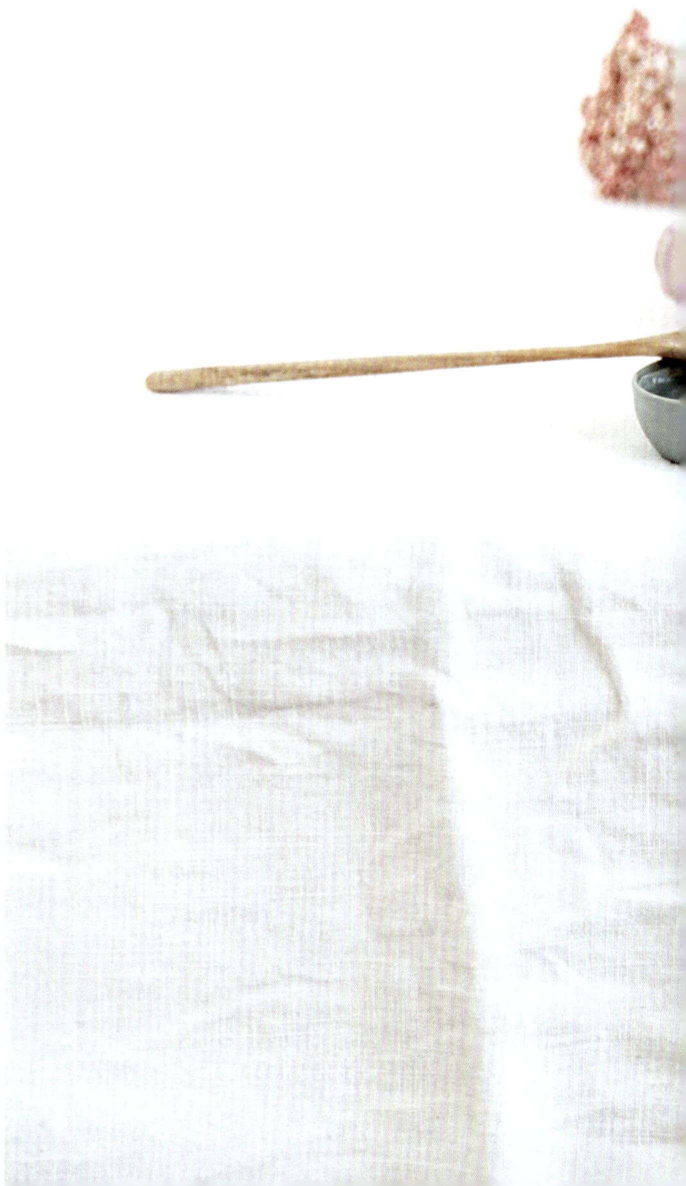

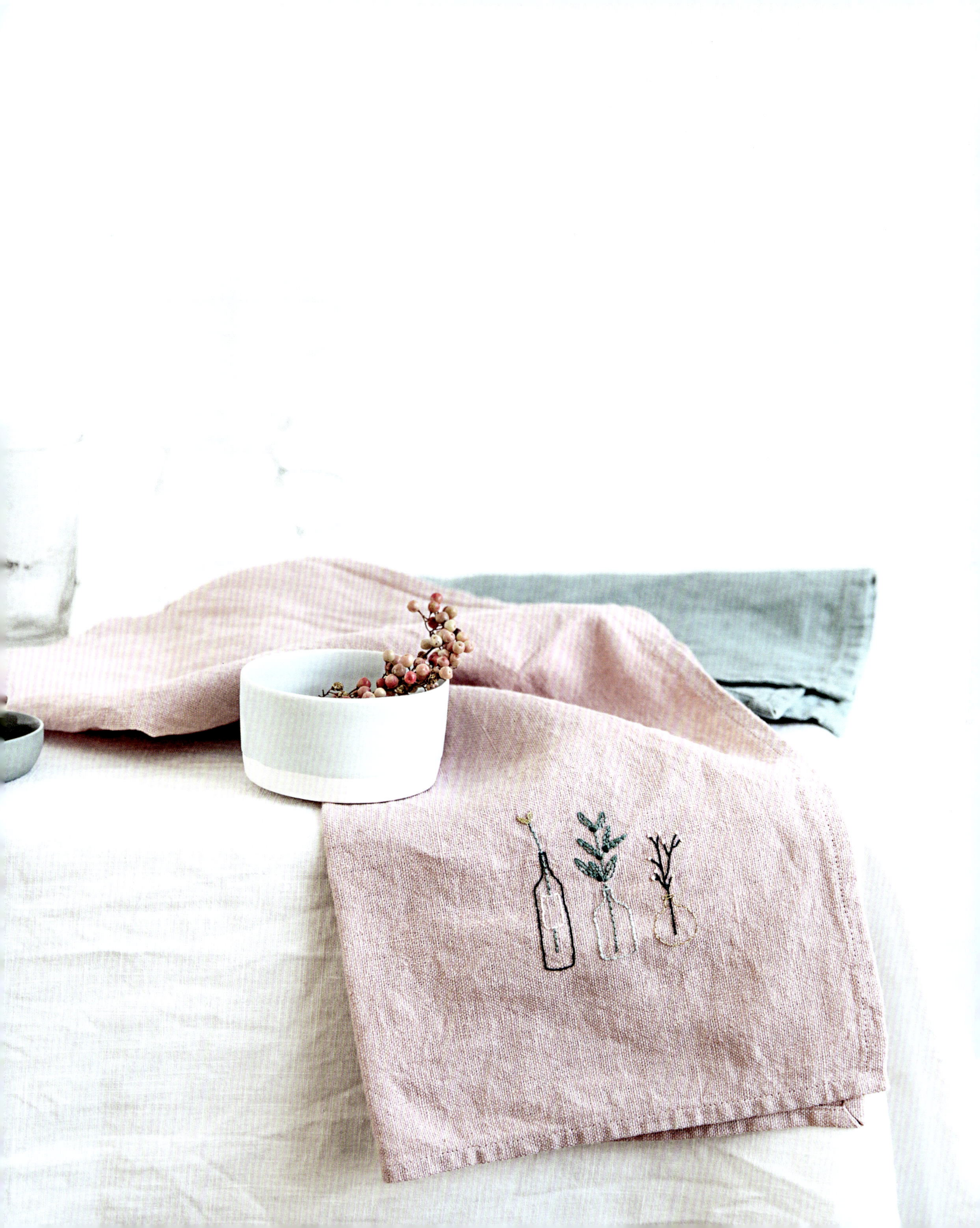

HÜBSCHE BLUMENSTRÄUSSE

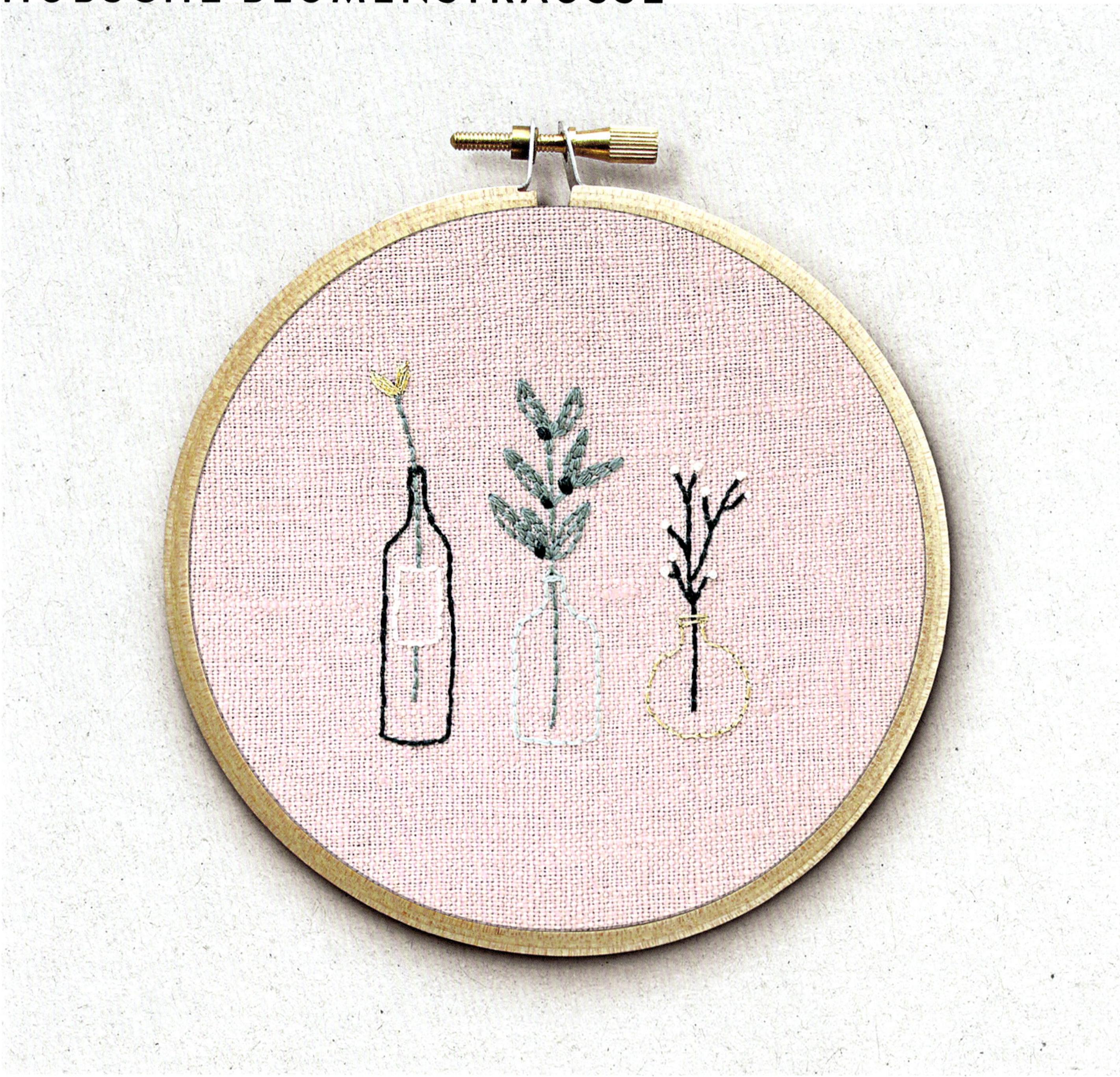

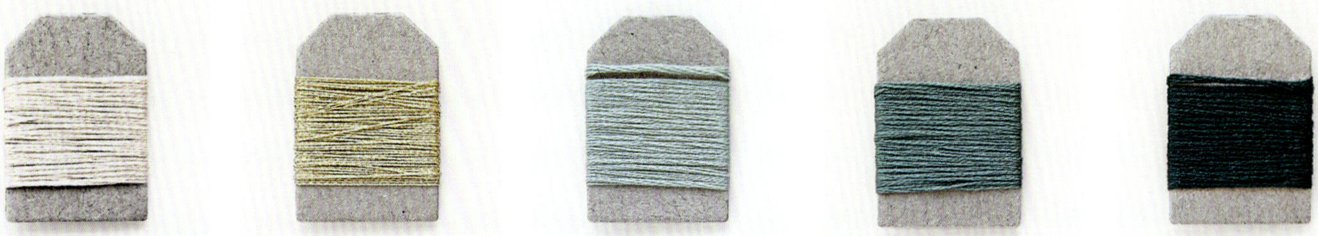

DAS MOTIV

SCHRITT FÜR SCHRITT ERKLÄRT

Das Motiv übertragen und mit den unten angegebenen Stichen und nebenan aufgeführten Farben sticken, dabei die beschriebenen Schritte befolgen.

Motiv zum Übertragen

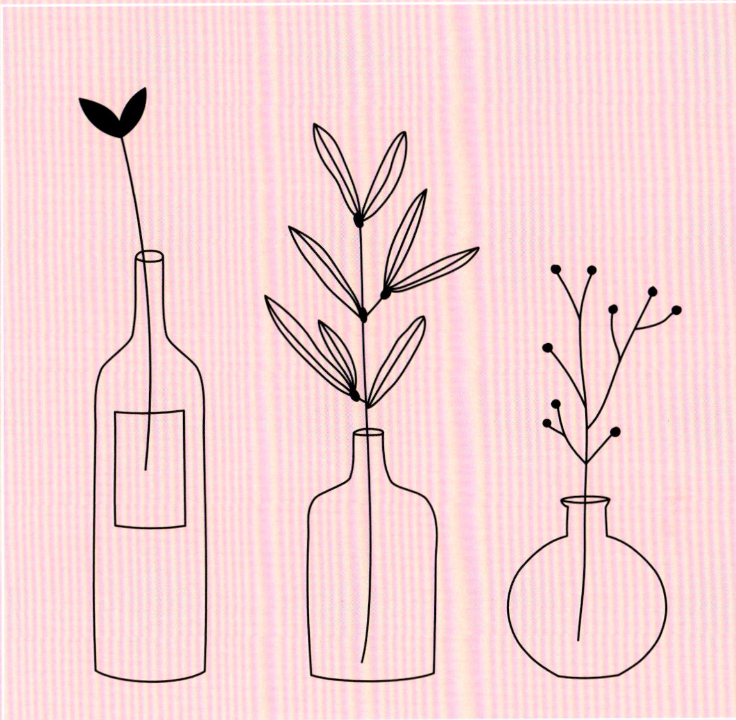

01.

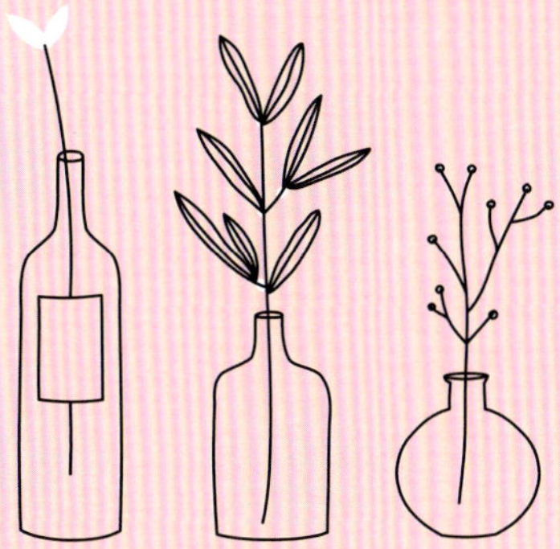

Steppstich

Die einzelnen Details des Motivs mit dem Steppstich in unterschiedlichen Farben sticken.
Kleinere Details, wie die Blätter, mit kleineren Stichen sticken.

02.

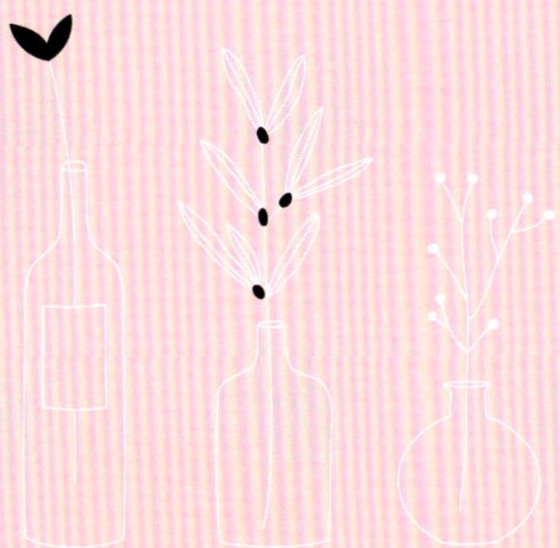

Plattstich

Die kleinen Blätter und Oliven mit dem Plattstich sticken.

03.

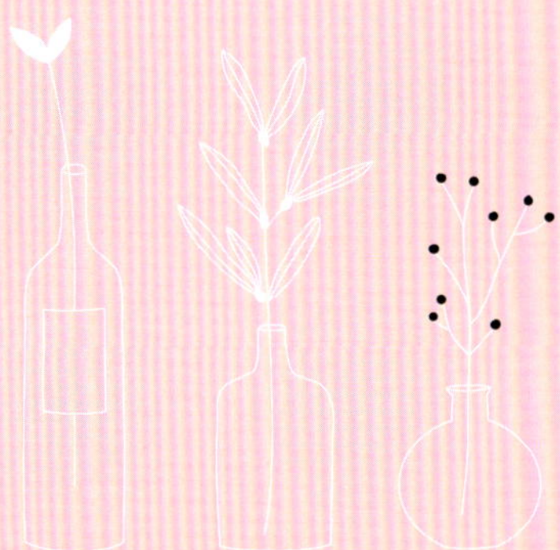

Knötchenstich

Die Knospen an den Zweigenden mit dem Knötchenstich sticken.

HÜBSCHE BLUMENSTRÄUSSE

Die Konturen und einige Details sind, bis auf ein paar Ausnahmen, alle im Steppstich gestickt.

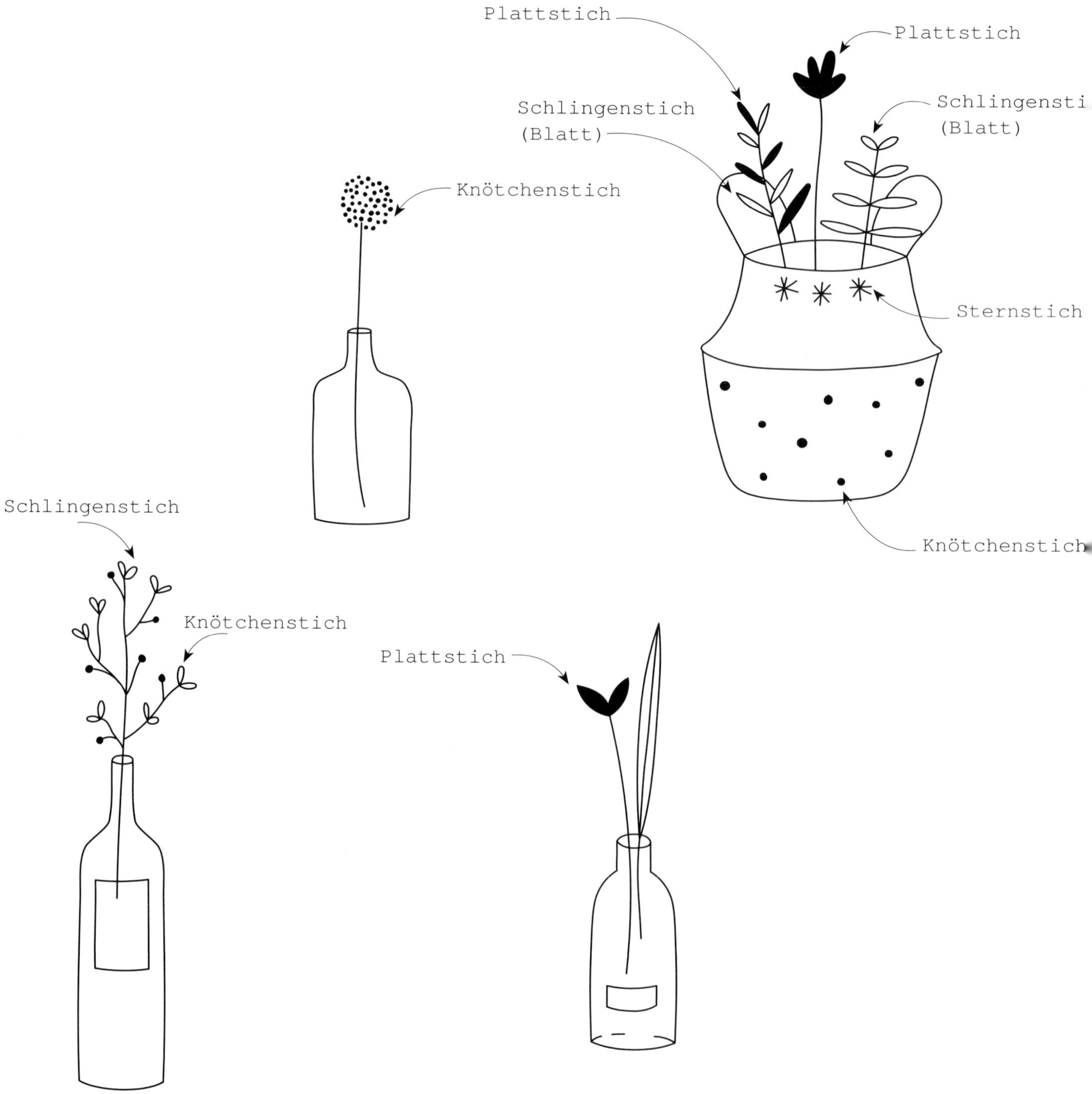

ZUSAMMENGESETZTE MOTIVE

Aus den hier gezeichneten Motiven können die Stickereien in beliebigen Farben frei komponiert werden.

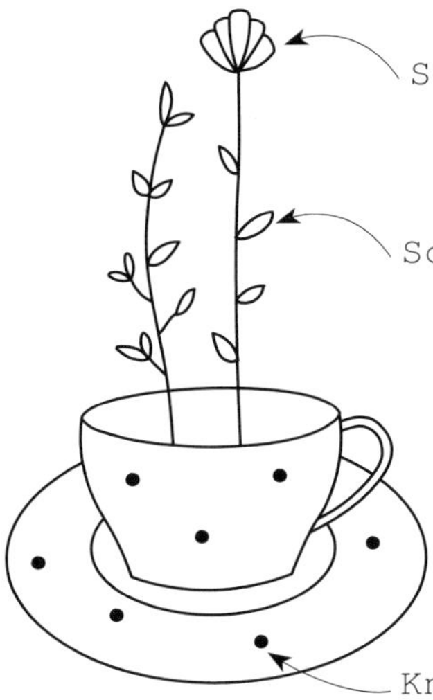

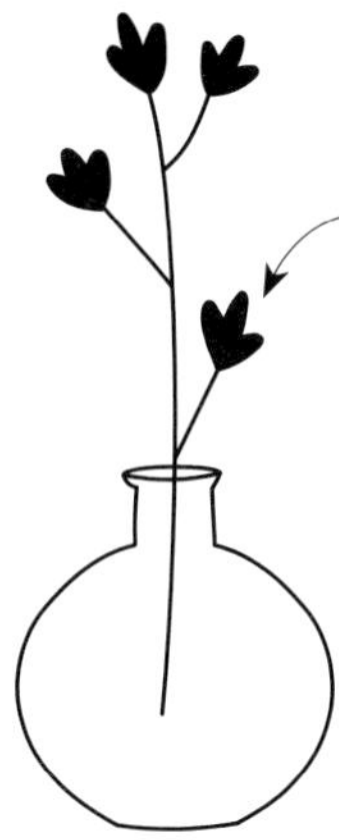

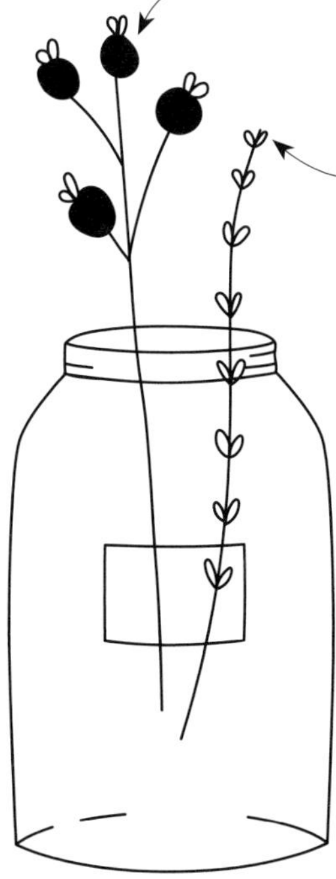

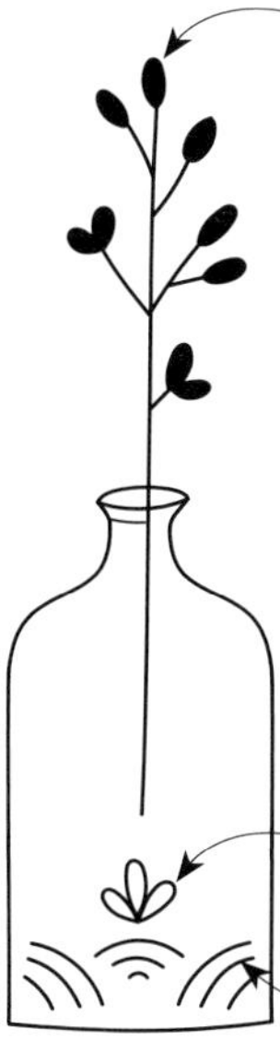

HÜBSCHE BLUMENSTRÄUSSE

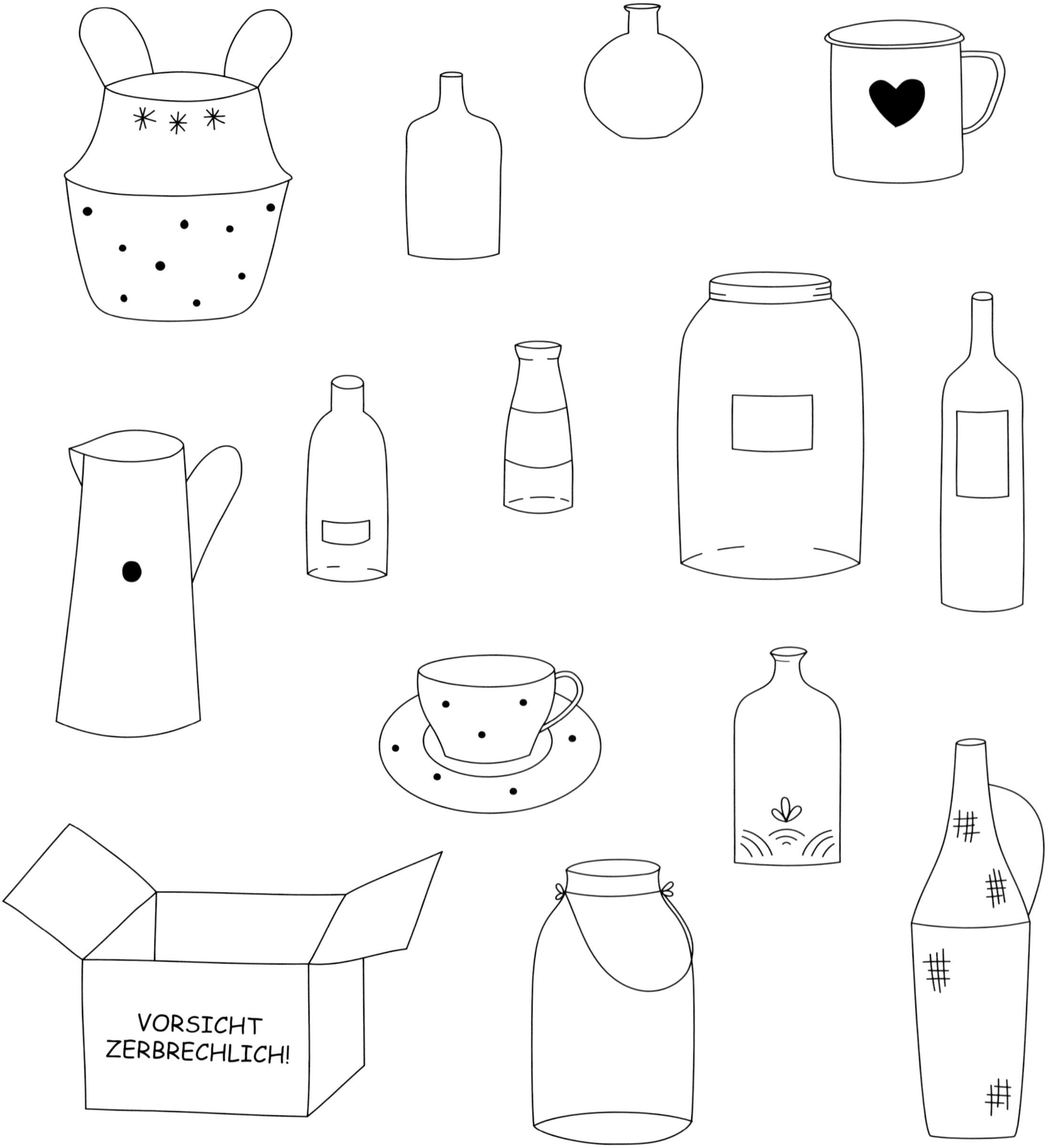

SKIZZENBUCH

Diese zum Thema passenden Zeichnungen können den Motiven hinzugefügt werden, sodass ganz neue Stickmotive entstehen!

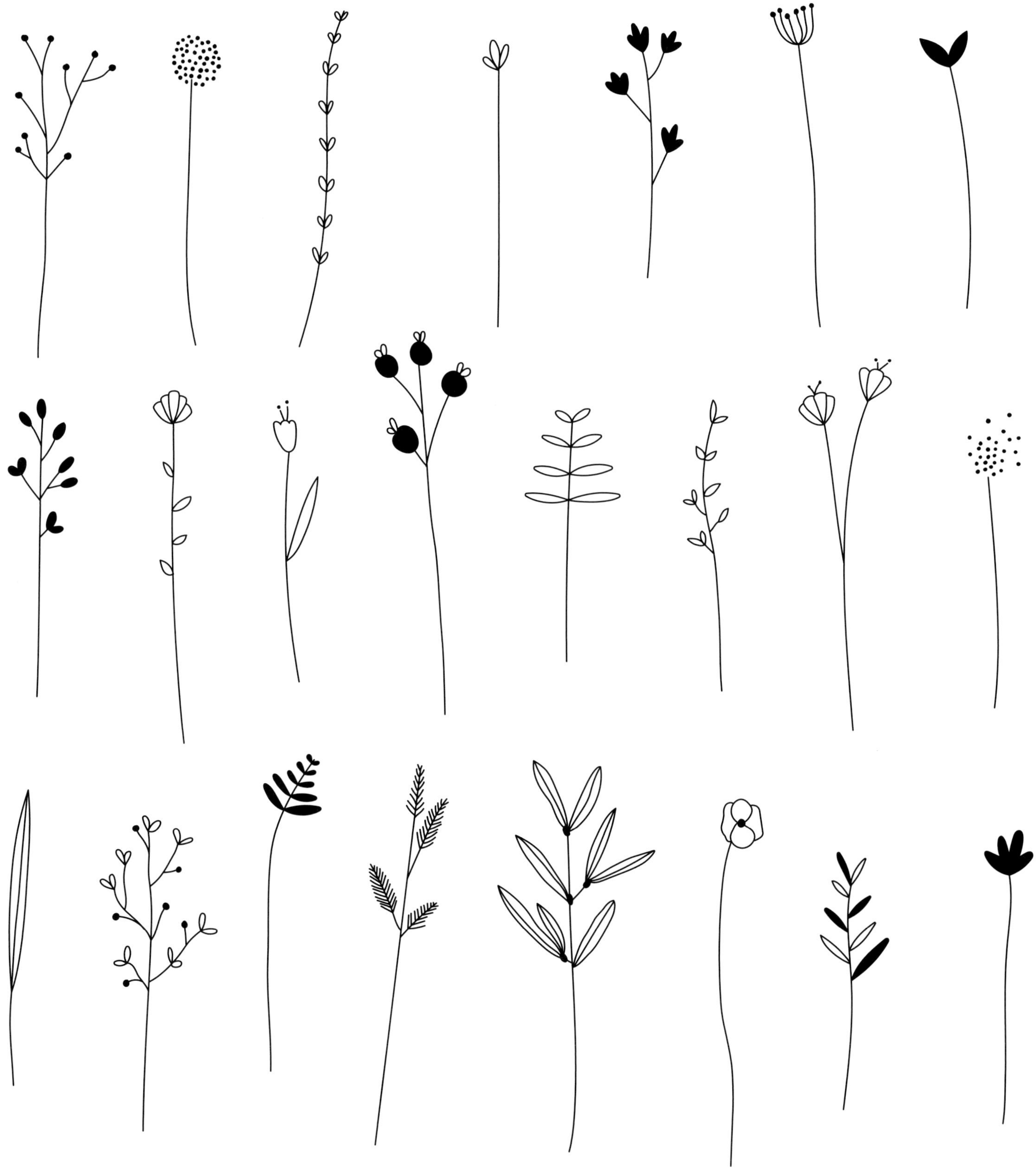

IM MEER

Auf dem Meeresboden verstecken sich wahre Wunder der Natur. Hübsche Muscheln, aber auch faszinierende Tiere wie Tintenfische, Seepferdchen, Quallen und Seesterne! Auch die Unterwasserpflanzen sind wundervoll und Algen und zarte Korallen können Ihre Stickerei verschönern.

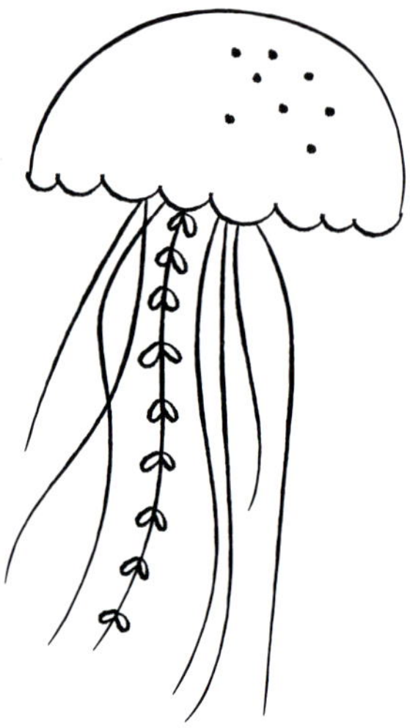

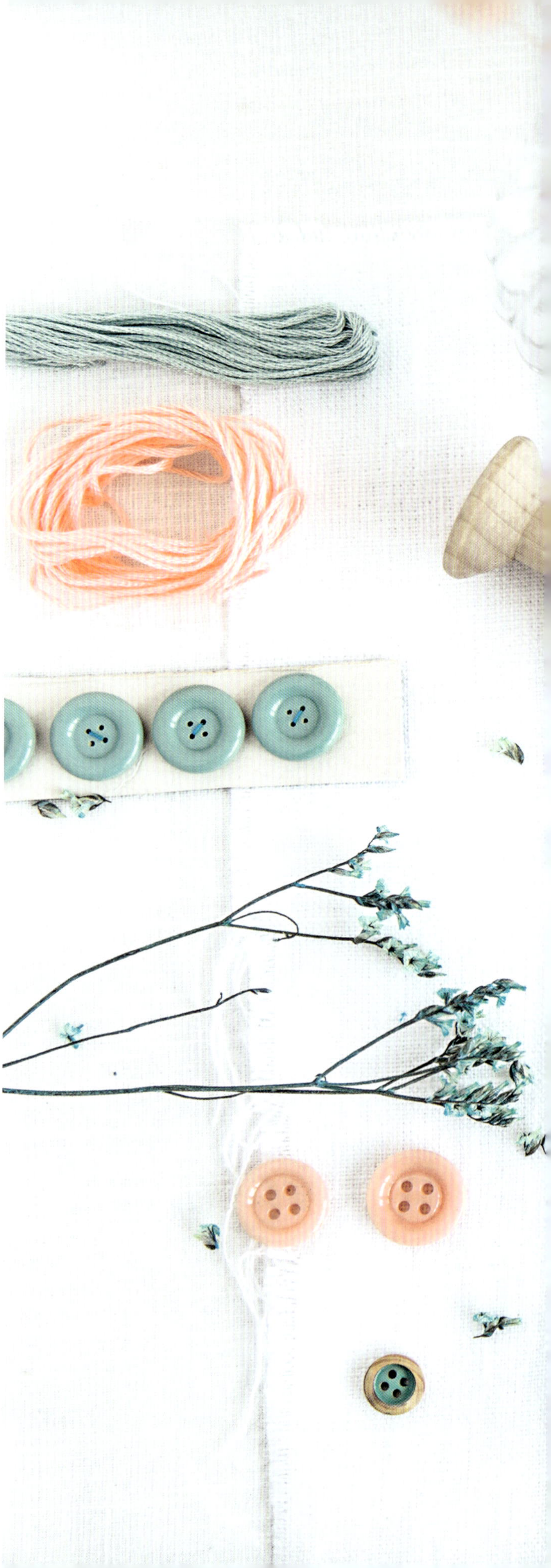

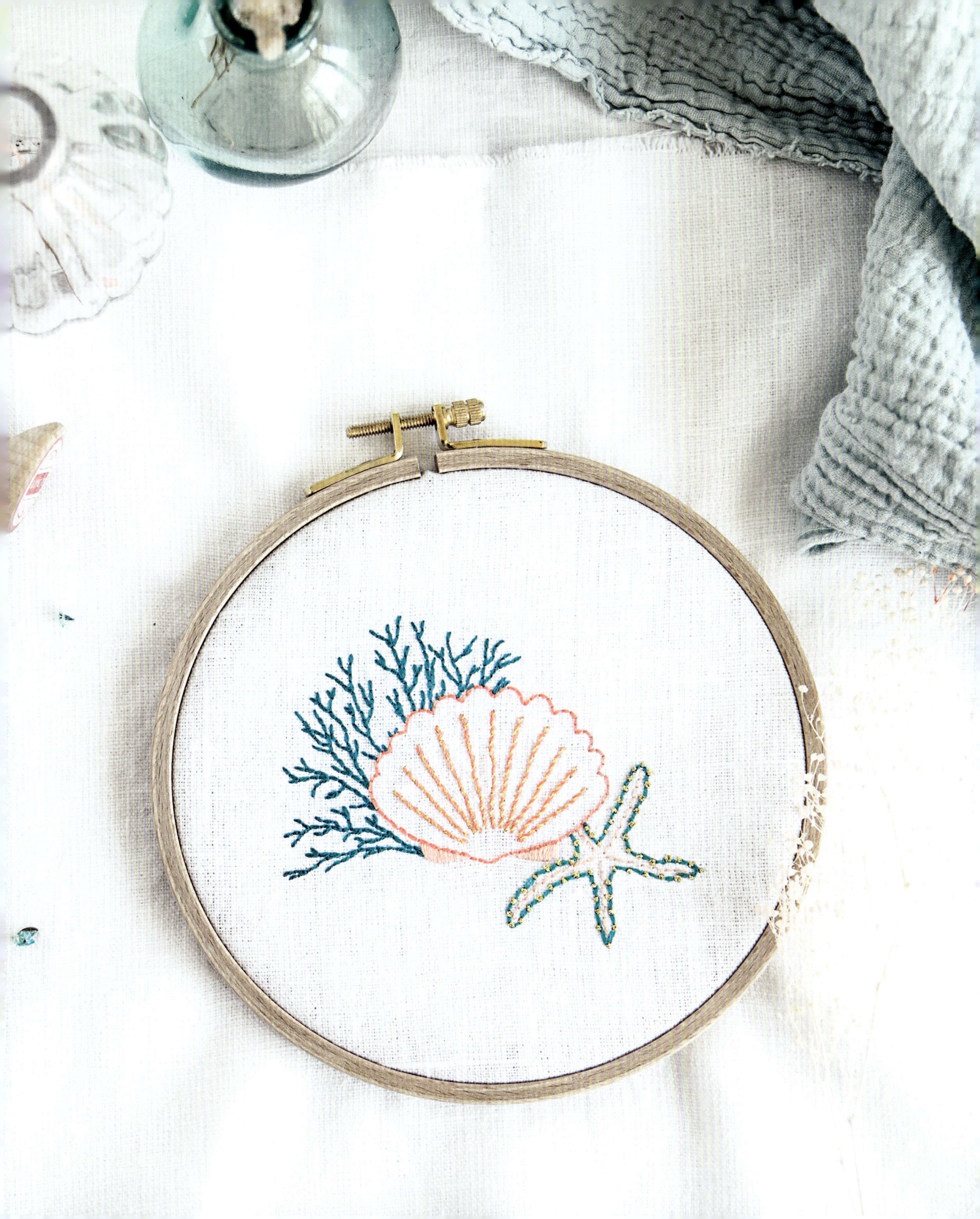

IM MEER

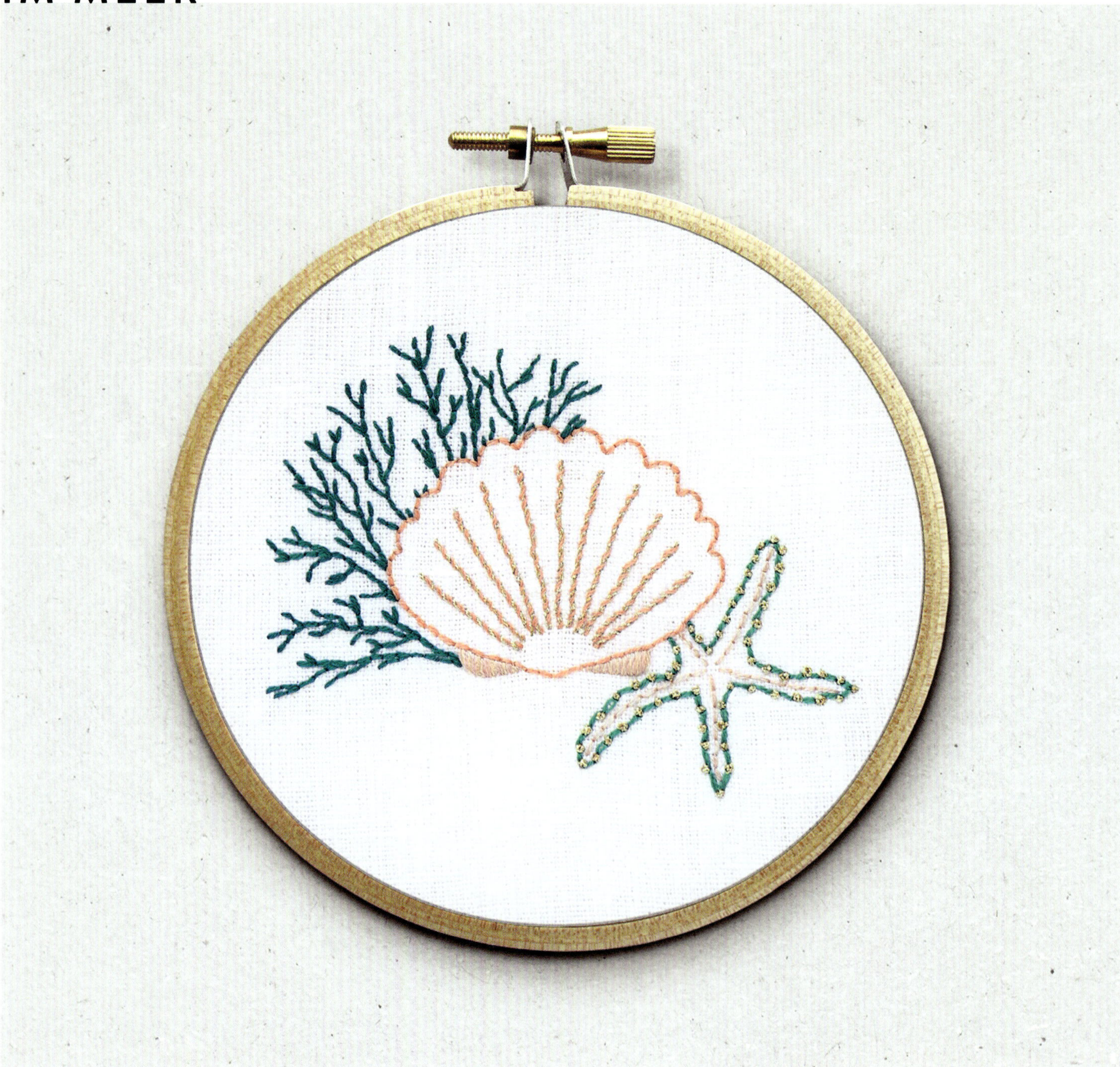

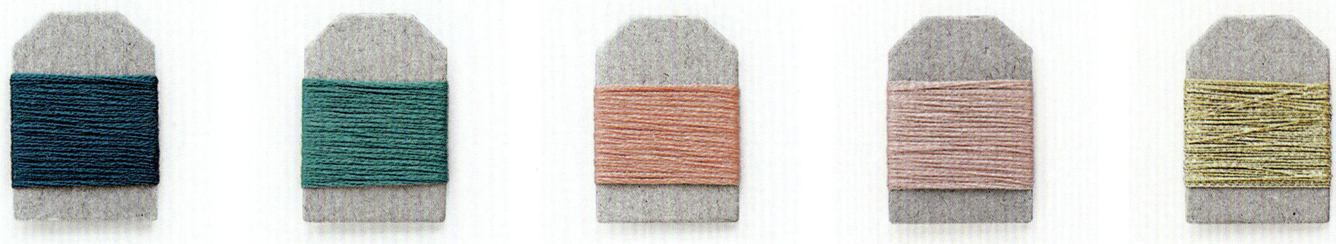

DAS MOTIV
SCHRITT FÜR SCHRITT ERKLÄRT

Das Motiv übertragen und mit den unten angegebenen Stichen und nebenan aufgeführten Farben sticken, dabei die beschriebenen Schritte befolgen.

Motiv zum Übertragen

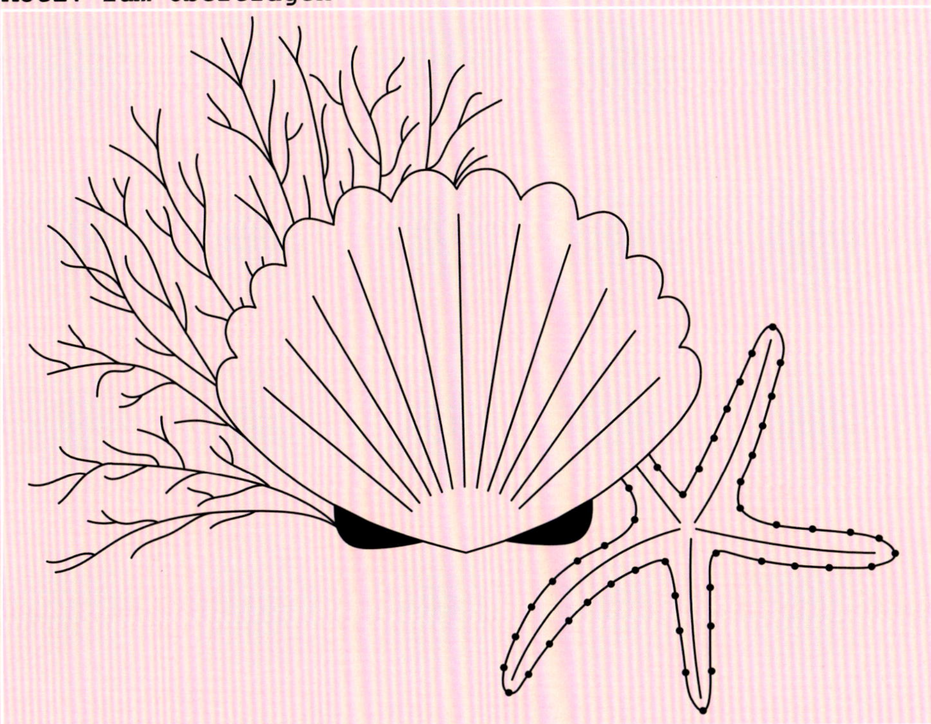

01.

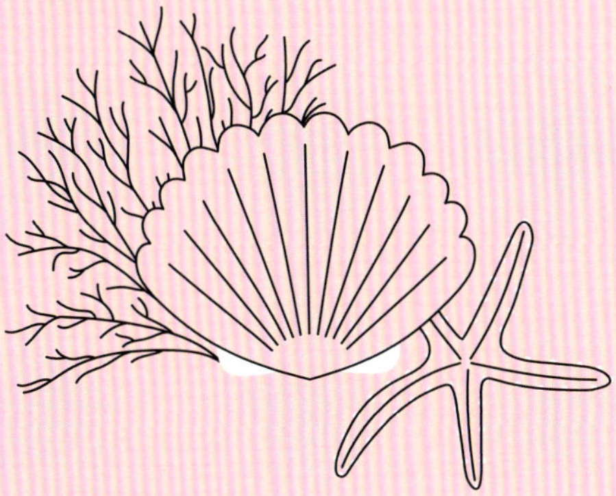

Steppstich
Die Koralle, die Konturen des Seesterns und der Jakobsmuschel sowie die Riffelungen der Muschel mit dem Steppstich sticken.

02.

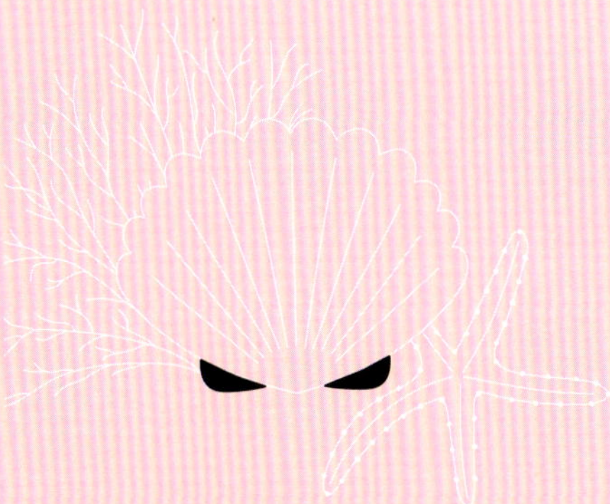

Plattstich
Die beiden unteren seitlichen Partien der Jakobsmuschel mit dem Plattstich sticken.

03.

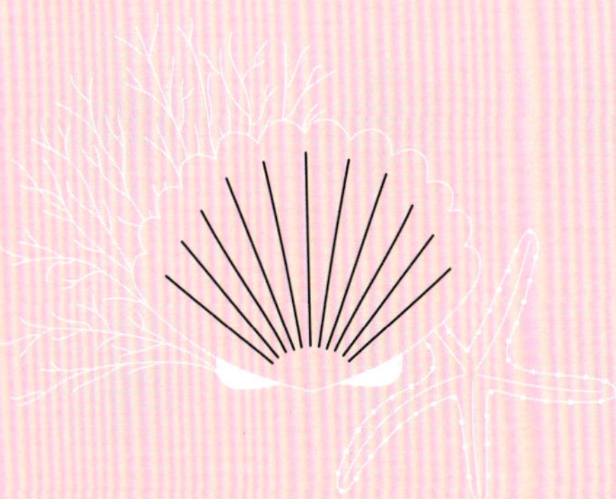

Umschlungener Steppstich
Die Riffelungen der Jakobsmuschel mit dem umschlungenen Steppstich sticken.

04.

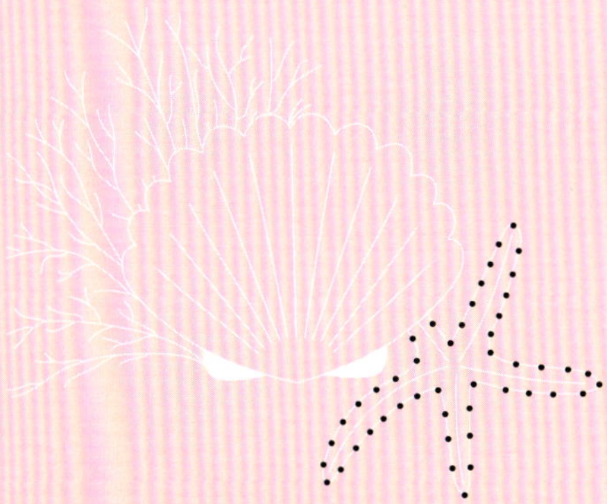

Knötchenstich
Die Einstichstellen der Steppstiche auf den Konturen des Seesterns mit Knötchenstichen versehen.

IM MEER

Die Konturen und einige Details sind, bis auf ein paar Ausnahmen, alle im Steppstich gestickt.

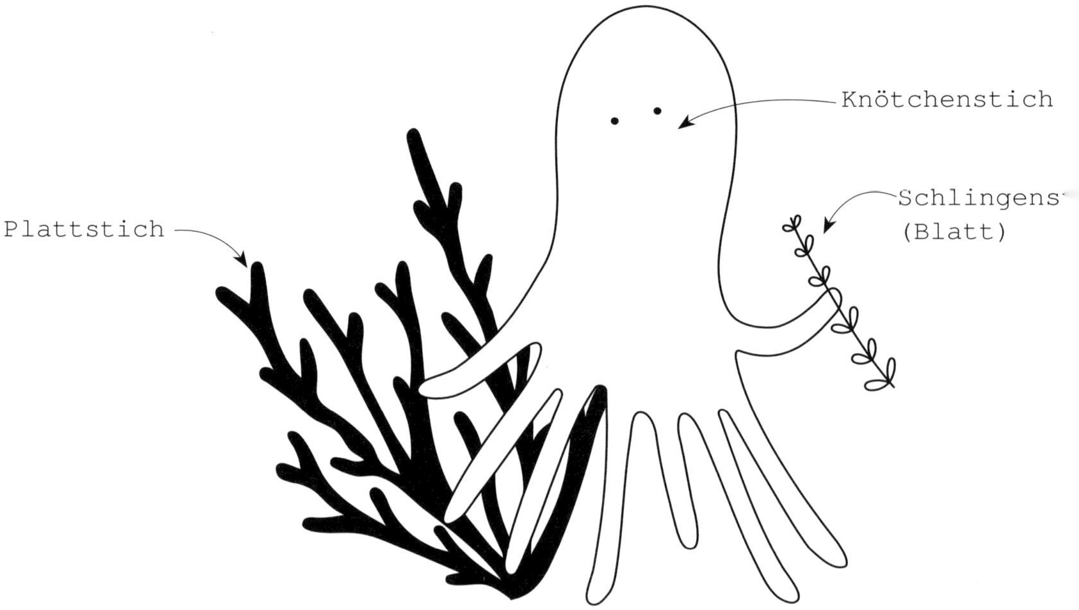

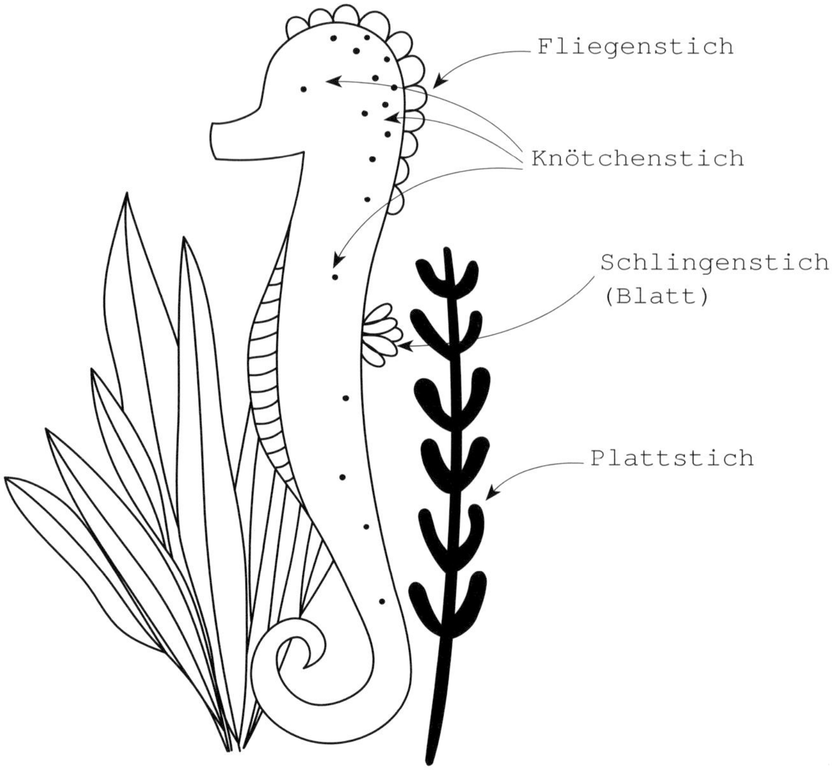

ZUSAMMENGESETZTE MOTIVE

Aus den hier gezeichneten Motiven können die Stickereien in beliebigen Farben frei komponiert werden.

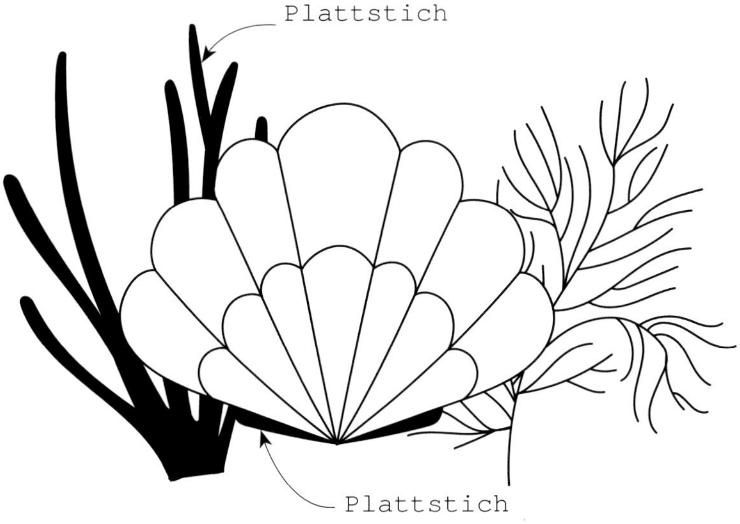

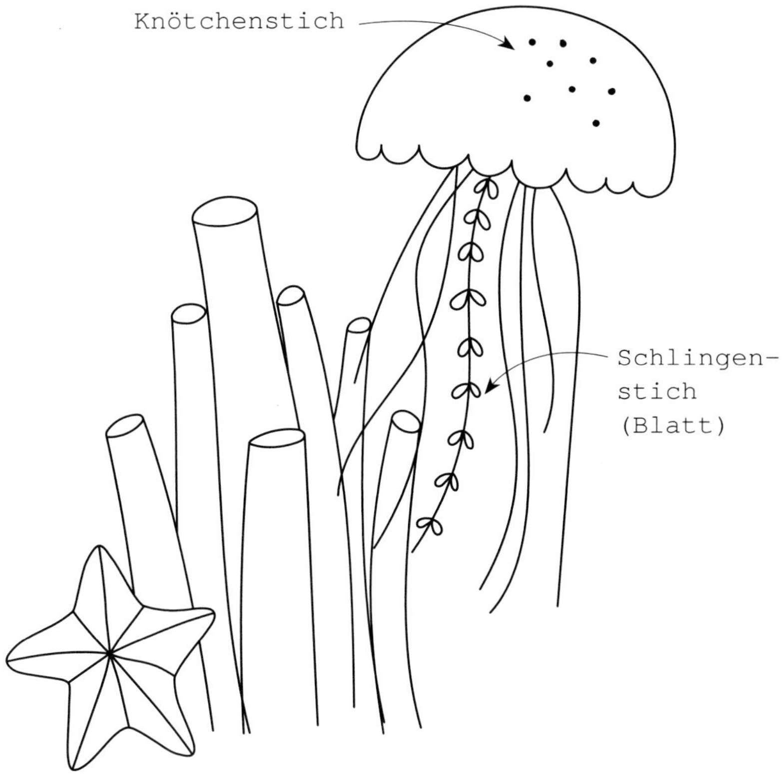

IM MEER

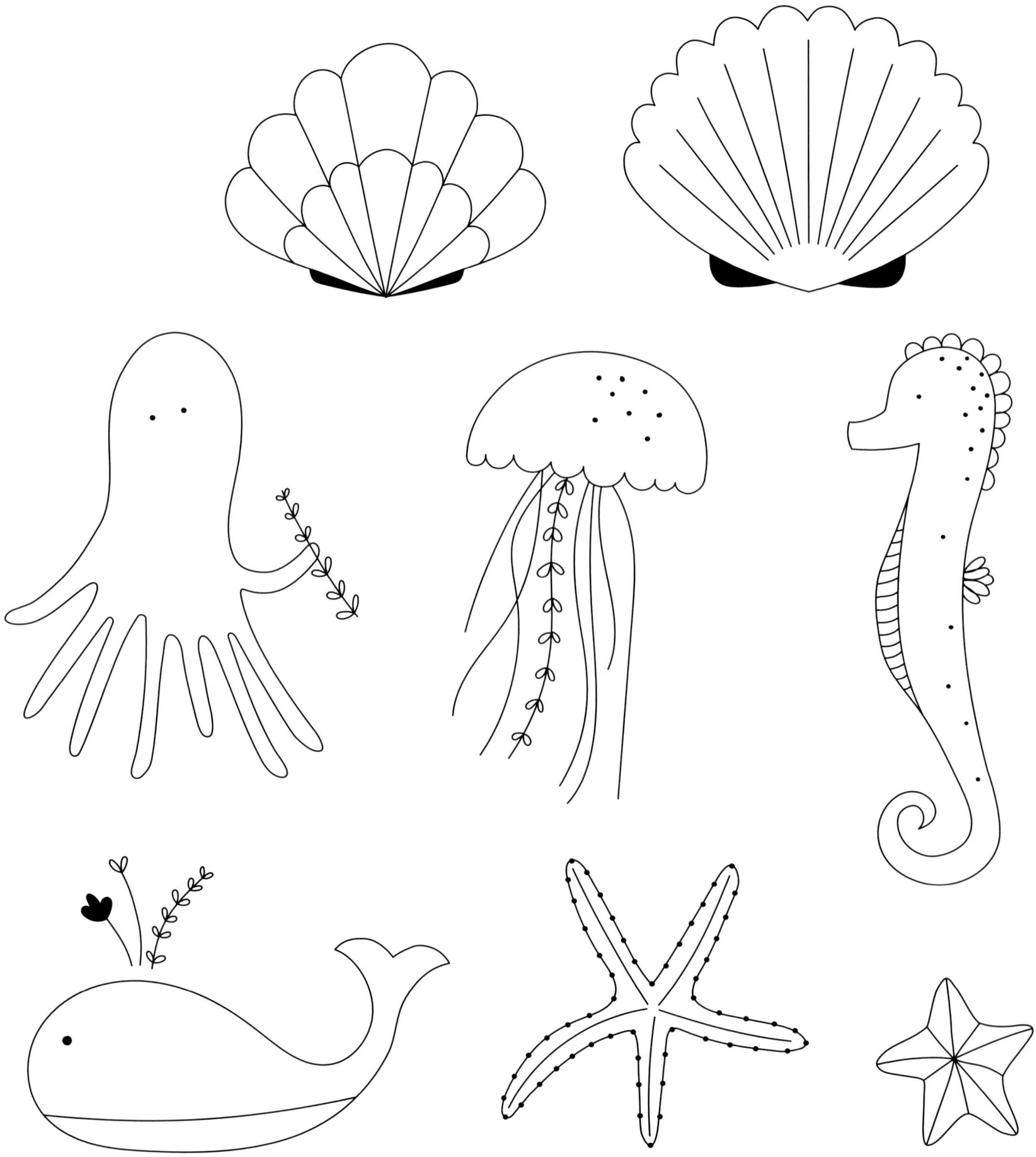

SKIZZENBUCH

Diese zum Thema passenden Zeichnungen können den Motiven hinzugefügt werden, sodass ganz neue Stickmotive entstehen!

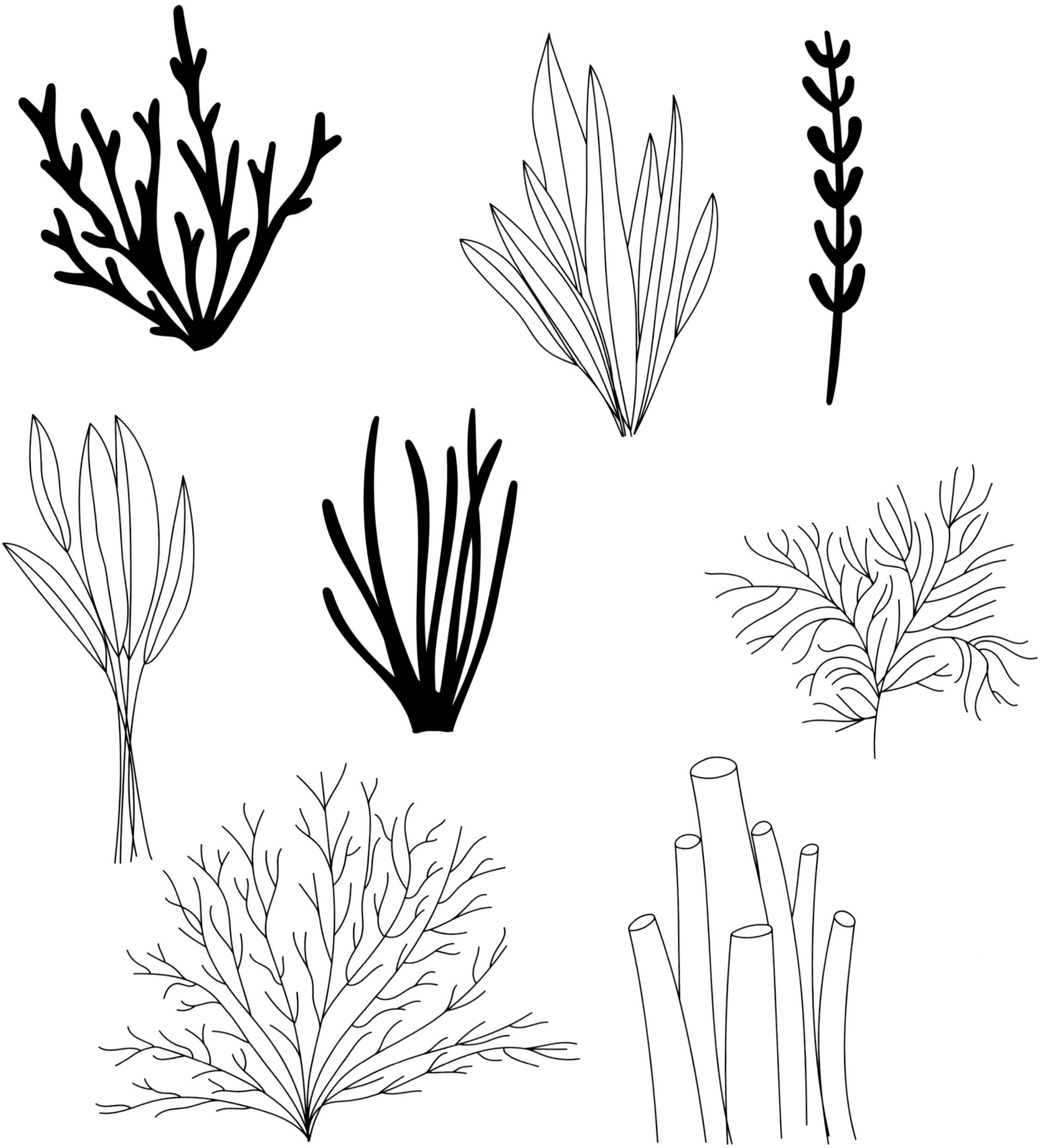

IM DSCHUNGEL

Im Dschungel verstecken sich die Tiere hinter dichtem Blattwerk und tropischen Blumen.
Schelmische Affen, elegante Leoparden, farbenprächtige Tukane. Gönnen Sie sich den Spaß und sticken Sie etwas Exotisches – dabei können Sie von einer Reise in die Wildnis träumen! Sie können auch nur Pflanzen sticken und den Schwanz eines Tieres dahinter hervorblitzen lassen.

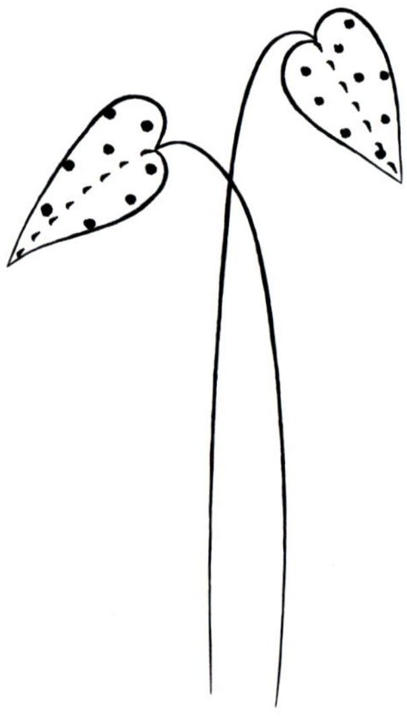

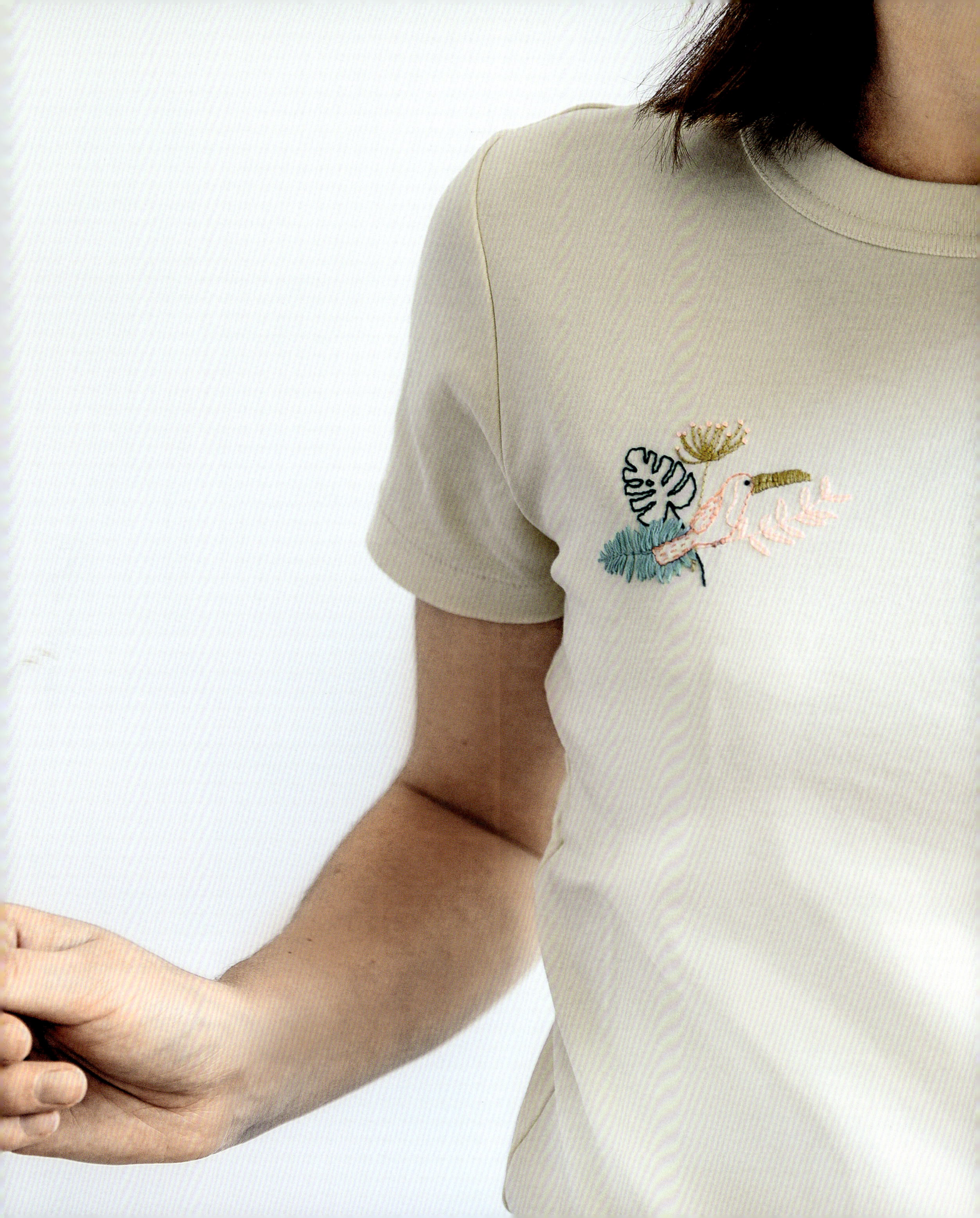

IM DSCHUNGEL

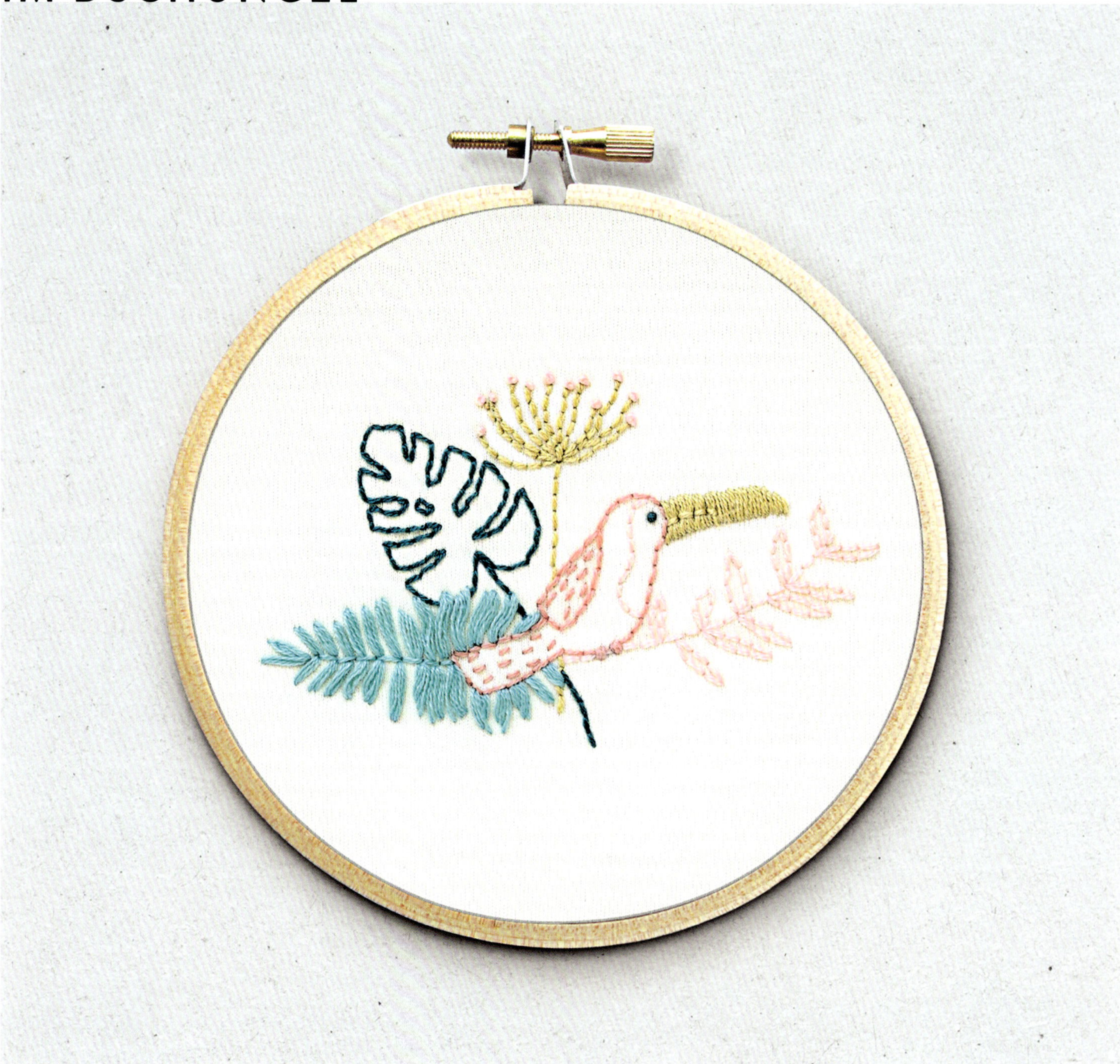

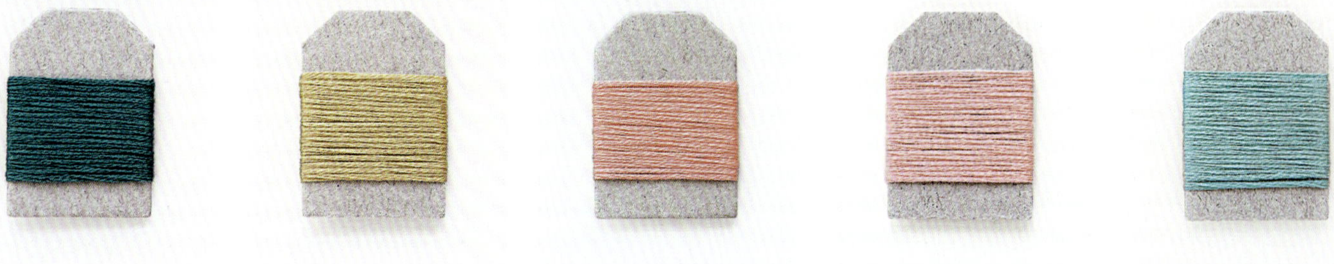

DAS MOTIV
SCHRITT FÜR SCHRITT ERKLÄRT

Das Motiv übertragen und mit den unten angegebenen Stichen und nebenan aufgeführten Farben sticken, dabei die beschriebenen Schritte befolgen.

Motiv zum Übertragen

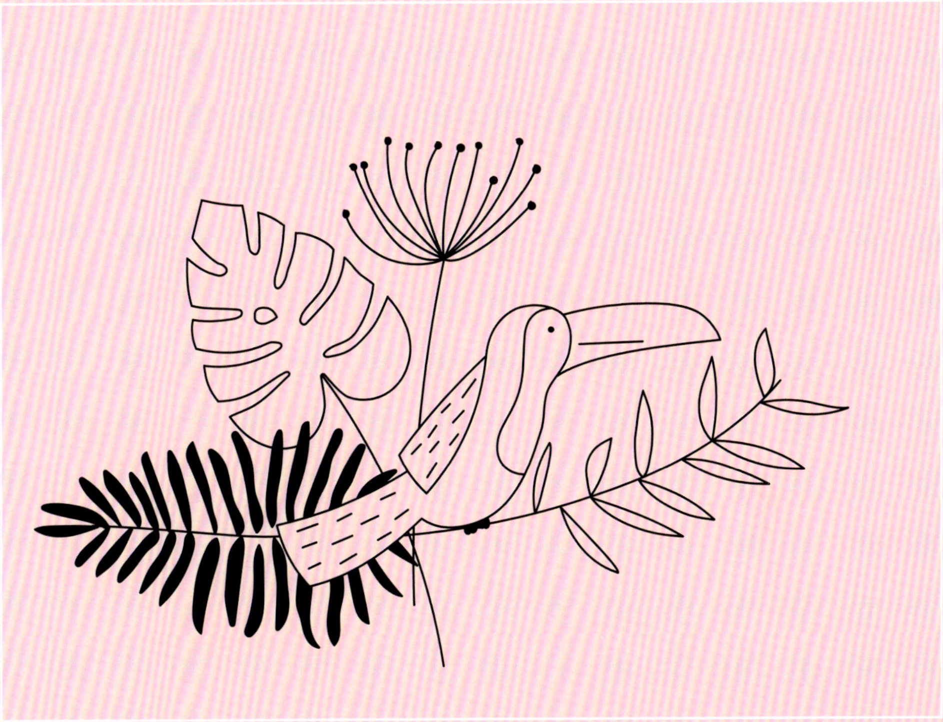

01.

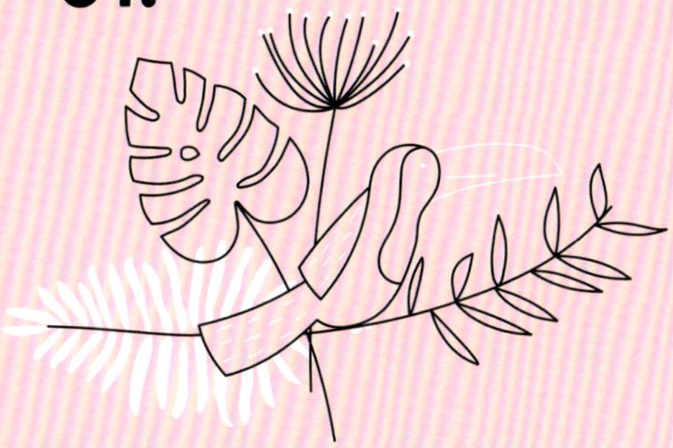

Steppstich
Den Vogel und die Blätter im Steppstich sticken.

02.

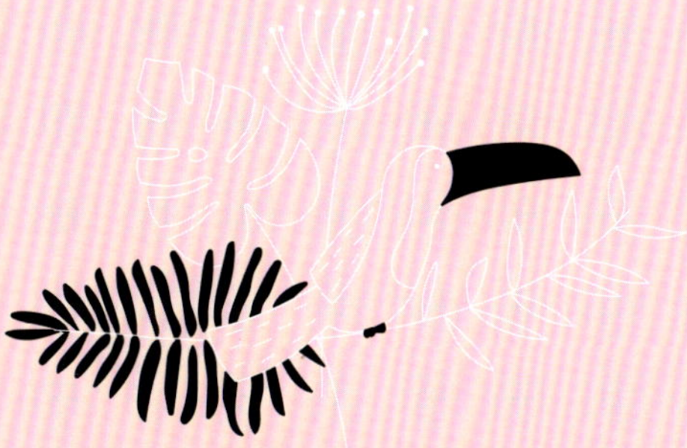

Plattstich
Das linke Blatt, den Schnabel und die Krallen des Vogels mit dem Plattstich sticken. Den Schnabel mit ein paar Steppstichen versehen.

03.

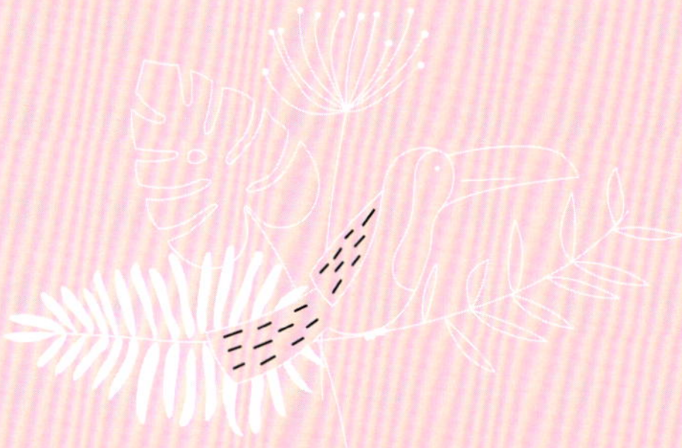

Vorstich
Die Federn des Vogels mit dem Vorstich sticken.

04.

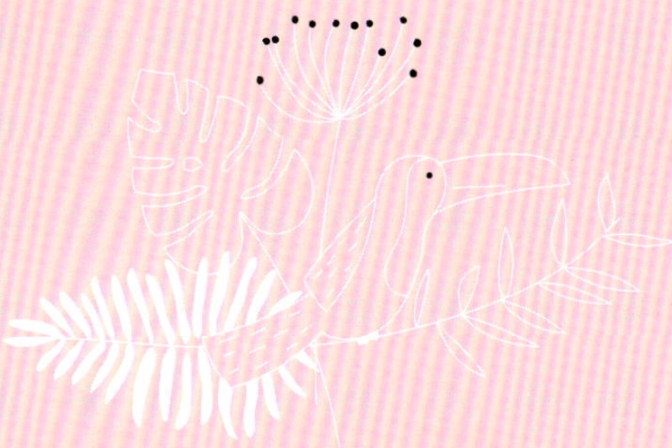

Knötchenstich
Das Auge des Tukans und die Fruchtknoten der Blüte mit dem Knötchenstich sticken.

IM DSCHUNGEL

Die Konturen und einige Details sind, bis auf ein paar Ausnahmen, alle im Steppstich gestickt.

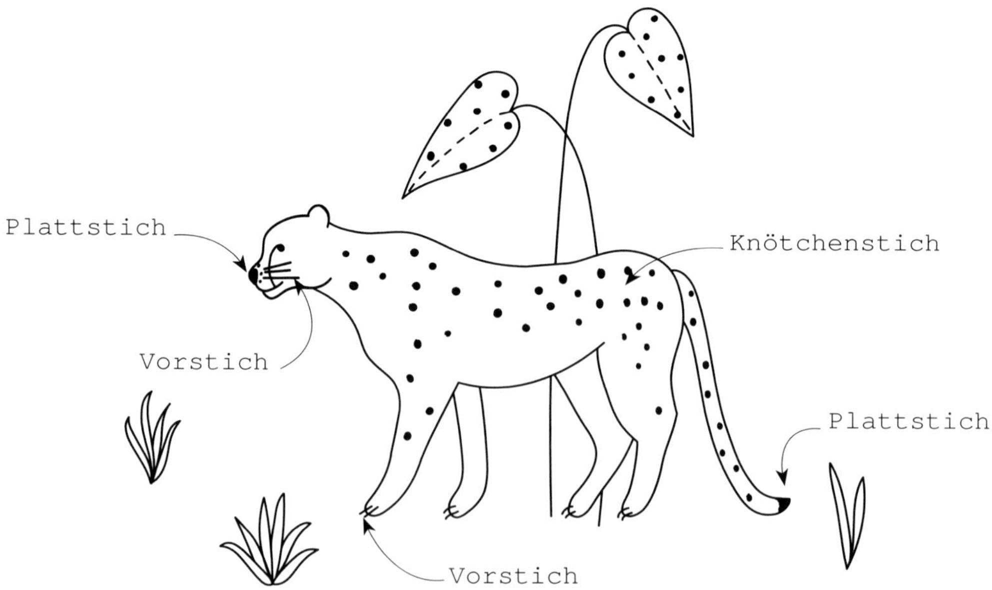

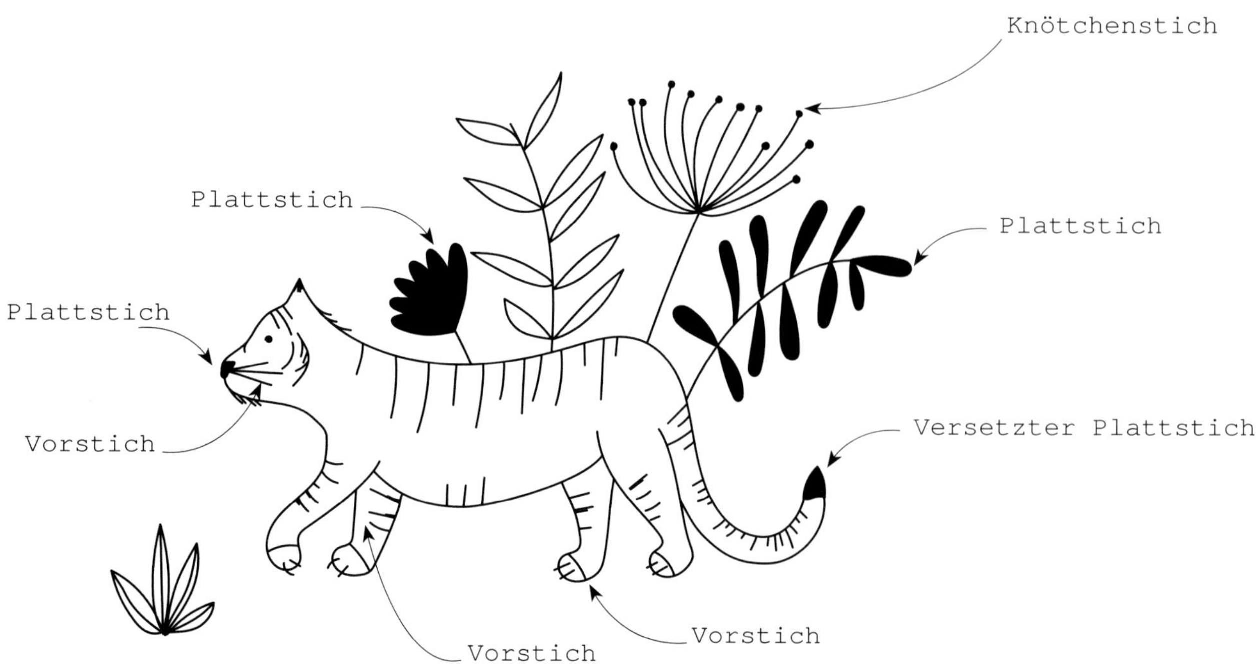

ZUSAMMENGESETZTE MOTIVE

Aus den hier gezeichneten Motiven können die Stickereien in beliebigen Farben frei komponiert werden.

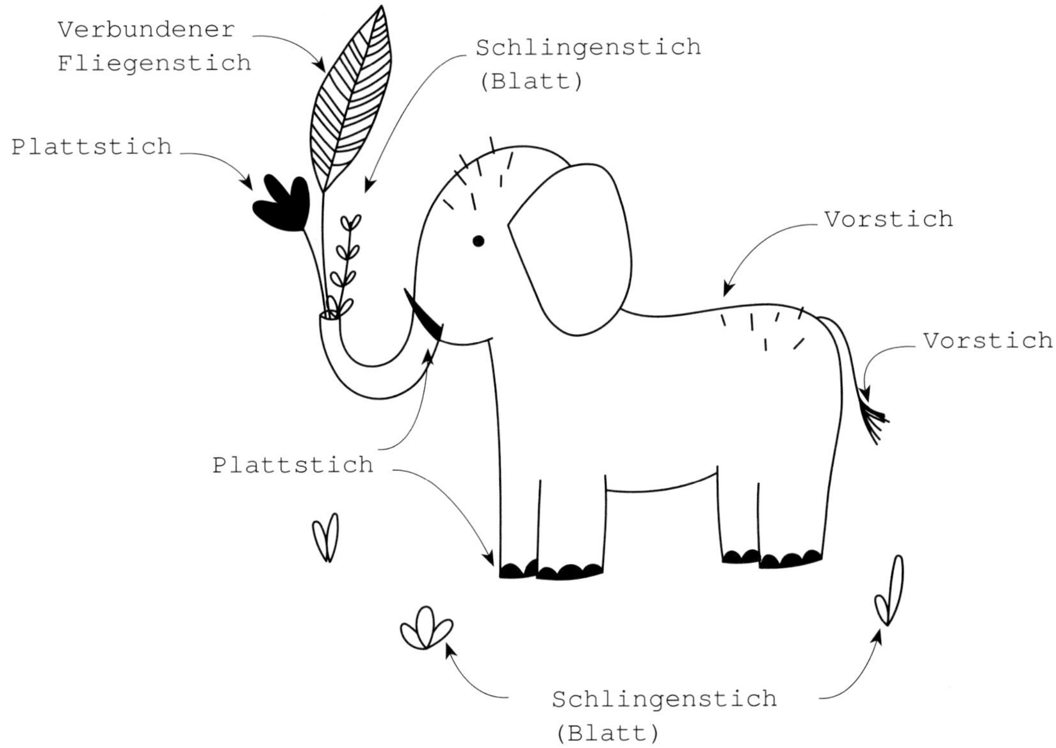

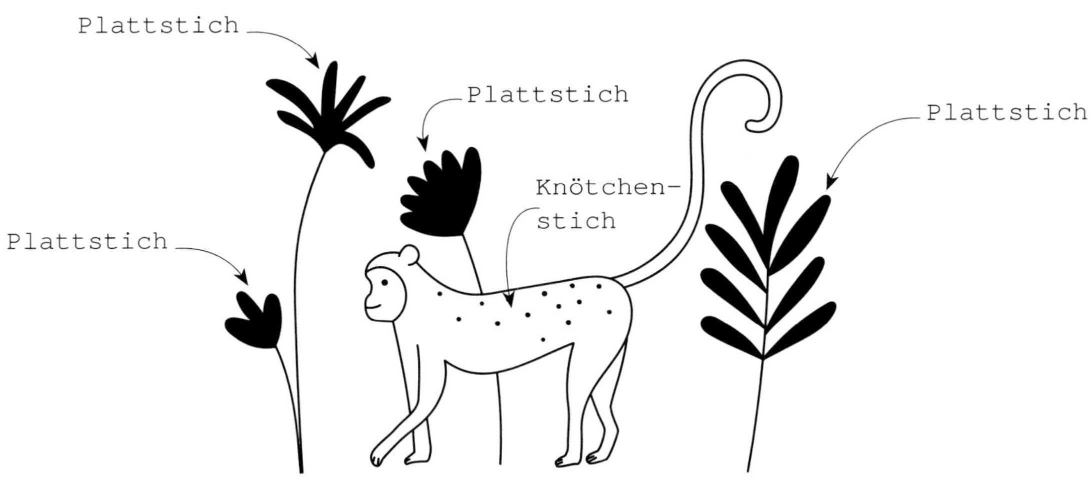

IM DSCHUNGEL

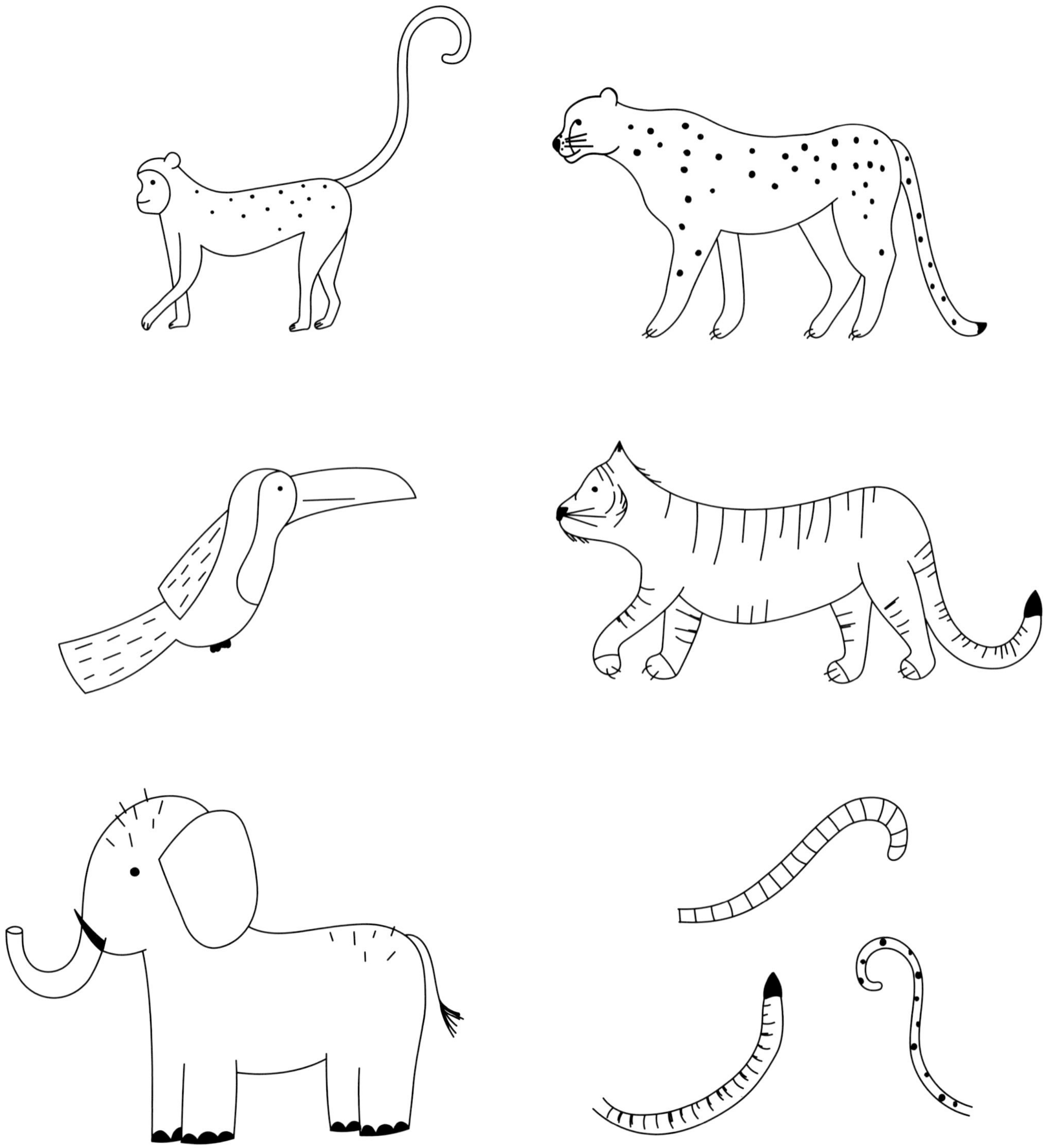

SKIZZENBUCH

Diese zum Thema passenden Zeichnungen können den Motiven hinzugefügt werden, sodass ganz neue Stickmotive entstehen!

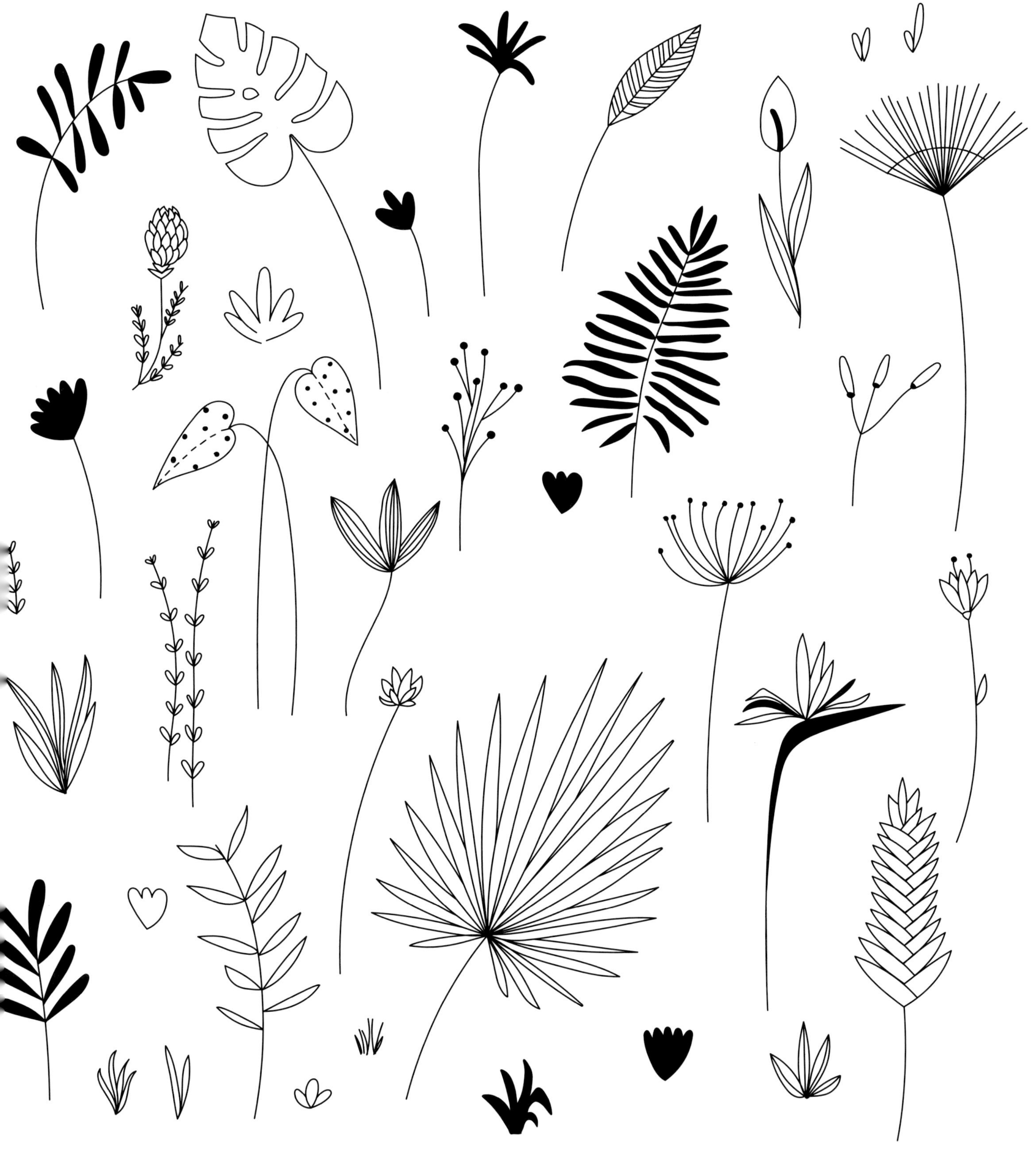

DRAUSSEN IN DER NATUR

Dieses Thema ist für alle Naturliebhaber! Sie können eine kleine Szene sticken, die Sie an einen Ausflug in die Berge, an einen Nachmittag beim Angeln oder einen Abstecher in den Wald erinnert. Wenn Sie die Szene mit einer Ranke dekorieren, erhalten Sie ein hübsches Ensemble, quasi eine Ode an die Natur.

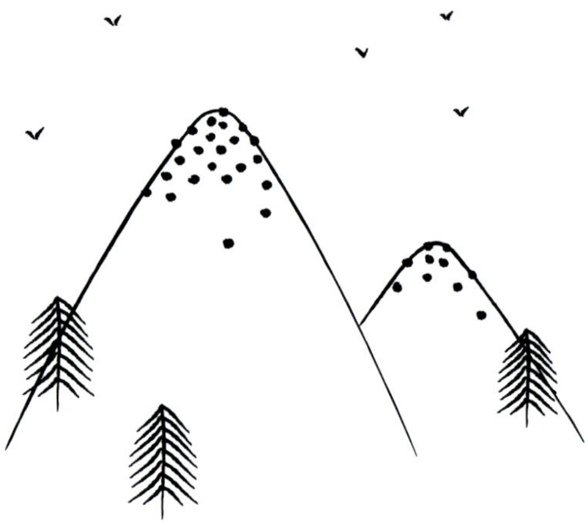

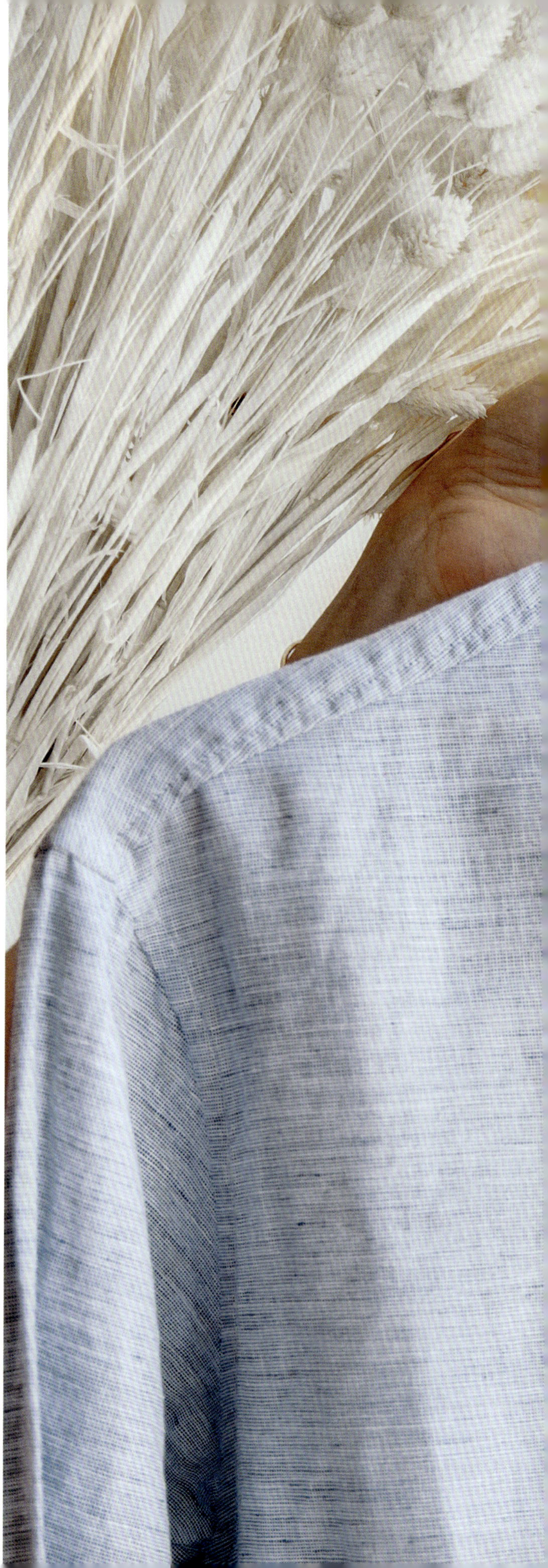

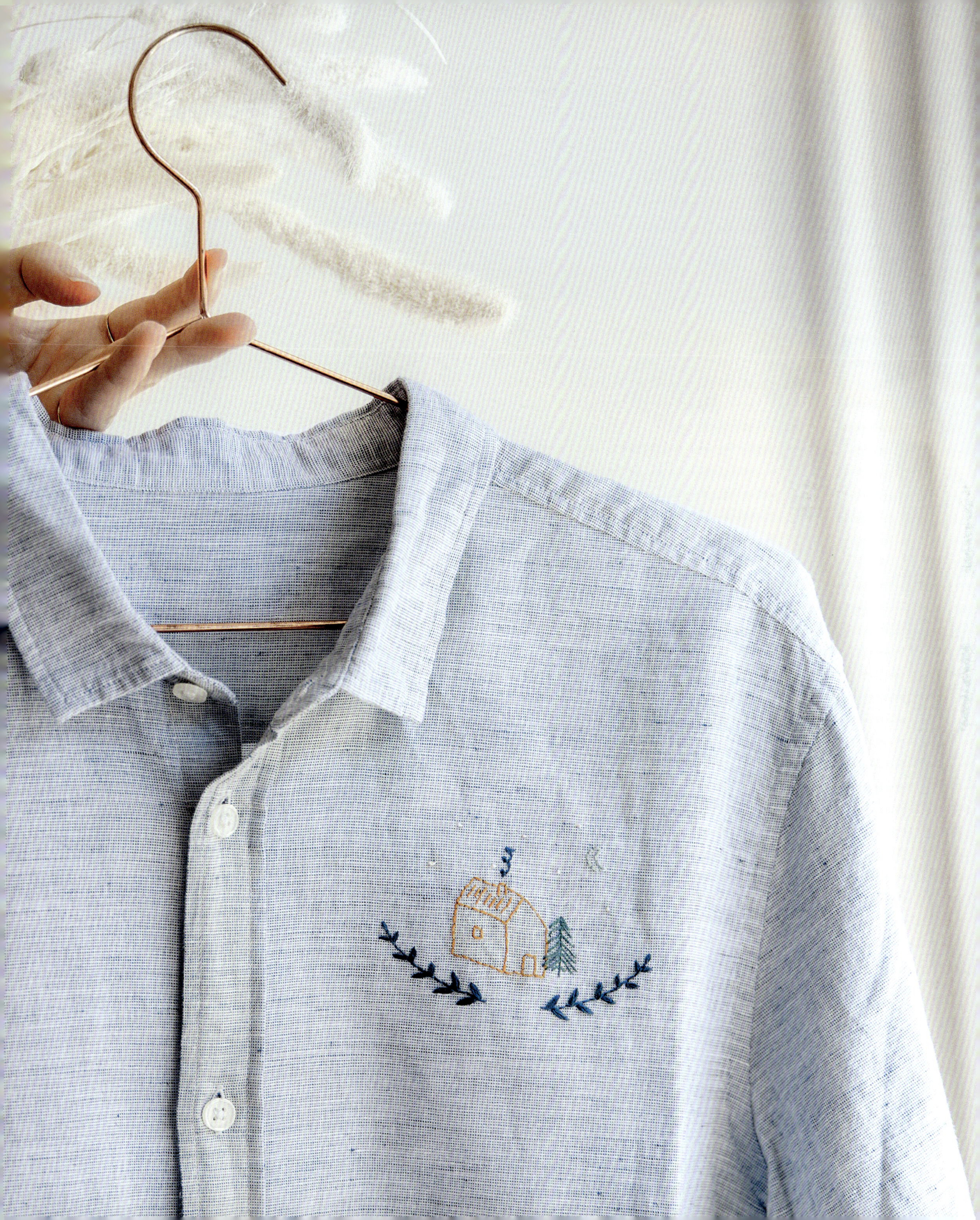

DRAUSSEN IN DER NATUR

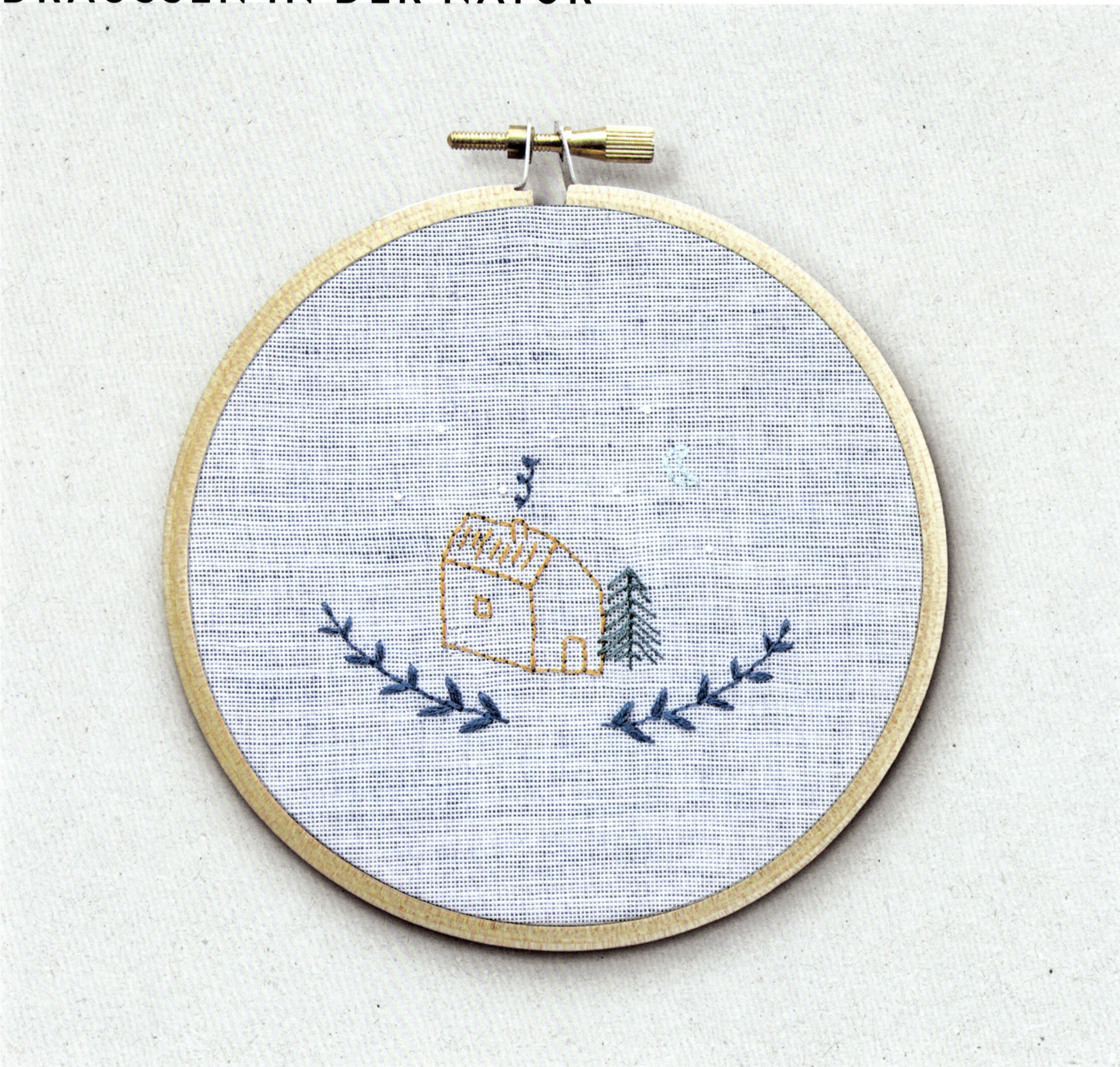

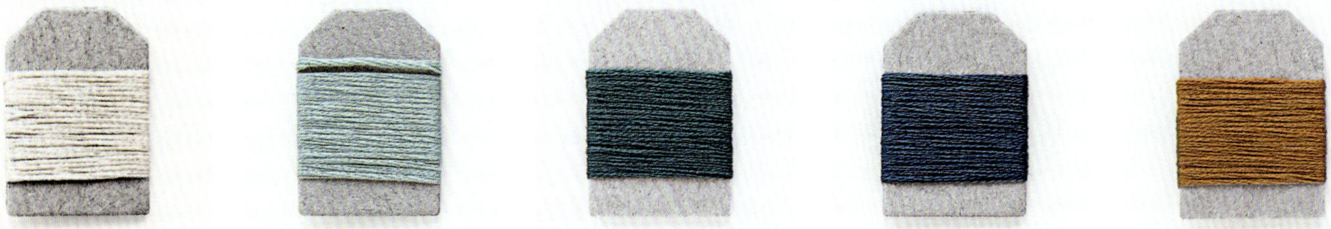

DAS MOTIV
SCHRITT FÜR SCHRITT ERKLÄRT

Das Motiv übertragen und mit den unten angegebenen Stichen und nebenan aufgeführten Farben sticken, dabei die beschriebenen Schritte befolgen.

Motiv zum Übertragen

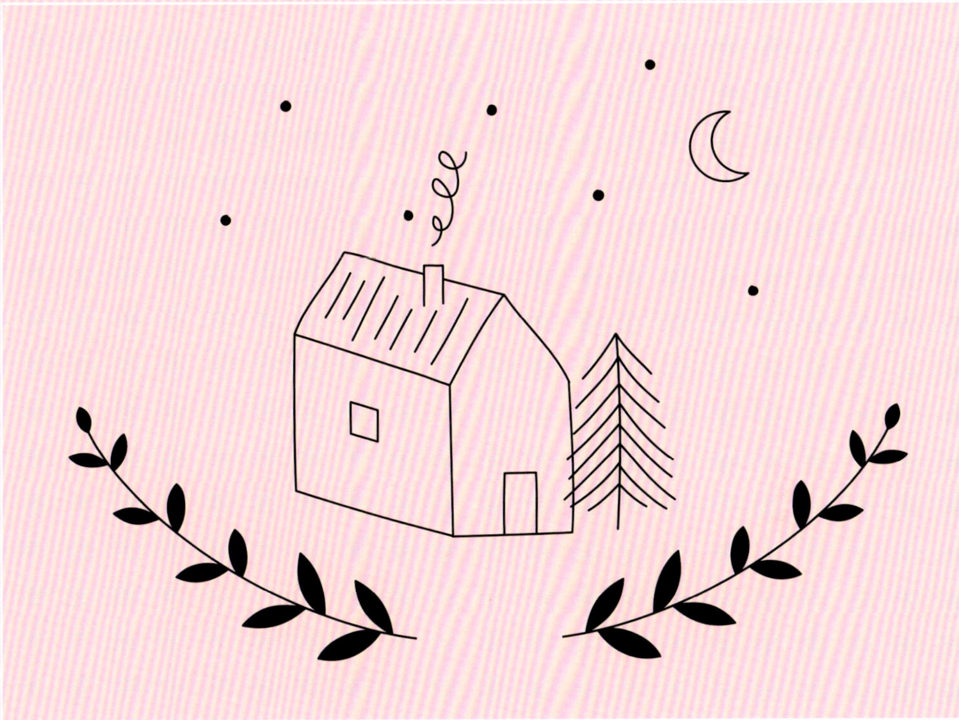

01. 02.

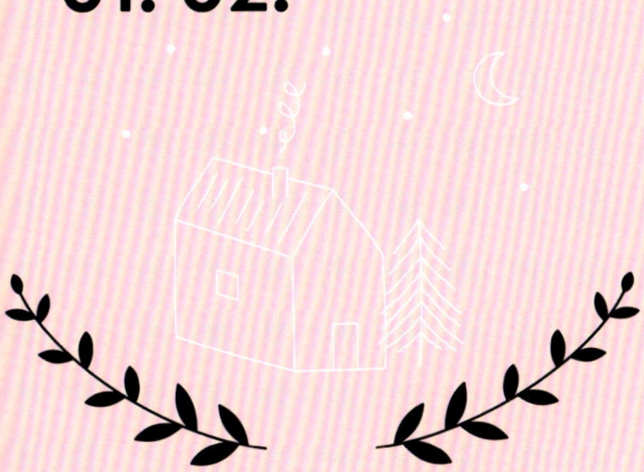

Plattstich/Steppstich
Die Blätter mit dem Plattstich und die Zweige mit dem Steppstich sticken.

03.

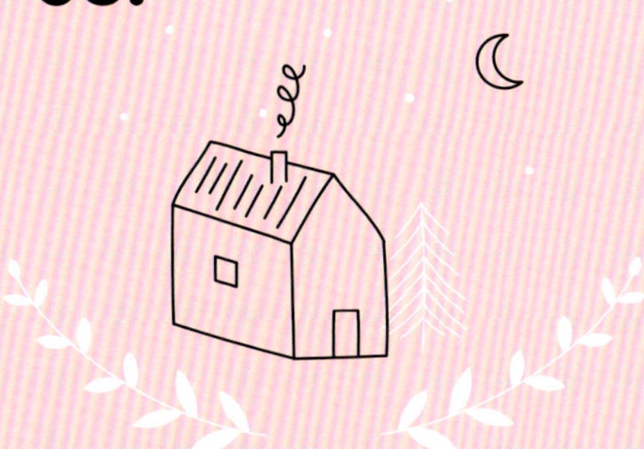

Steppstich
Das Haus und den Mond im Steppstich sticken.
Den Qualm in sehr kleinen Stichen sticken.

04.

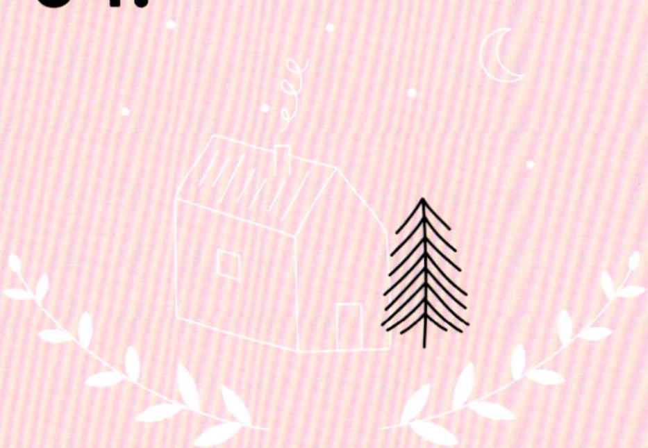

Verbundener Fliegenstich
Die Tanne im verbundenen Fliegenstich sticken.

05.

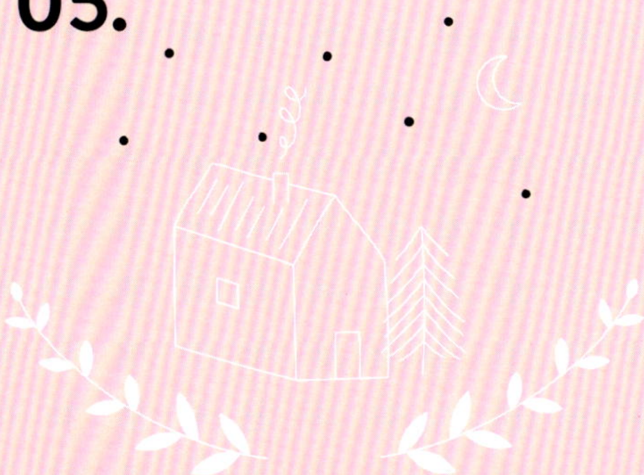

Knötchenstich
Die eingezeichneten Details im Knötchenstich sticken.

DRAUSSEN IN DER NATUR

Die Konturen und einige Details sind, bis auf ein paar Ausnahmen, alle im Steppstich gestickt.

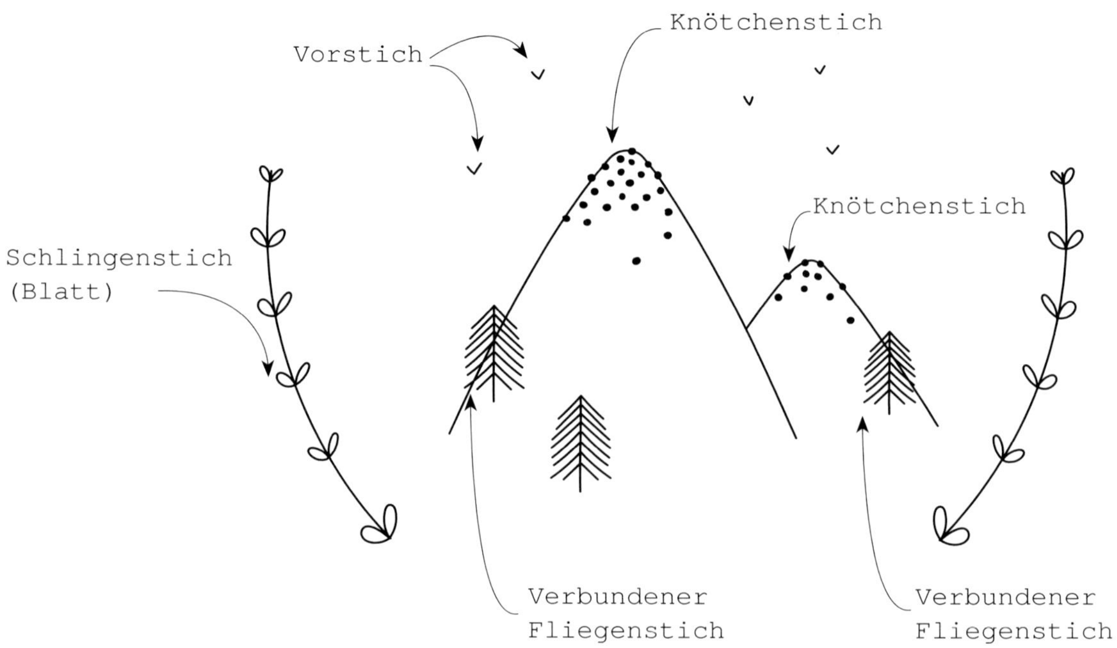

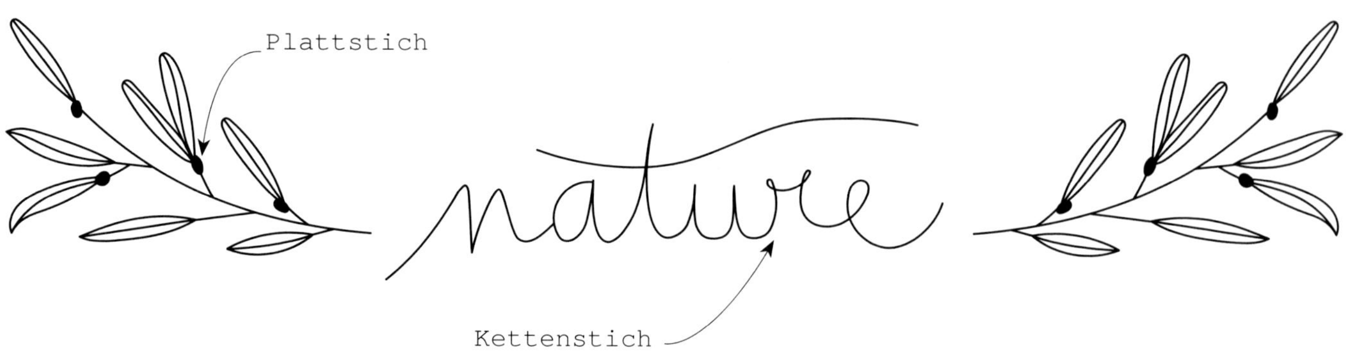

ZUSAMMENGESETZTE MOTIVE

Aus den hier gezeichneten Motiven können die Stickereien in beliebigen Farben frei komponiert werden.

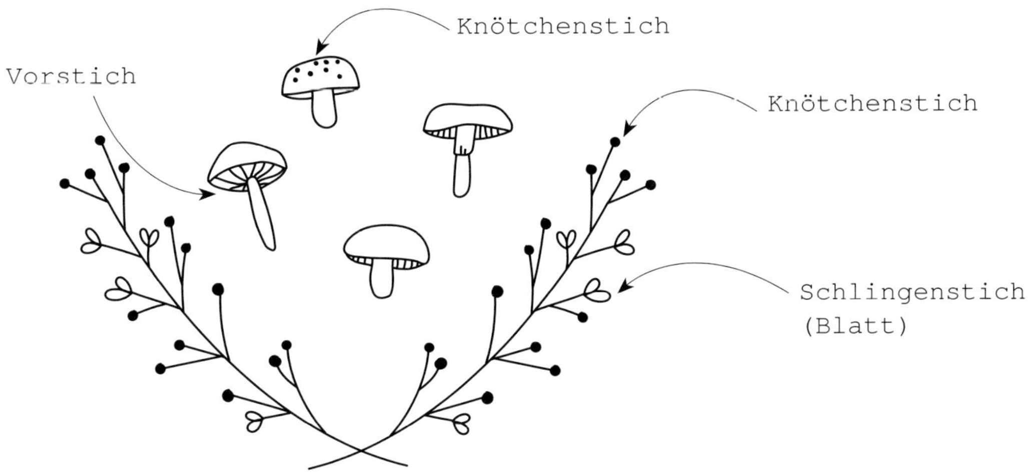

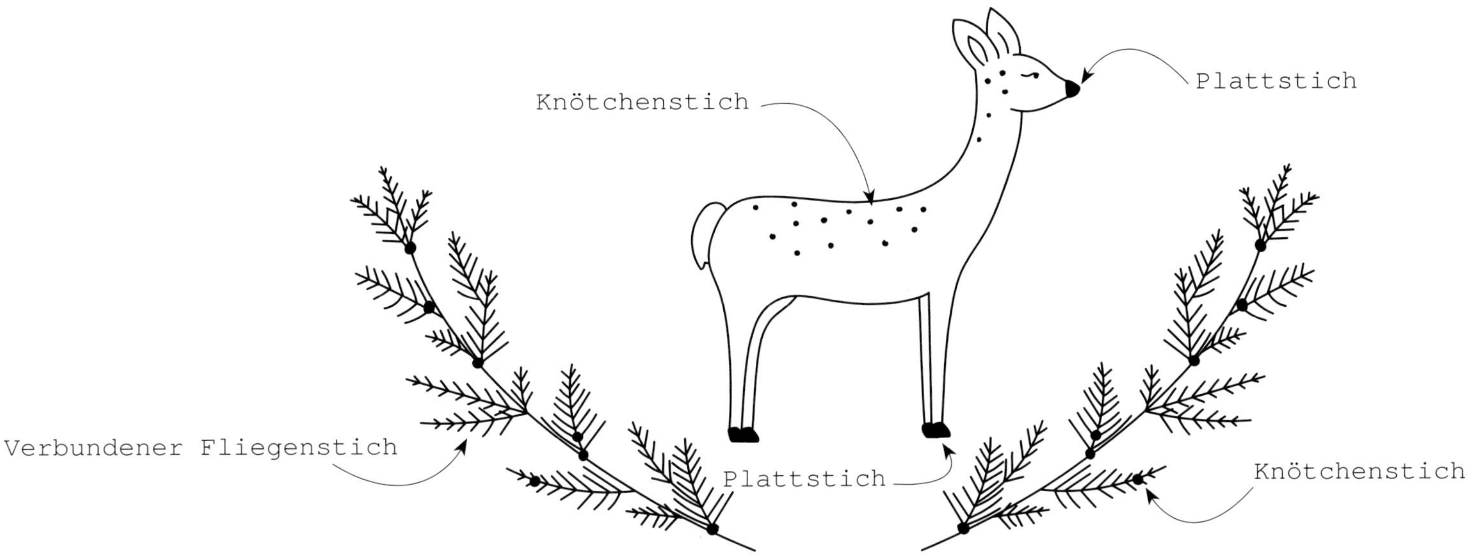

DRAUSSEN IN DER NATUR

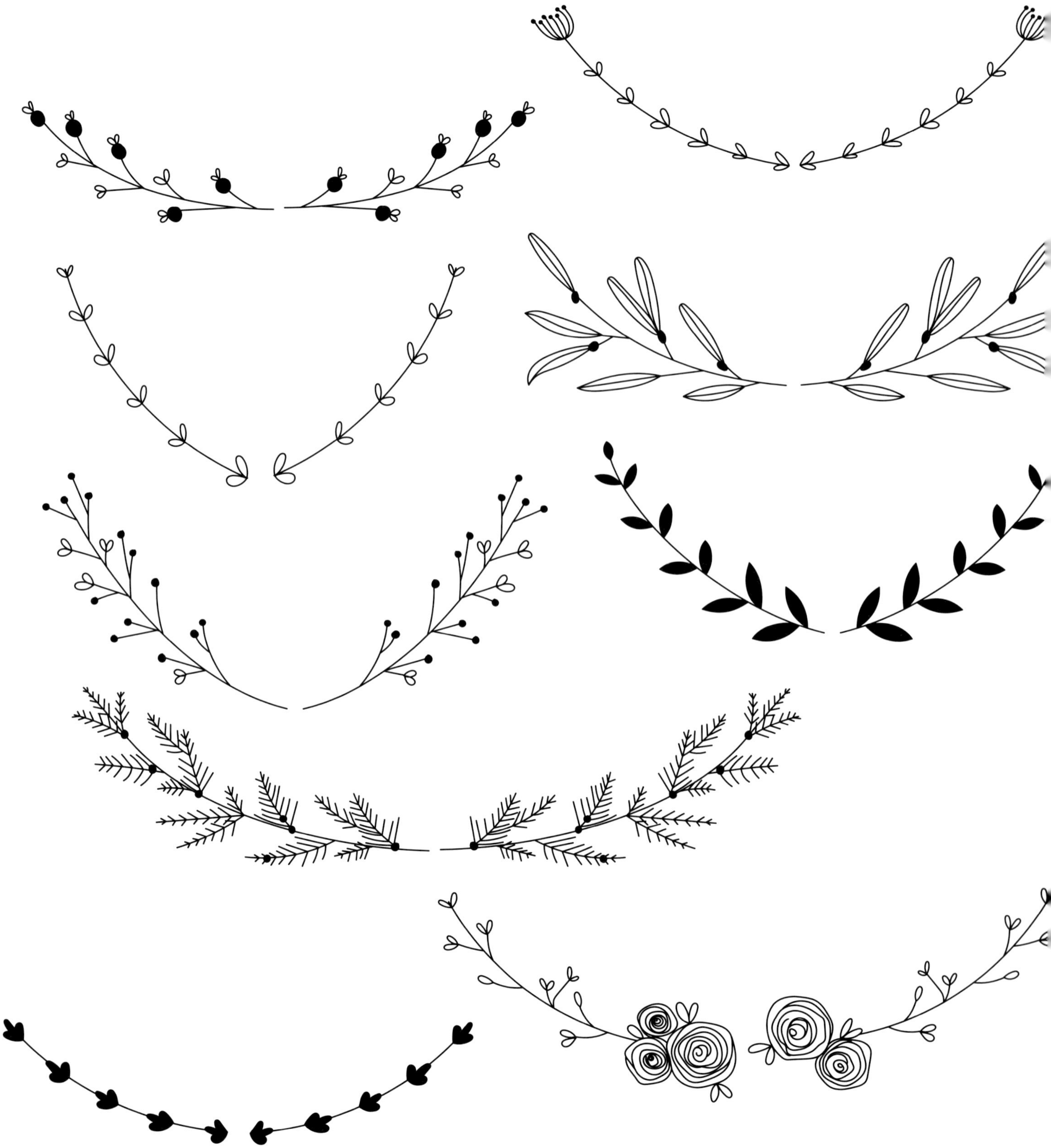

SKIZZENBUCH

Diese zum Thema passenden Zeichnungen können den Motiven hinzugefügt werden, sodass ganz neue Stickmotive entstehen!

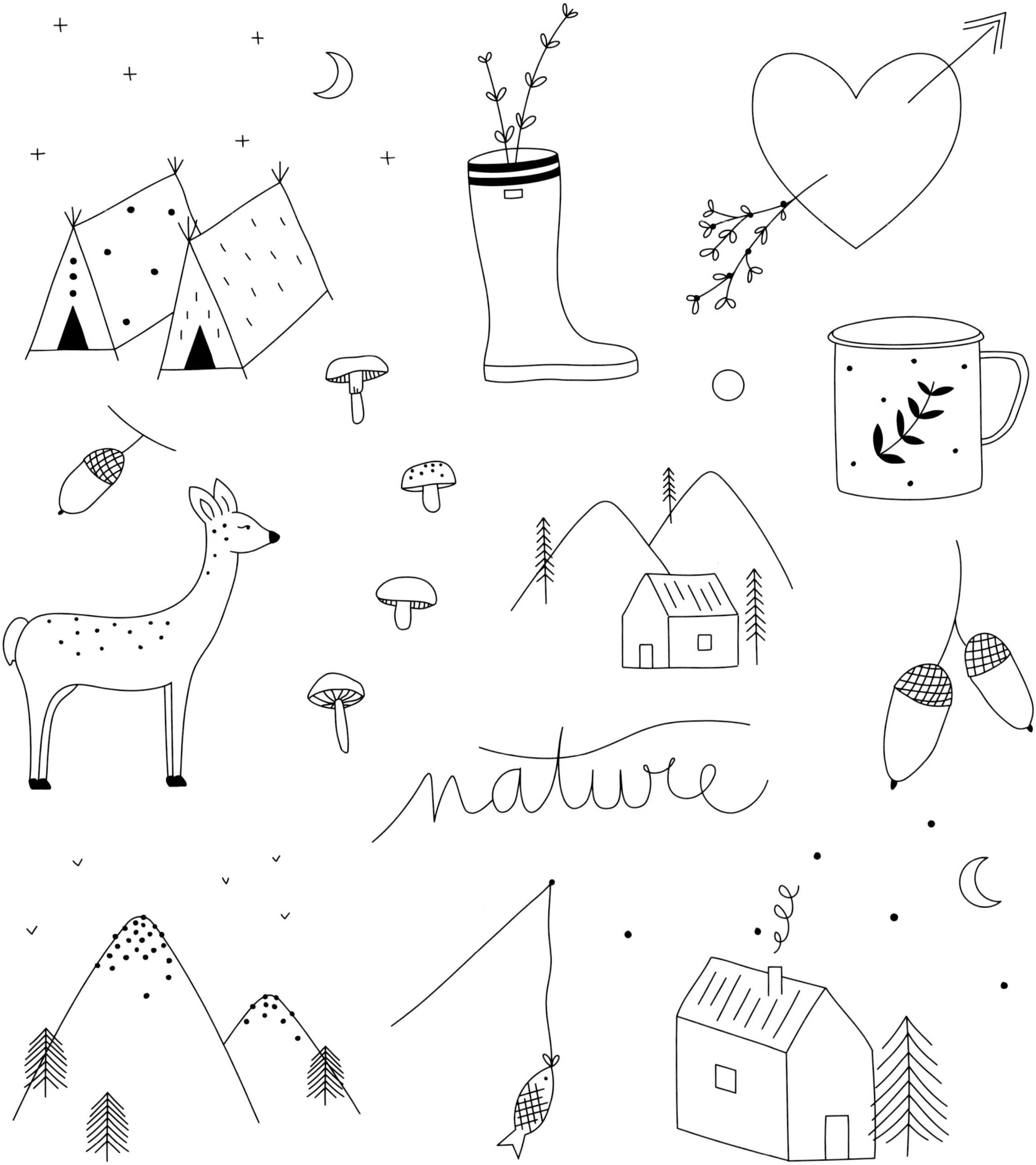

IN DER STADT

Diese hübschen Häuser erinnern Sie vielleicht an einen Urlaub im Norden. Sie sind von der skandinavischen Architektur inspiriert und voller Charme und origineller Details. Sticken Sie mehrere direkt nebeneinander, wie an einem Kanal in Amsterdam, und führen Sie die unterschiedlichen Fenster mit Hingabe aus!

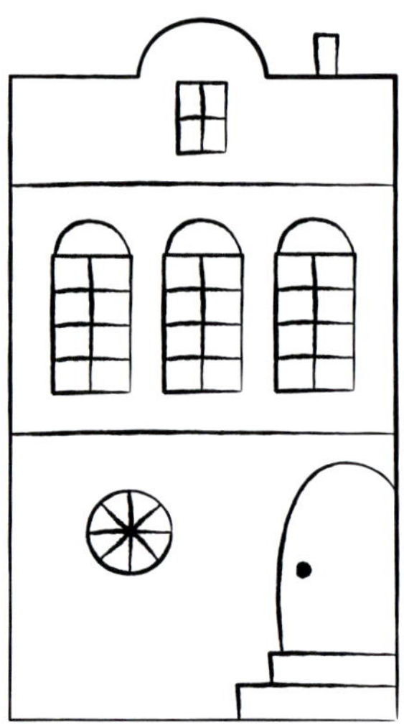

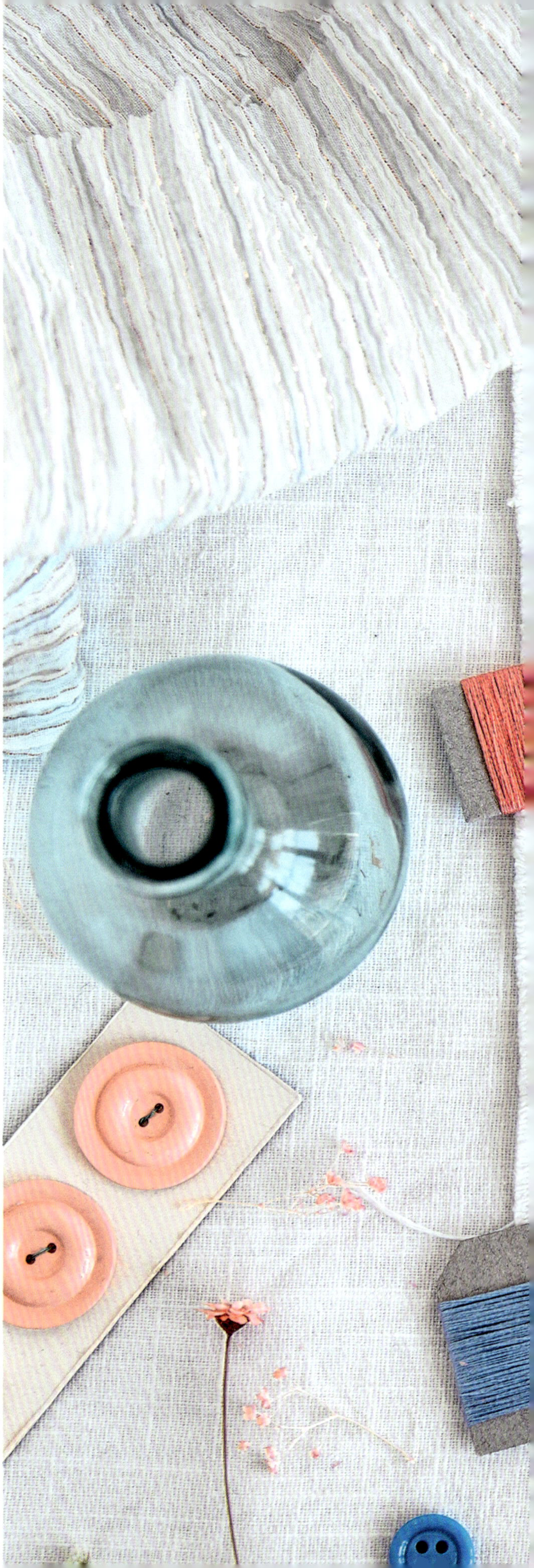

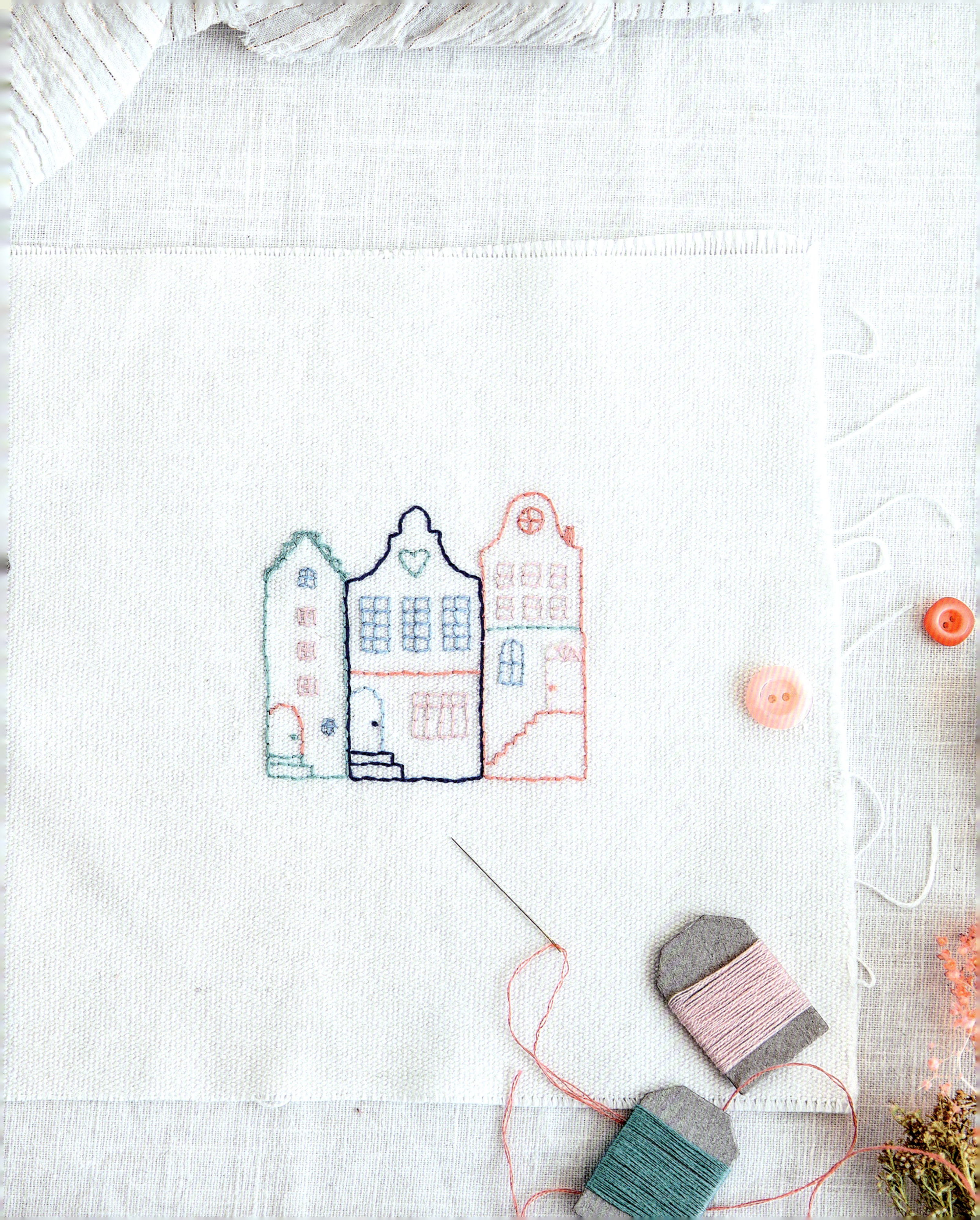

IN DER STADT

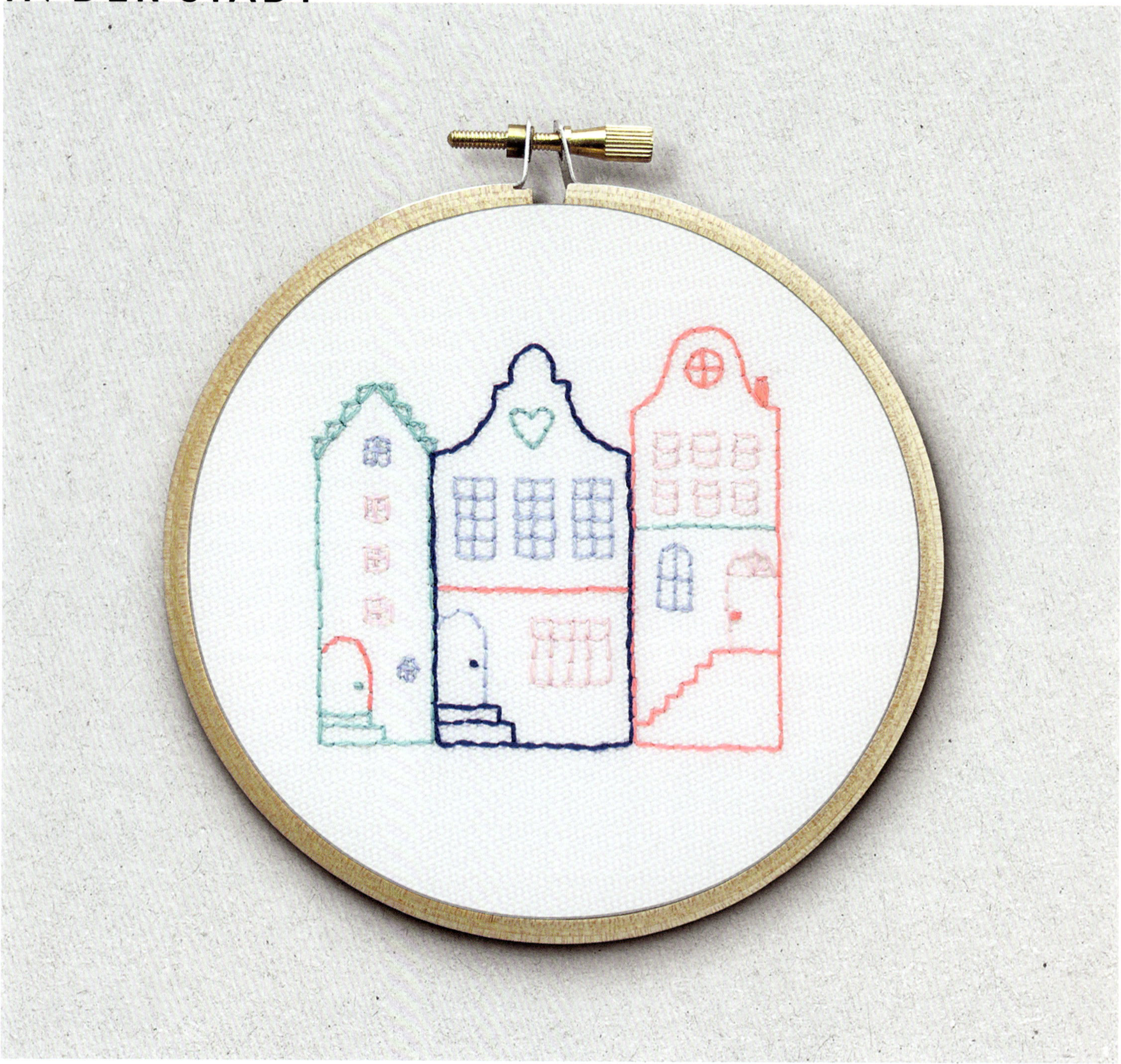

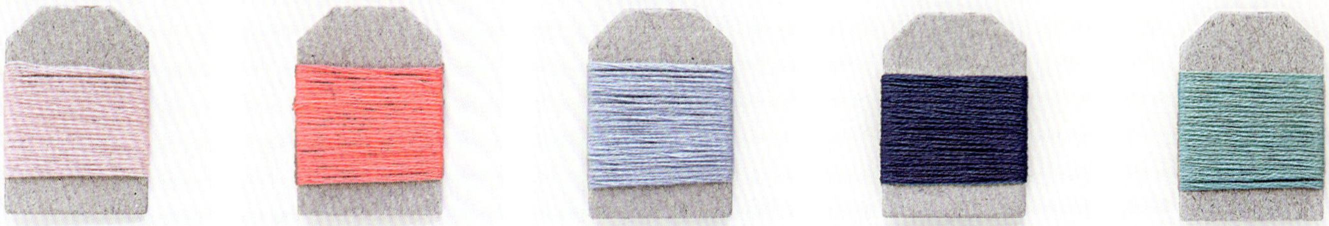

DAS MOTIV
SCHRITT FÜR SCHRITT ERKLÄRT

Das Motiv übertragen und mit den unten angegebenen Stichen und nebenan aufgeführten Farben sticken, dabei die beschriebenen Schritte befolgen.

Motiv zum Übertragen

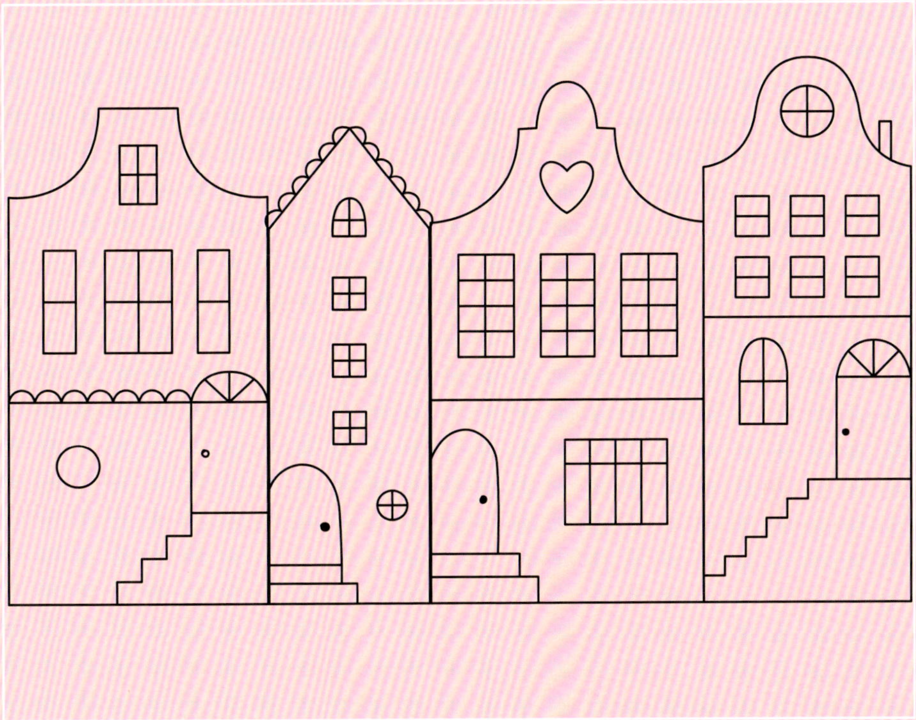

01.

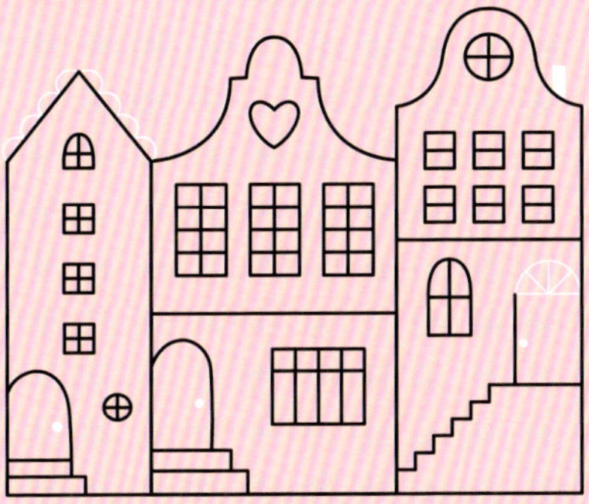

Steppstich
Die Konturen der Häuser mit dem Steppstich sticken. Dann die Konturen der Fenster und danach die Fensterkreuze sticken. Die kleinen Details mit sehr kleinen Stichen anfertigen.

02.

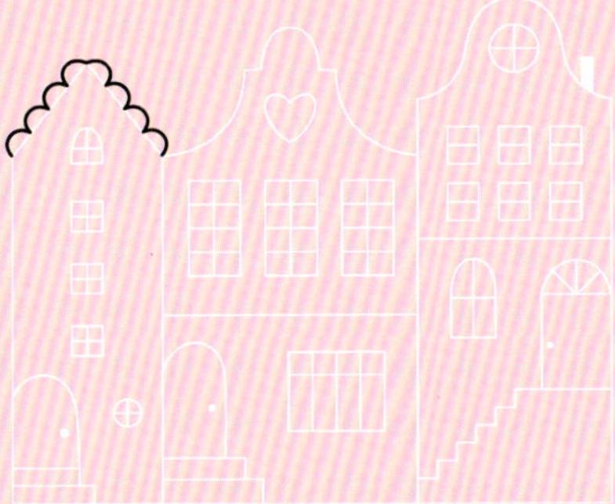

Fliegenstich
Die Hausgiebel mit dem Fliegenstich sticken.

03.

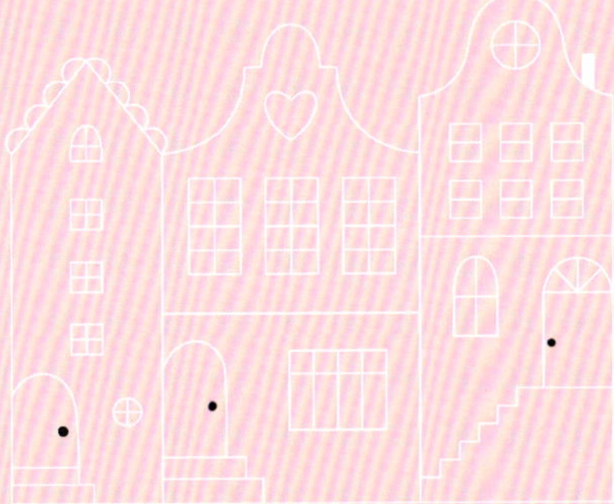

Knötchenstich
Die eingezeichneten Details im Knötchenstich sticken.

04. 05.

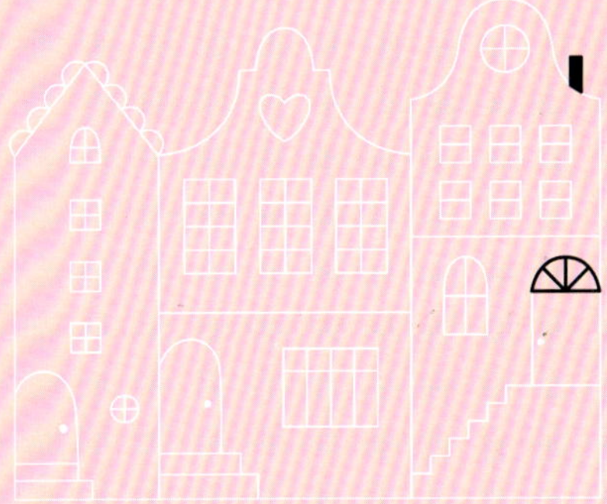

Festonstich (Wagenrad)/ Plattsticht
Den Bogen mit dem Festonstich und den Kamin mit dem Plattstich sticken.

IN DER STADT

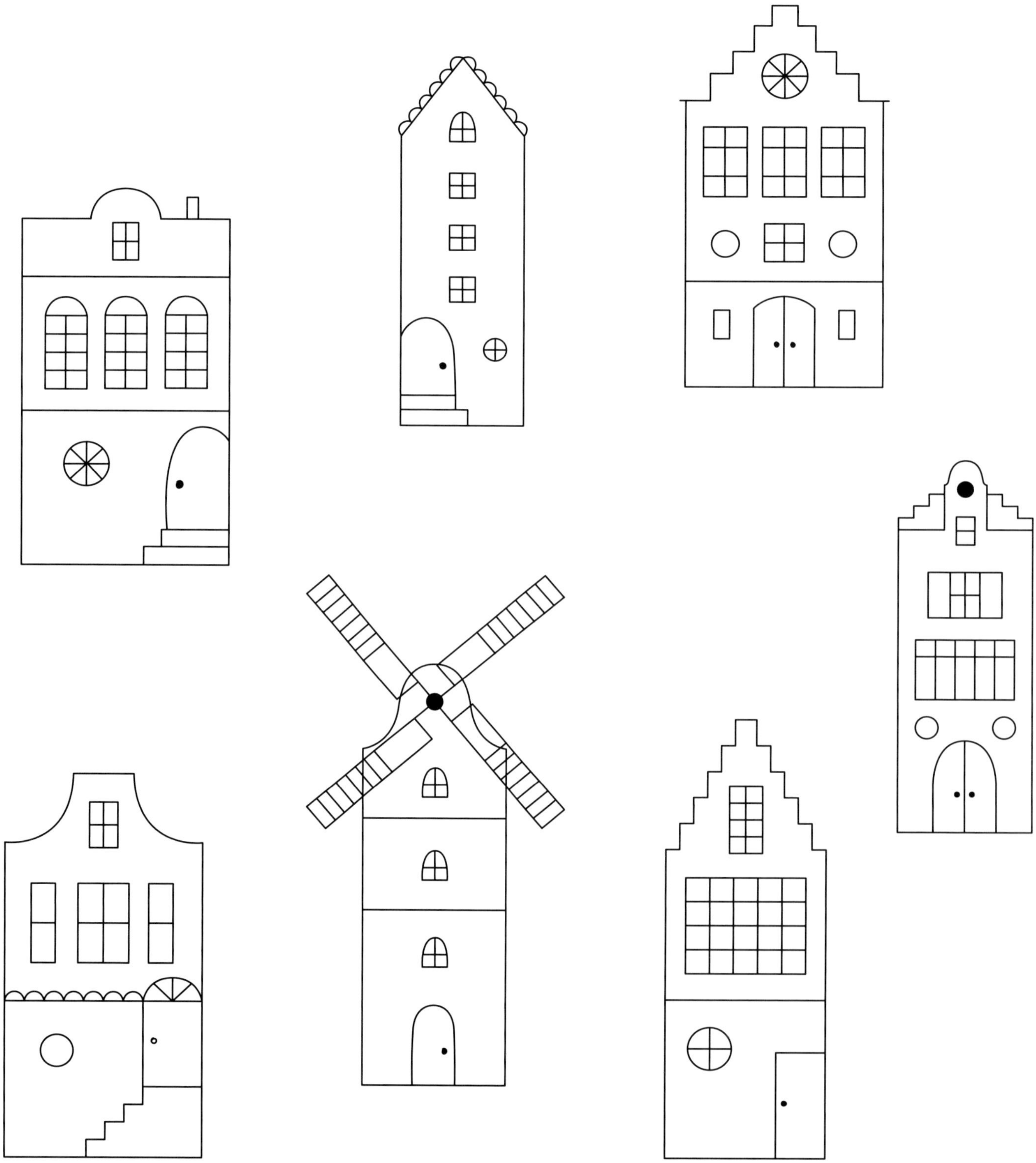

SKIZZENBUCH

Diese zum Thema passenden Zeichnungen können den Motiven hinzugefügt werden, sodass ganz neue Stickmotive entstehen!

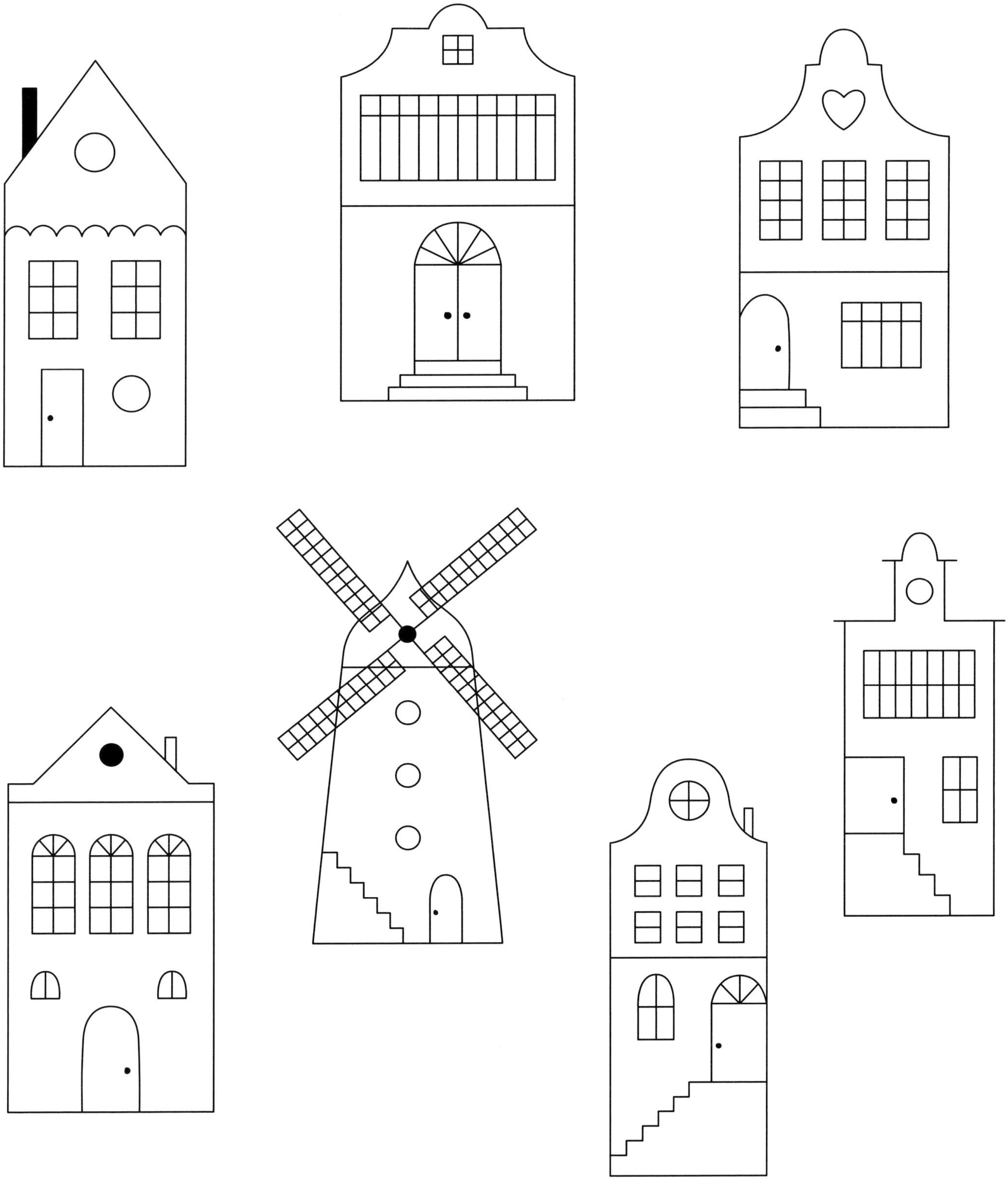

IM WALD

Im Wald leben die Tiere zwischen Bäumen und Zweigen. Sie sind lebhaft und springen zwischen Blumen, Pilzen, Gestein oder Tannen herum. Sticken Sie eine kleine Szene etwa auf einer Lichtung, wählen Sie eine Ihrer Lieblingsblumen, die Sie neben einen Hasen, Igel oder ein Eichhörnchen setzen.

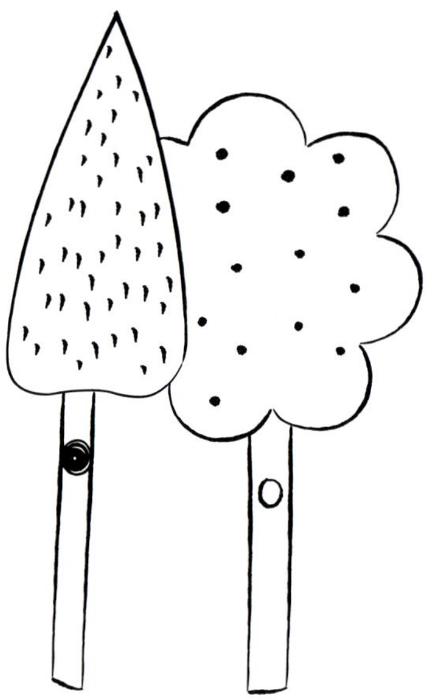

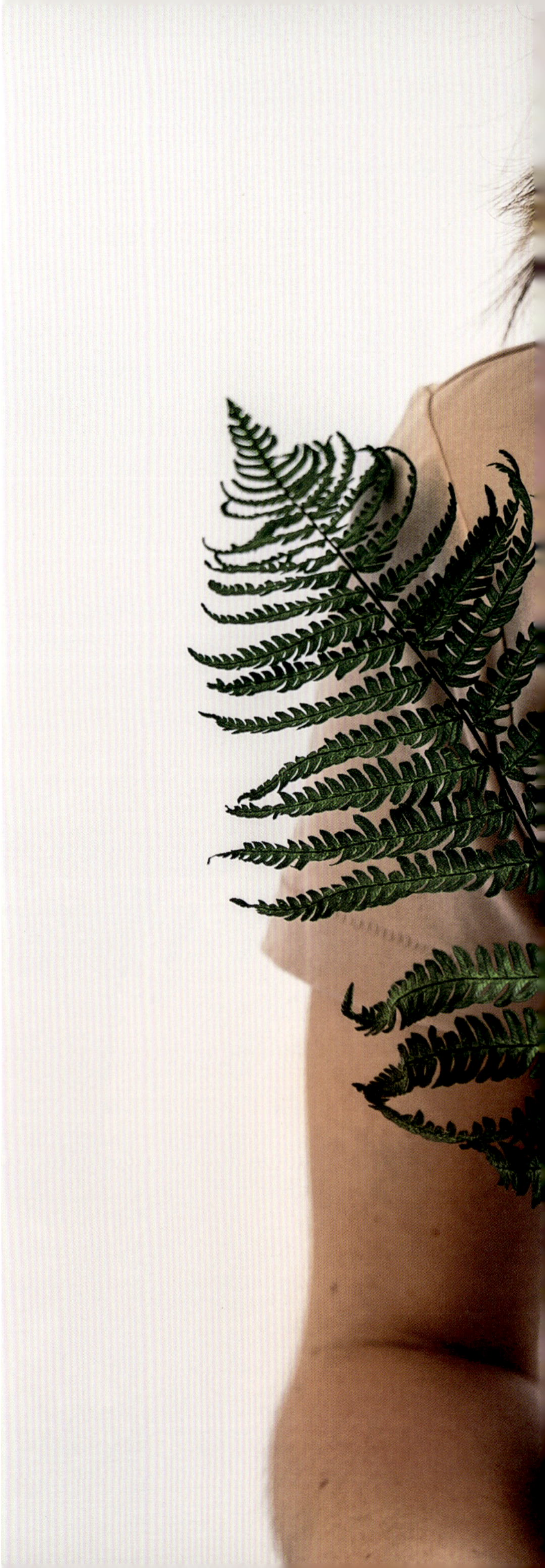

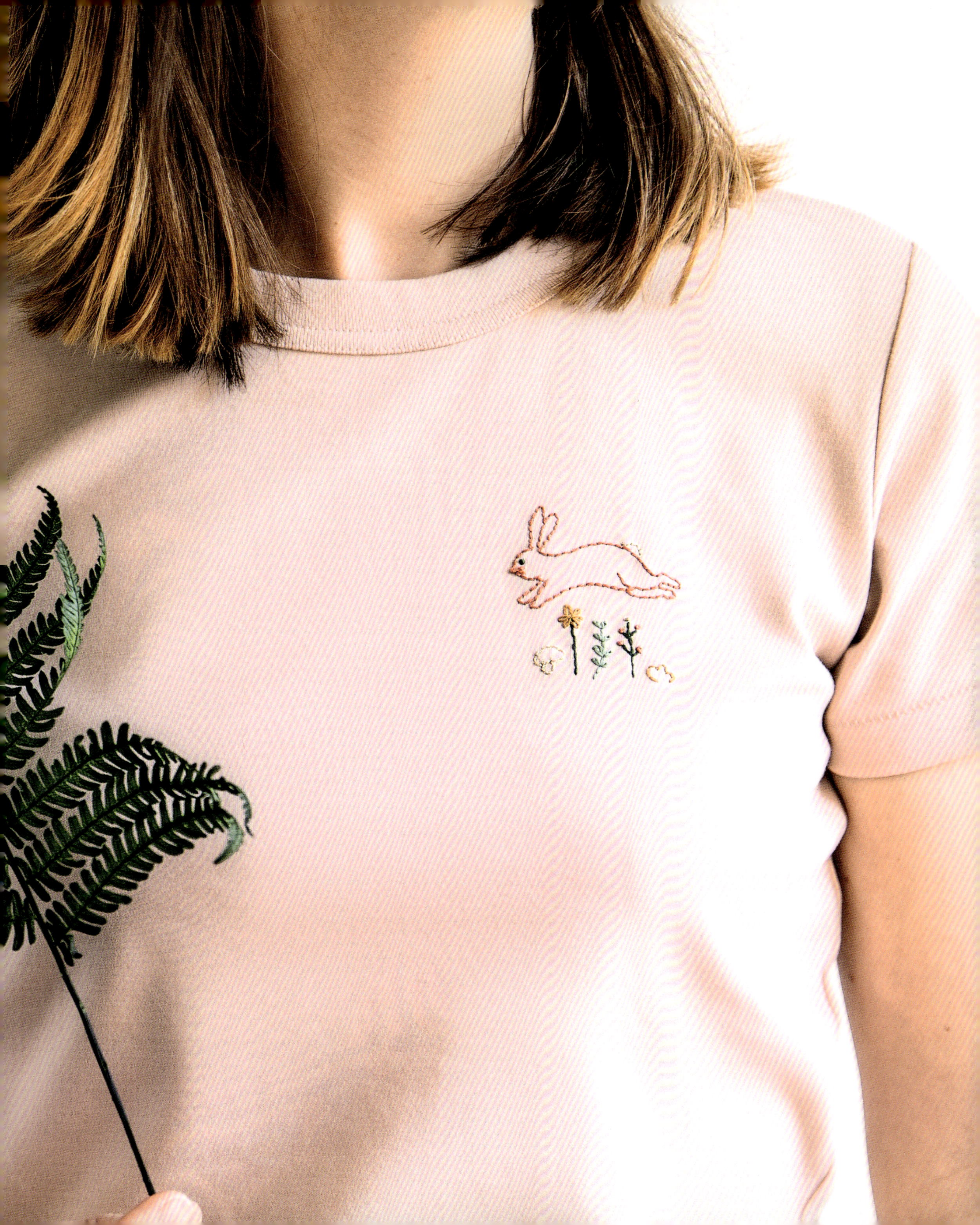

IM WALD

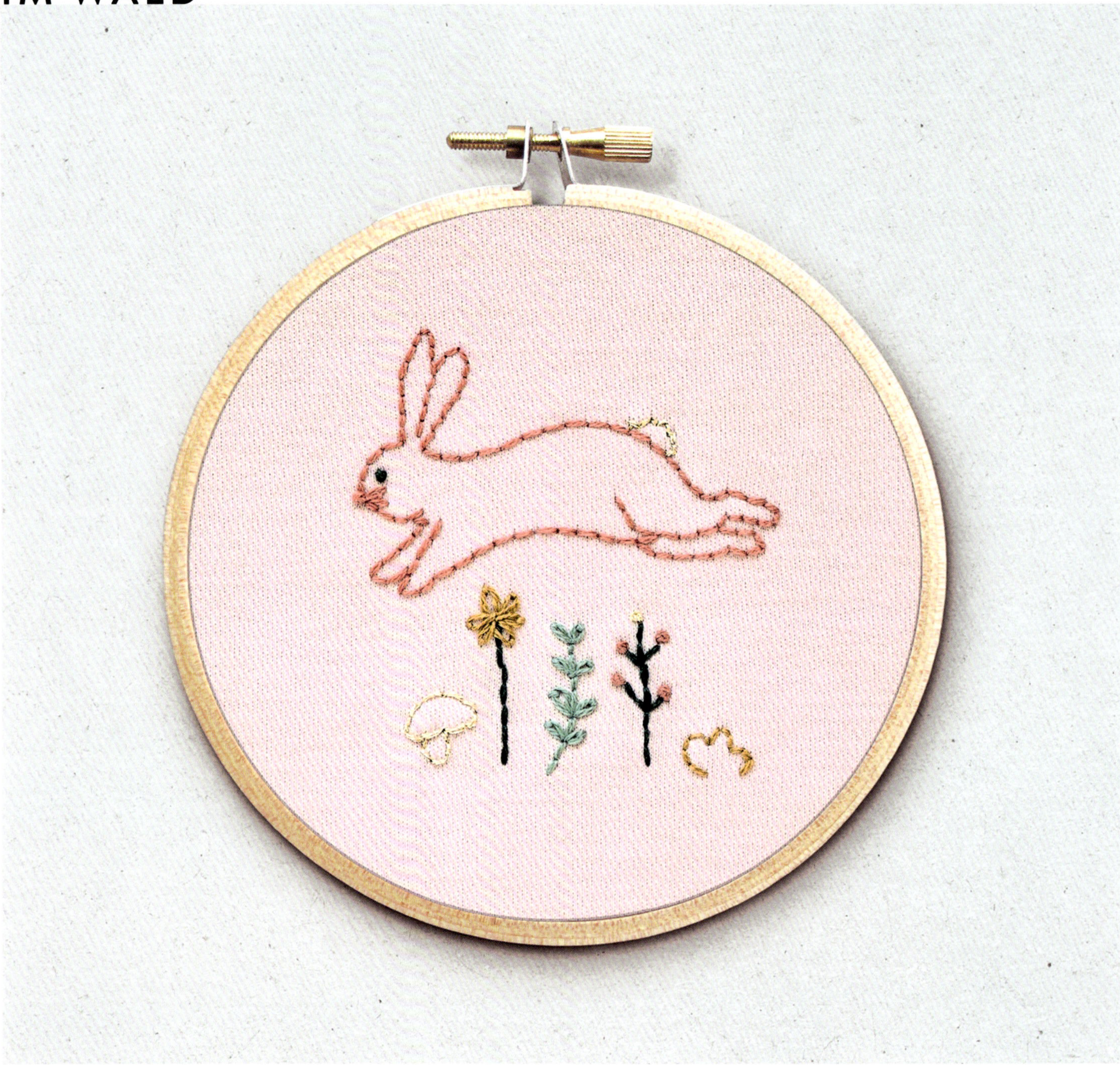

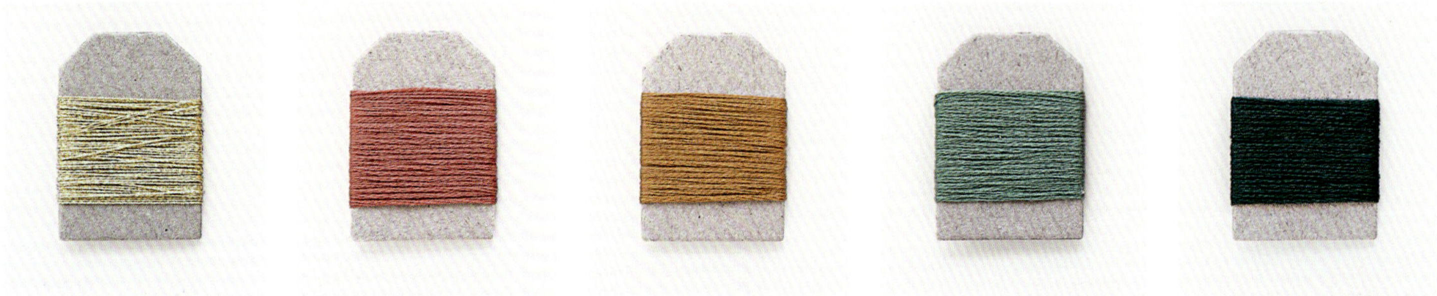

DAS MOTIV
SCHRITT FÜR SCHRITT ERKLÄRT

Das Motiv übertragen und mit unterschiedlichen Stichen und Farben sticken, dabei die unten beschriebenen Schritte befolgen.

Motiv zum Übertragen

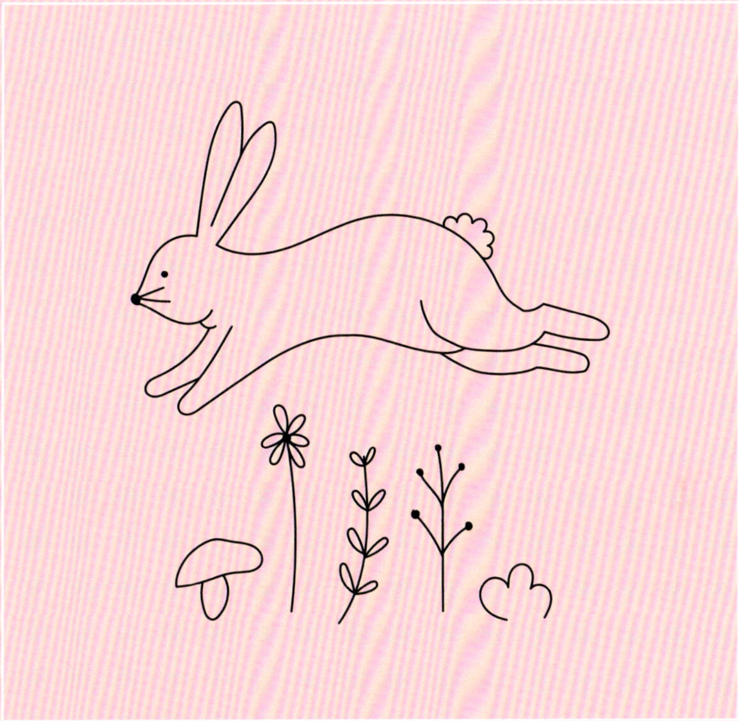

01. 02.

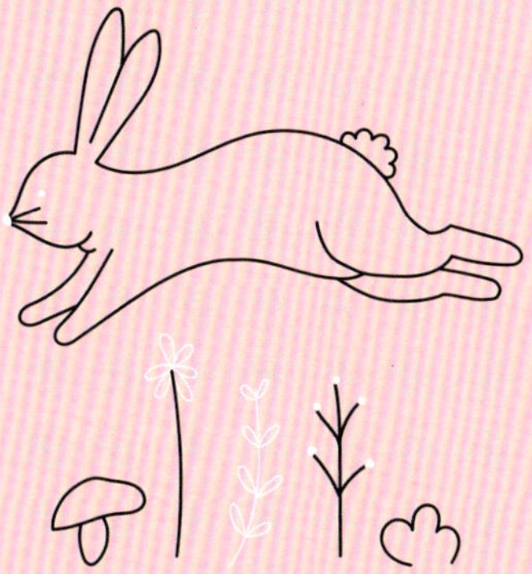

Steppstich/Vorstich
Den Hasen sowie die Blattstängel und den Pilz mit dem Steppstich sticken. Die Barthaare mit dem Vorstich ausführen.

03.

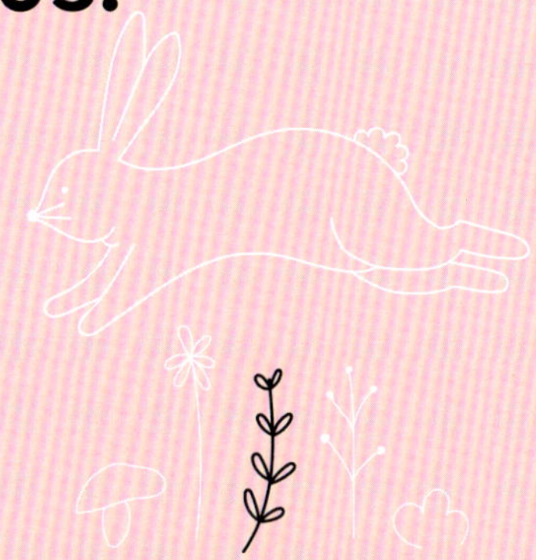

Schlingenstich (Blatt)
Die Blätter mit dem Schlingenstich (Blatt) und den Stängel mit dem Steppstich sticken.

04.

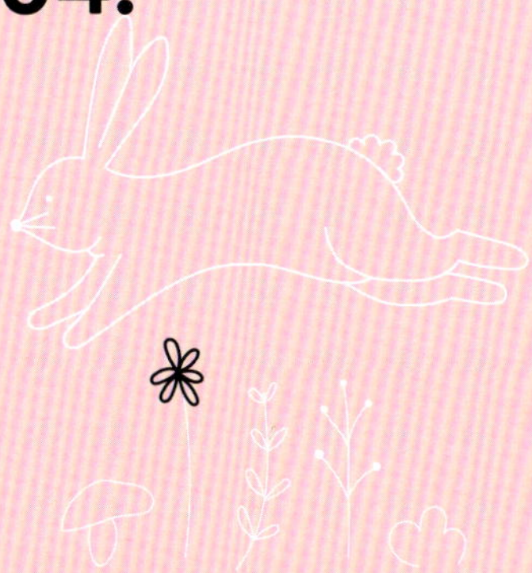

Schlingenstich (Blüte)
Die Blüte mit dem Schlingenstich sticken.

05.

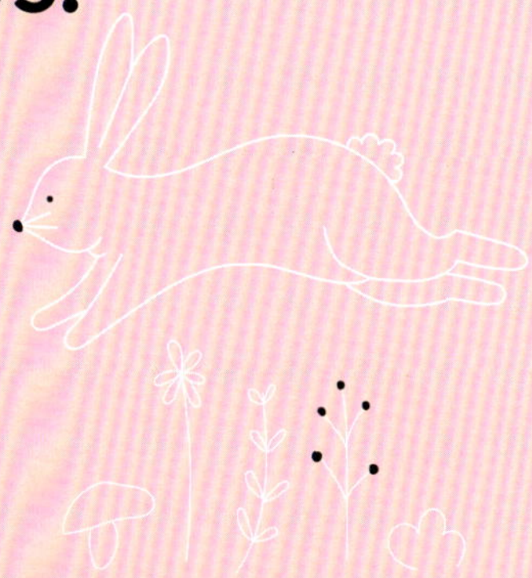

Knötchenstich
Die eingezeichneten Details mit dem Knötchenstich sticken.

IM WALD

Die Konturen und einige Details sind, bis auf ein paar Ausnahmen, alle im Steppstich gestickt.

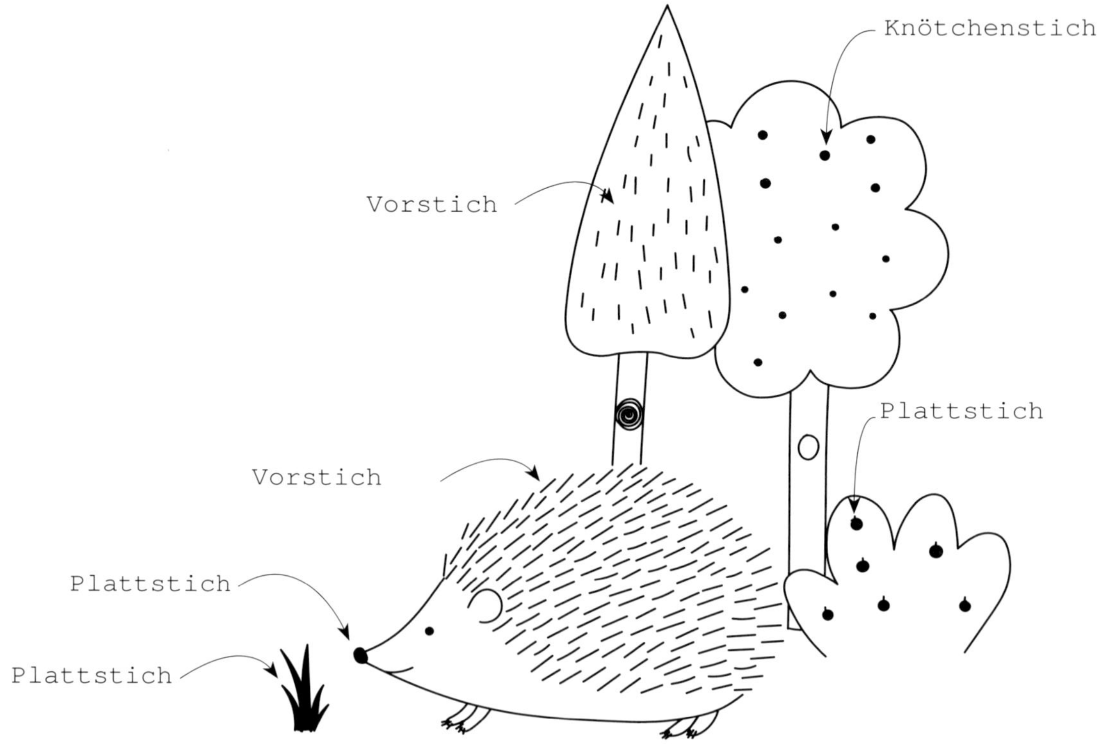

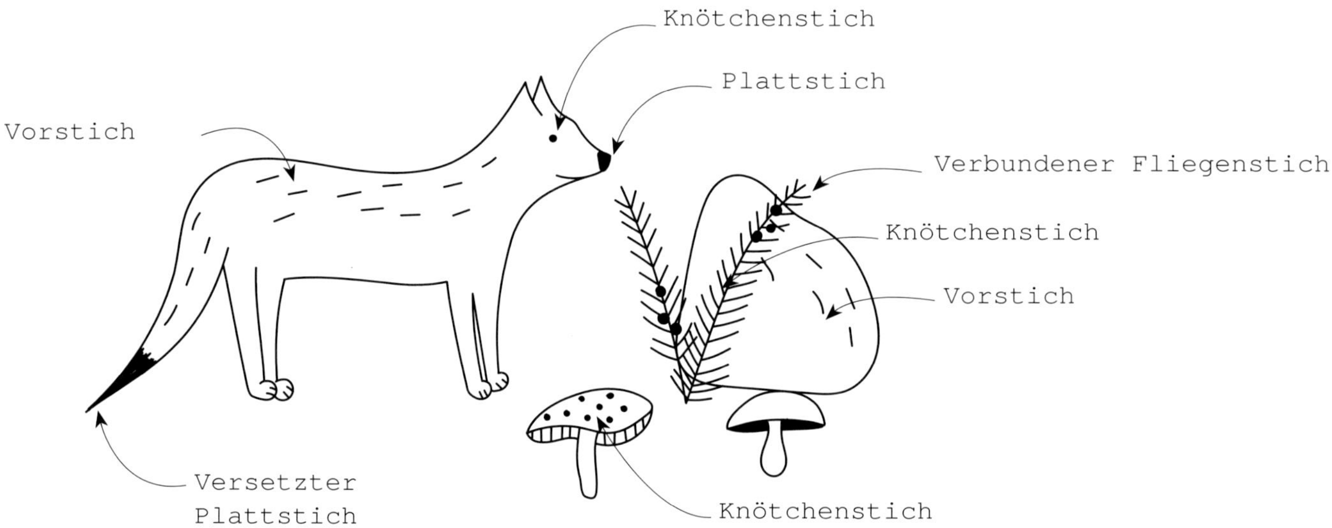

ZUSAMMENGESETZTE MOTIVE

Aus den hier gezeichneten Motiven können die Stickereien in beliebigen Farben frei komponiert werden.

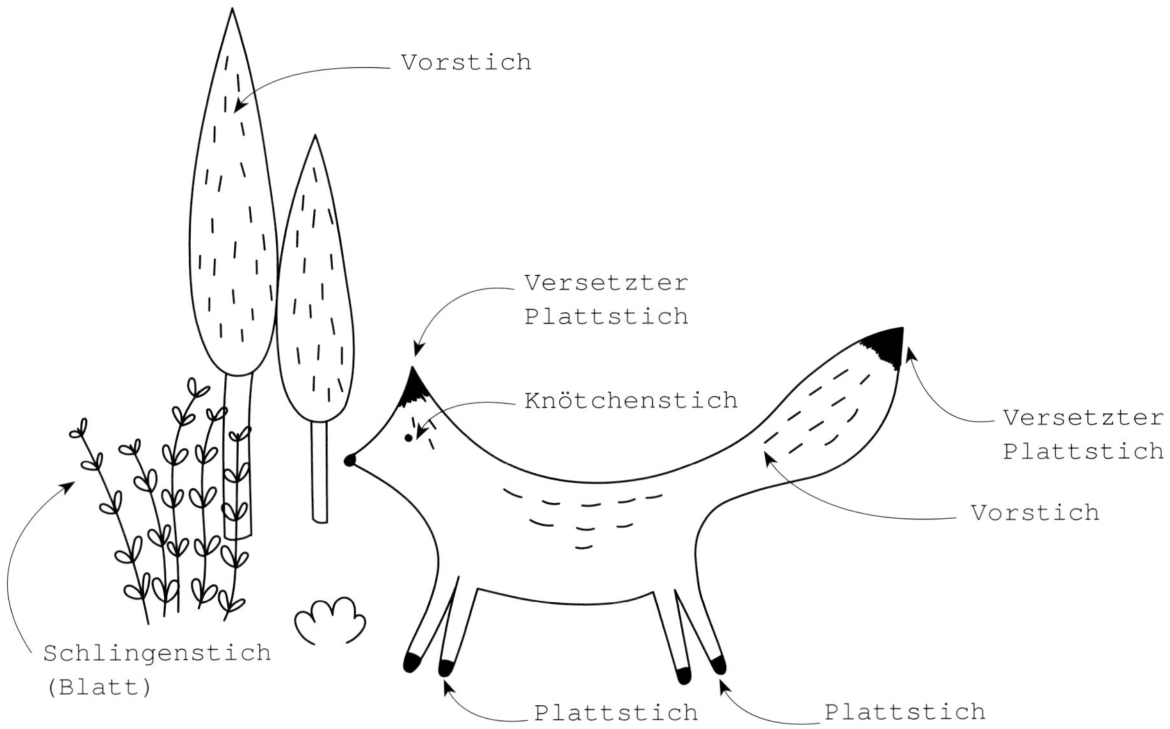

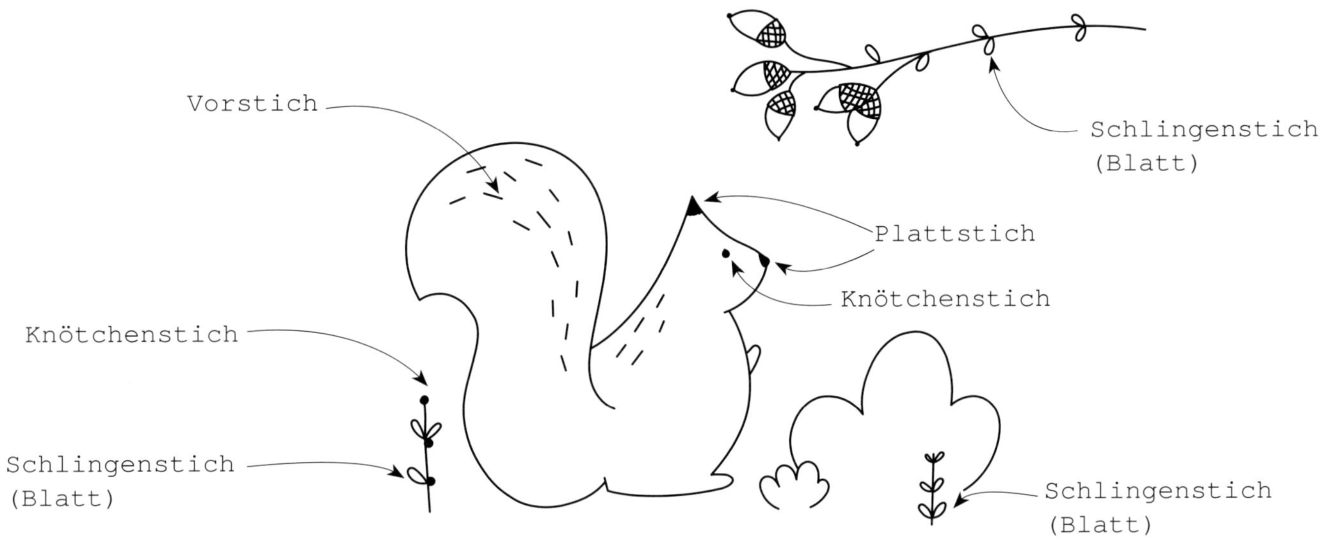

IM WALD

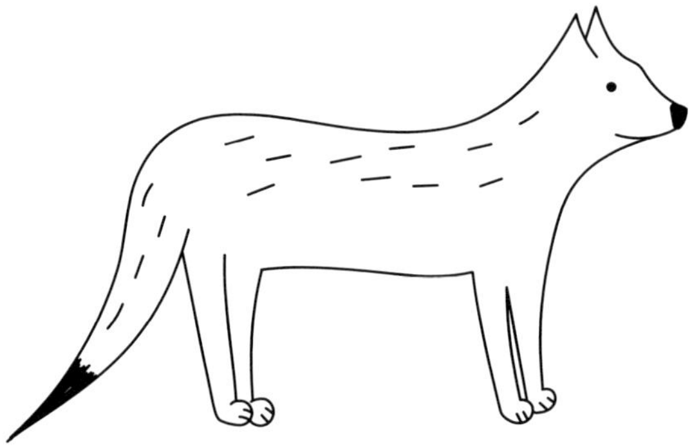

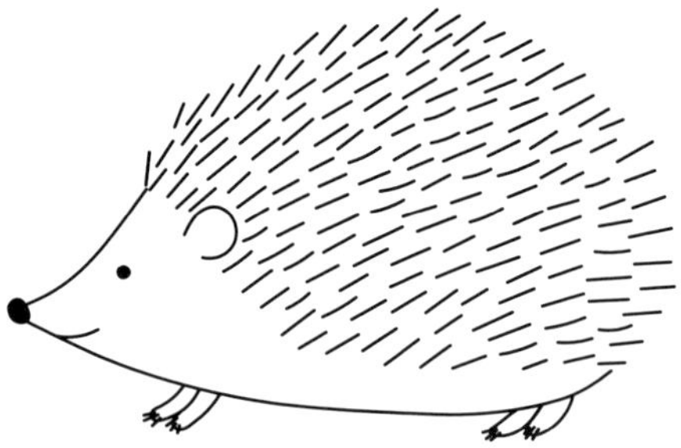

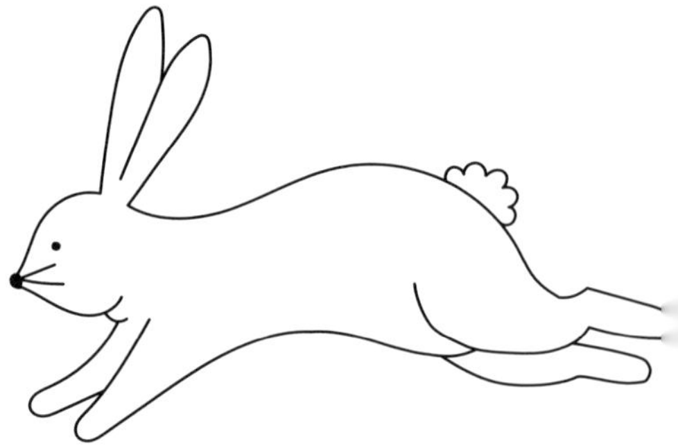

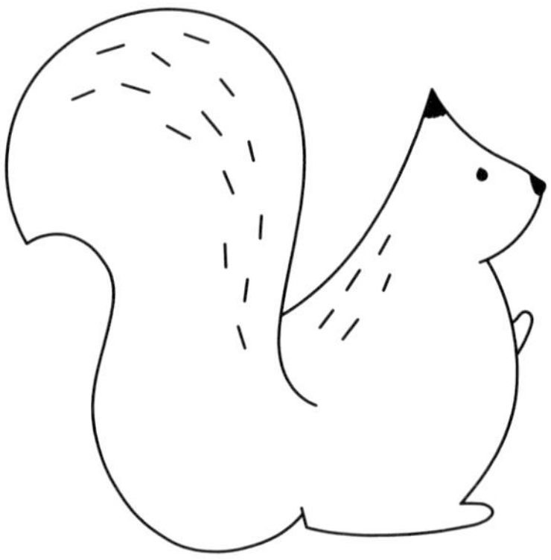

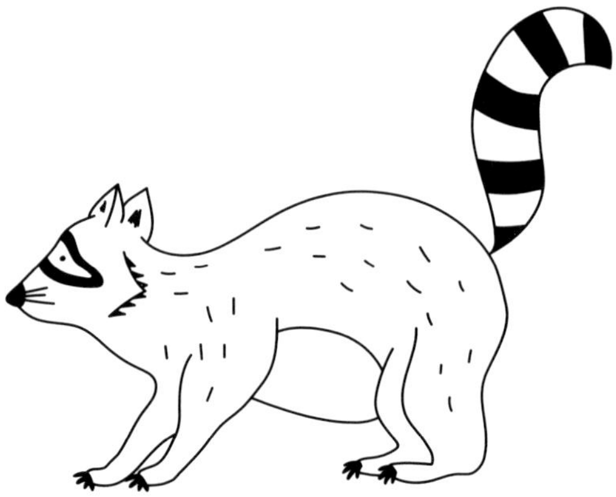

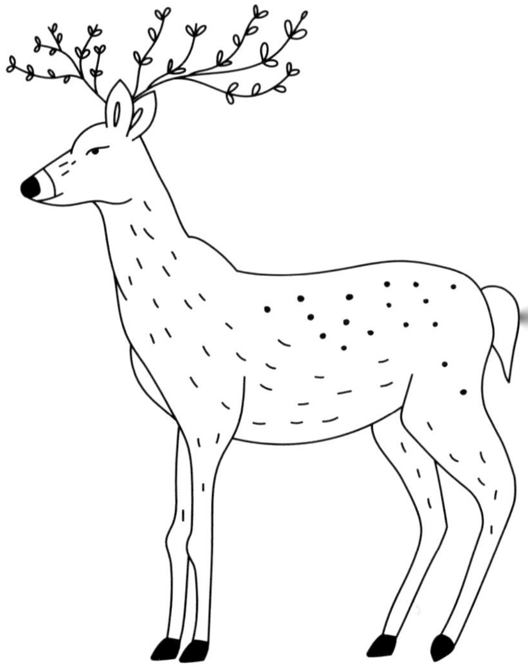

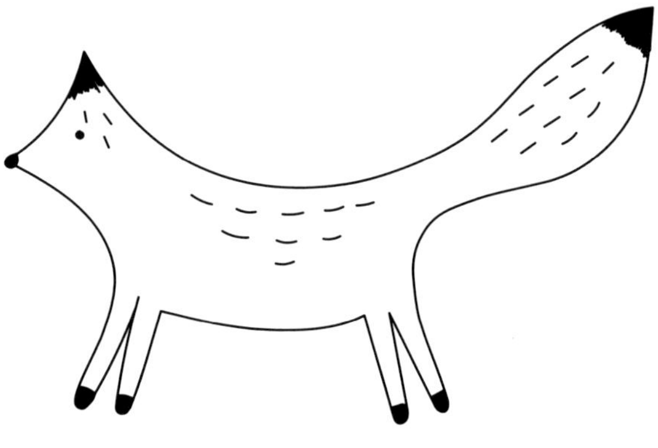

SKIZZENBUCH

Diese zum Thema passenden Zeichnungen können den Motiven hinzugefügt werden, sodass ganz neue Stickmotive entstehen!

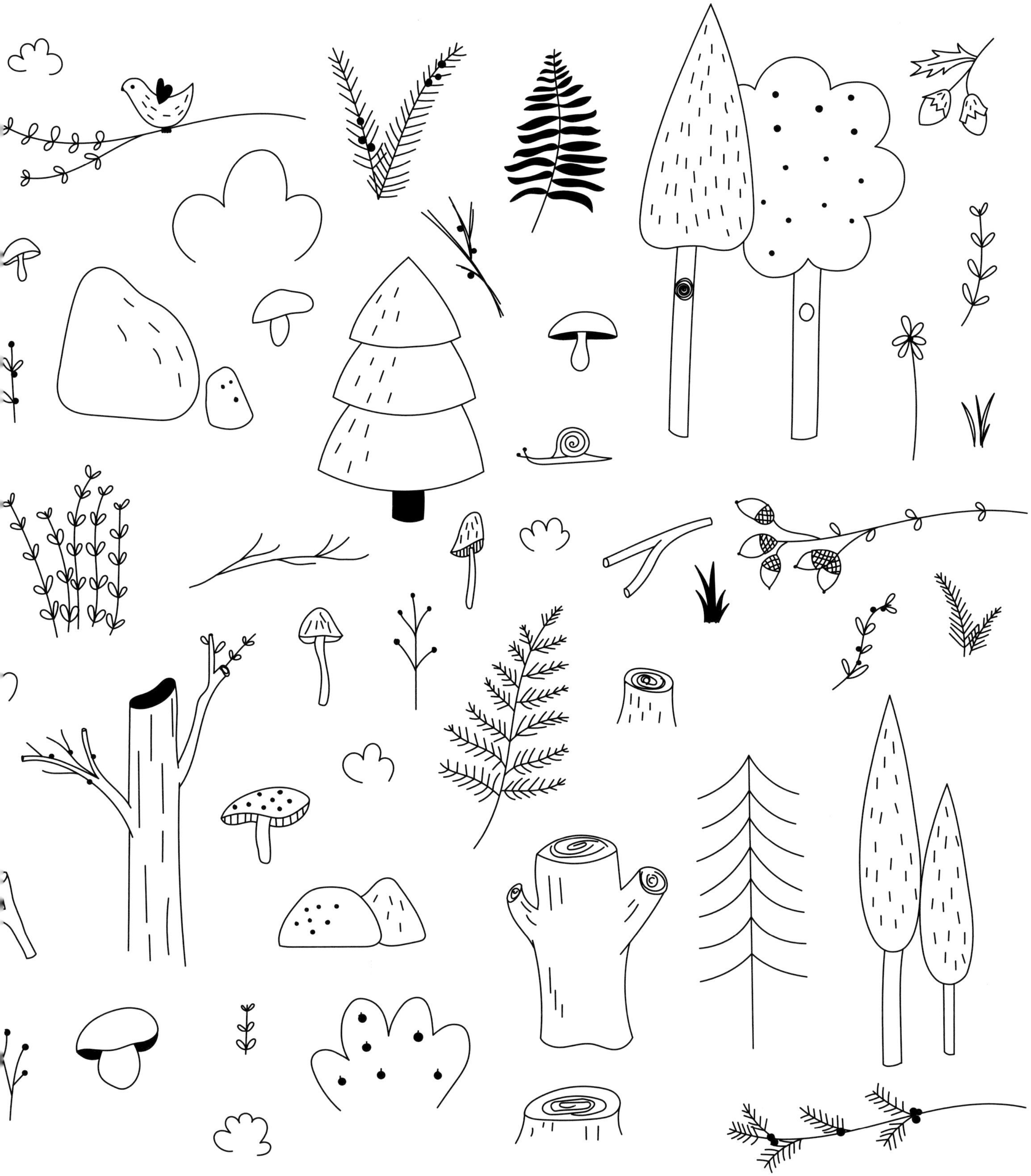

NIEDLICHE DINOSAURIER

Sie werden die winzigen und nostalgischen Dinos Ihrer Kindheit lieben! Ihrem Charme können Sie nicht widerstehen und bestimmt wollen Sie gleich alle auf einmal sticken, so reizend sind sie. Ich habe mir dazu noch lustige Blumen und Pflanzen ausgedacht, die zu ihrer Zeit durchaus existiert haben können.

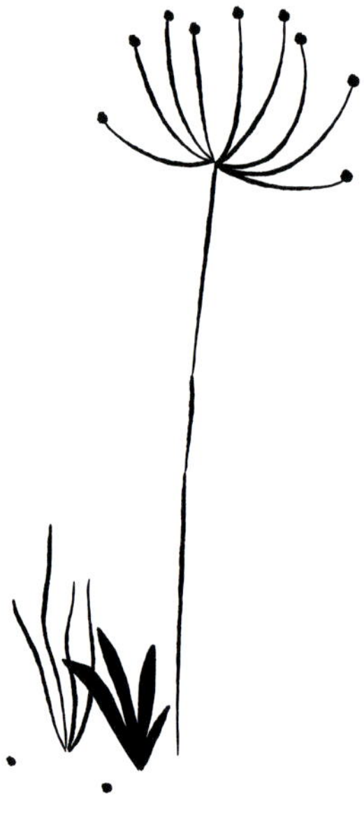

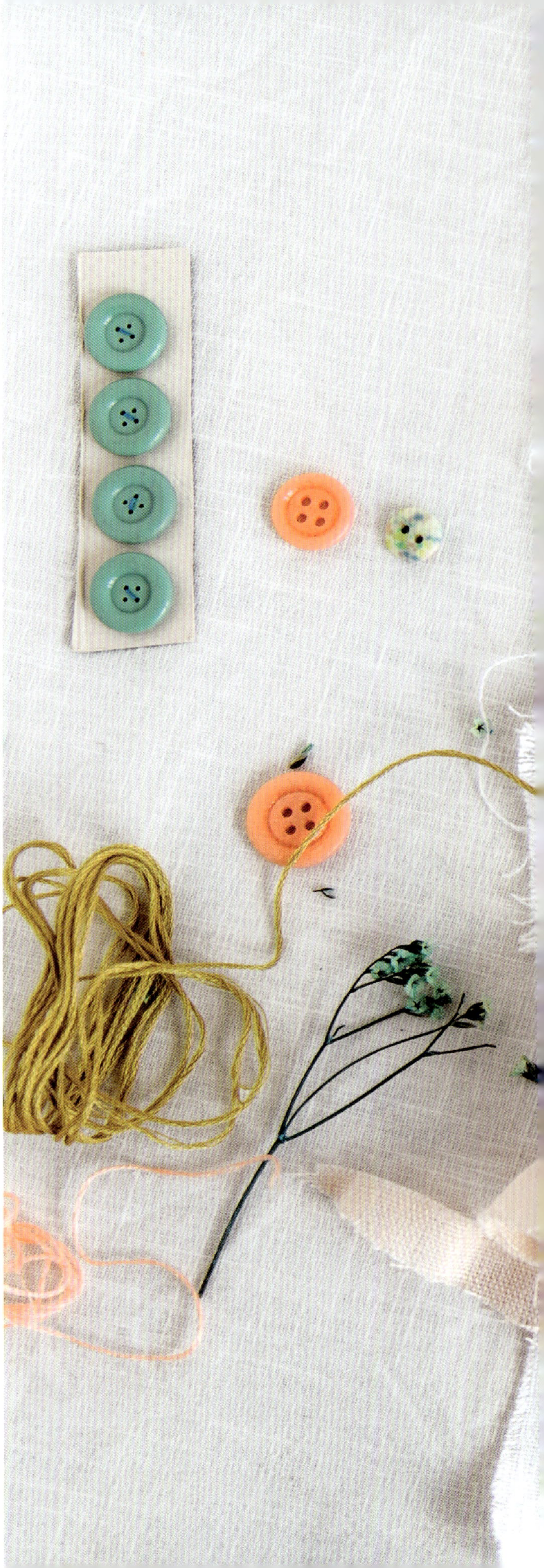

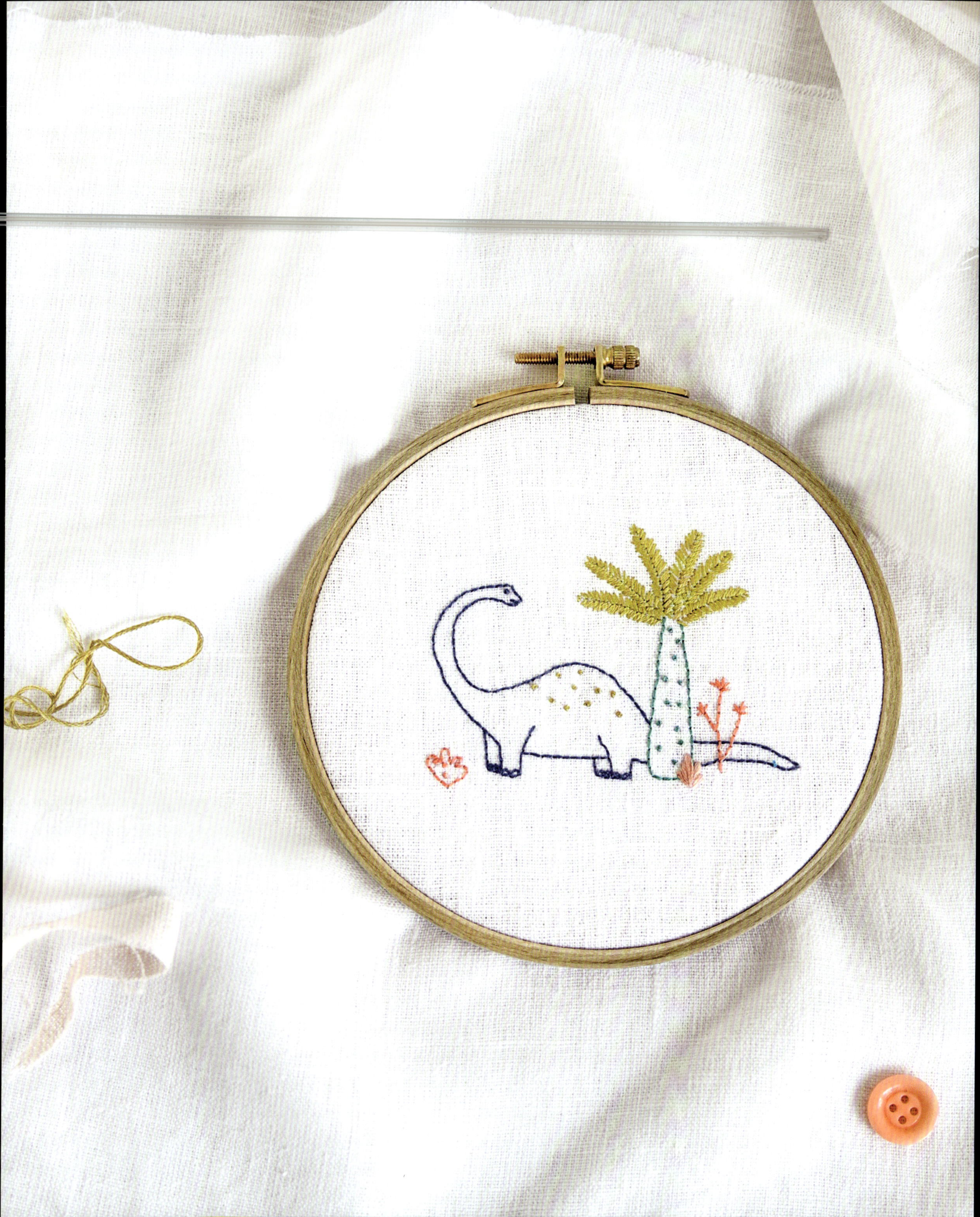

NIEDLICHE DINOSAURIER

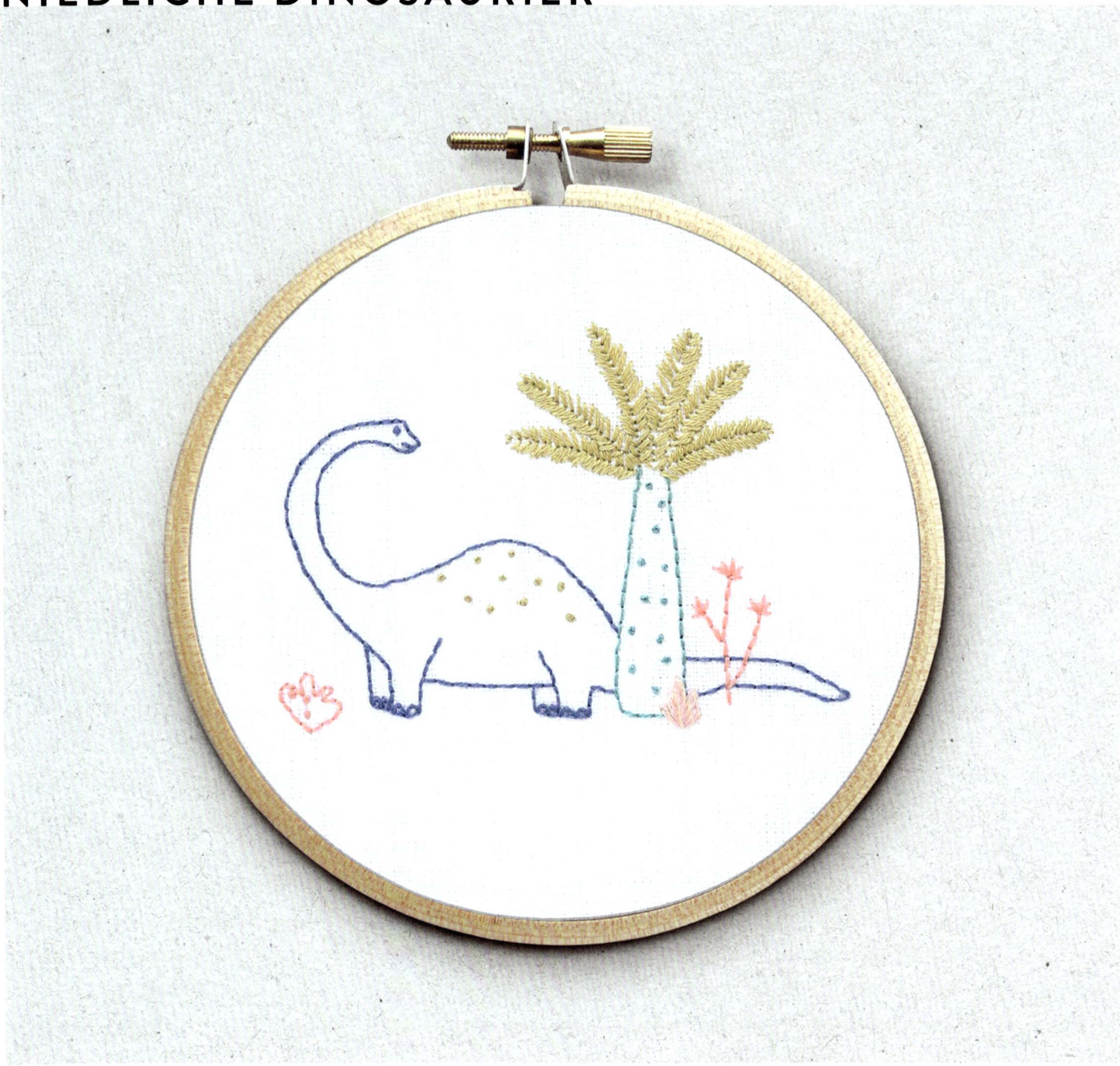

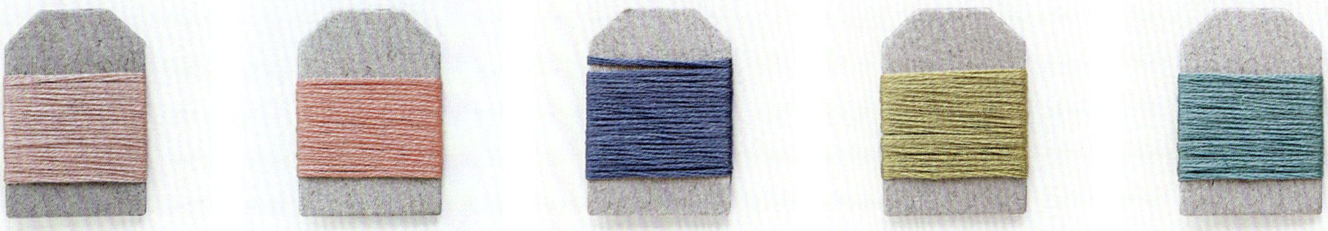

DAS MOTIV
SCHRITT FÜR SCHRITT ERKLÄRT

Das Motiv übertragen und mit den unten angegebenen Stichen und nebenan aufgeführten Farben sticken, dabei die beschriebenen Schritte befolgen.

Motiv zum Übertragen

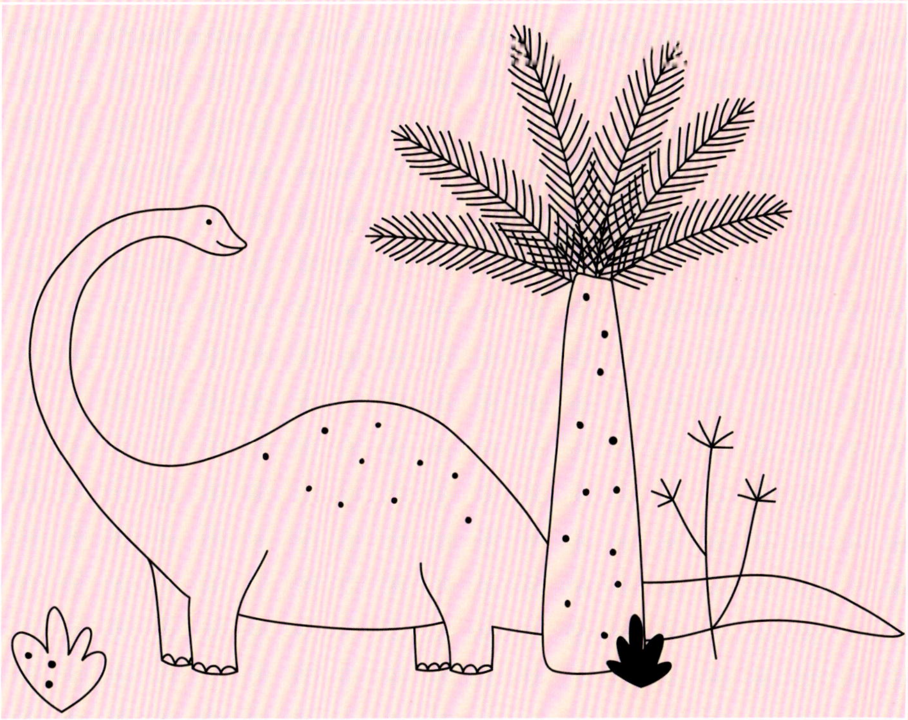

01.

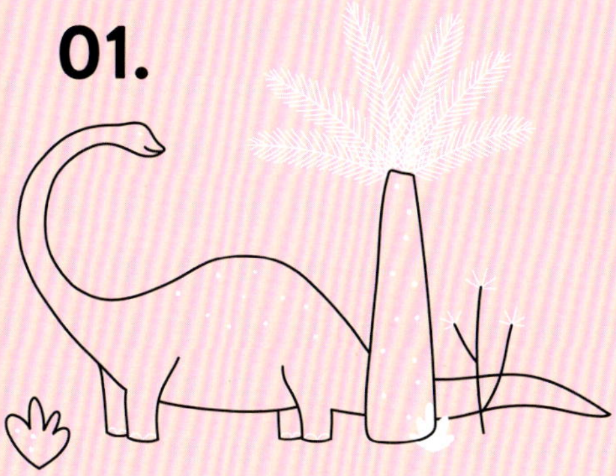

Steppstich
Die Dinosaurier, Pflanzen und den Baumstamm im Steppstich sticken, dafür mit sehr kleinen Stichen arbeiten.

02.

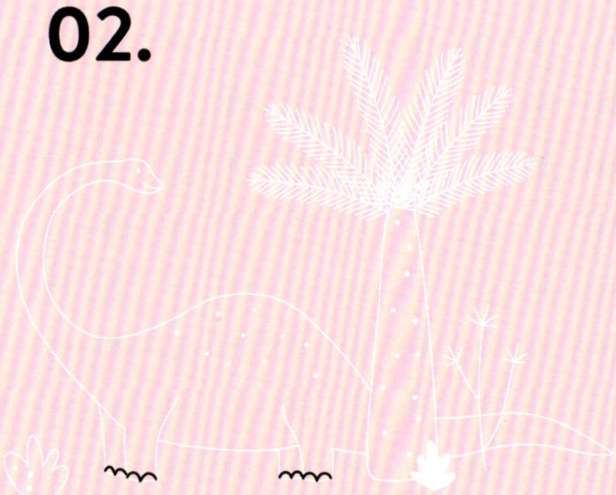

Fliegenstich
Die Füße des Dinosauriers jeweils mit zwei Fliegenstichen sticken.

03.

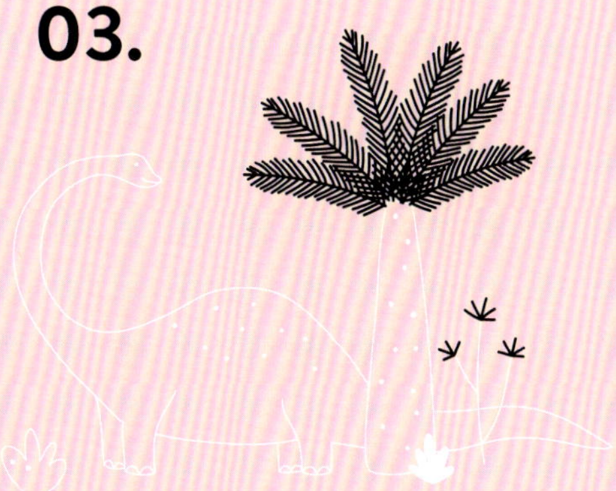

Vorstich
Die Blümchen und Palmwedel mit dem Vorstich sticken, dabei die Palmwedel nacheinander ausführen.

04. 05.

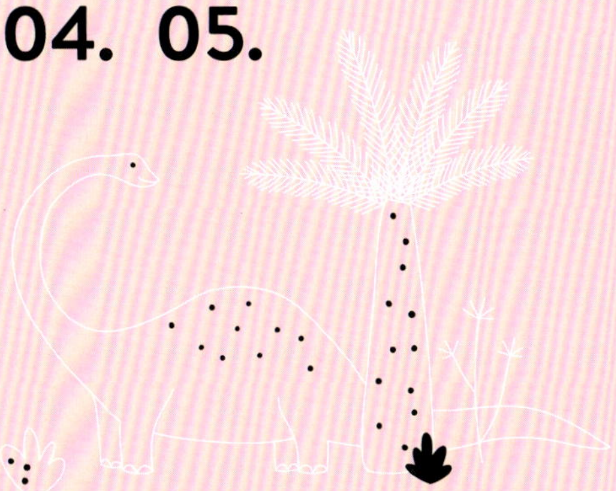

Plattstich/Knötchenstich
Die kleine Pflanze mit dem Plattstich sticken und die einzelnen Details mit dem Knötchenstich arbeiten.

NIEDLICHE DINOSAURIER

Die Konturen und einige Details sind, bis auf ein paar Ausnahmen, alle im Steppstich gestickt.

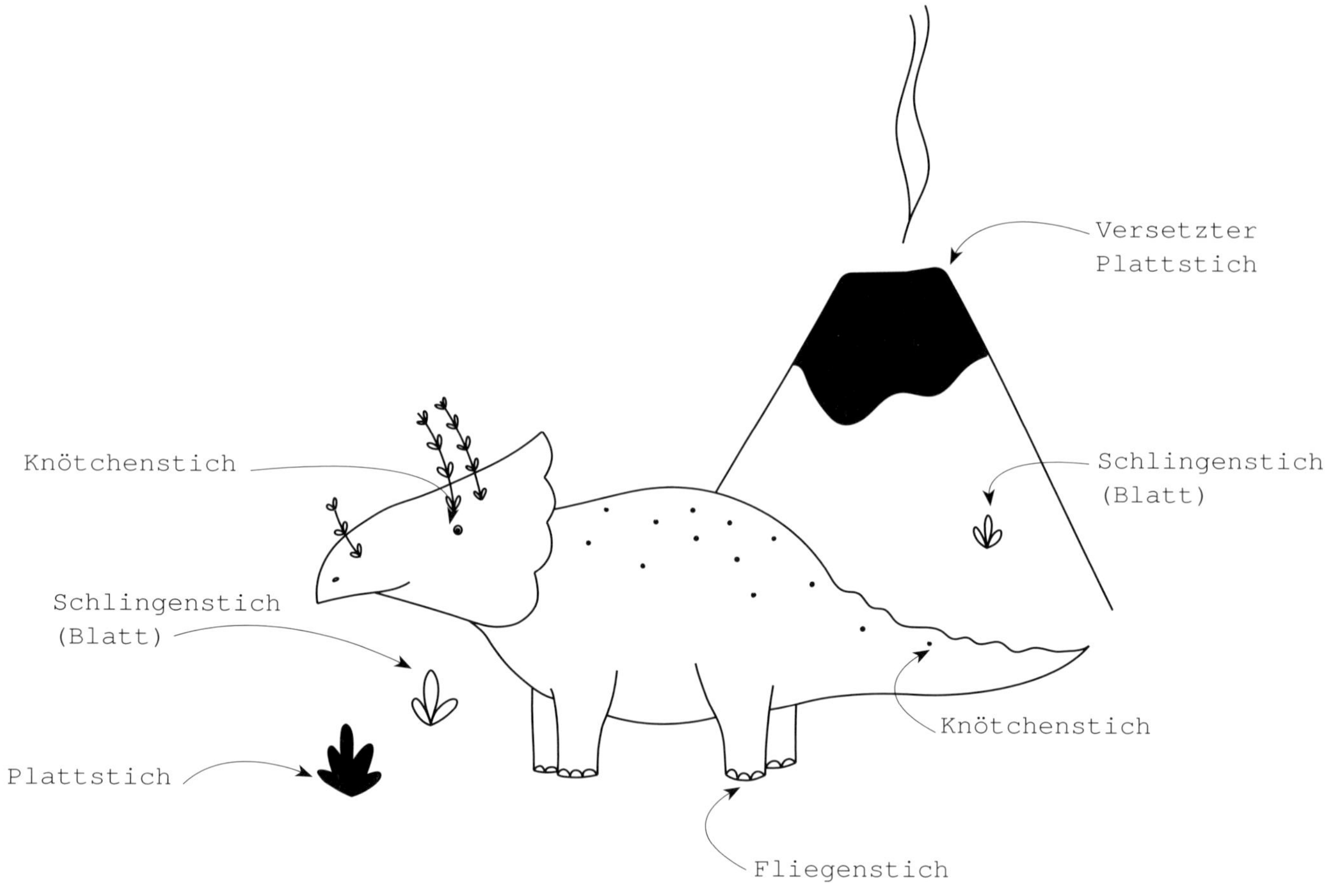

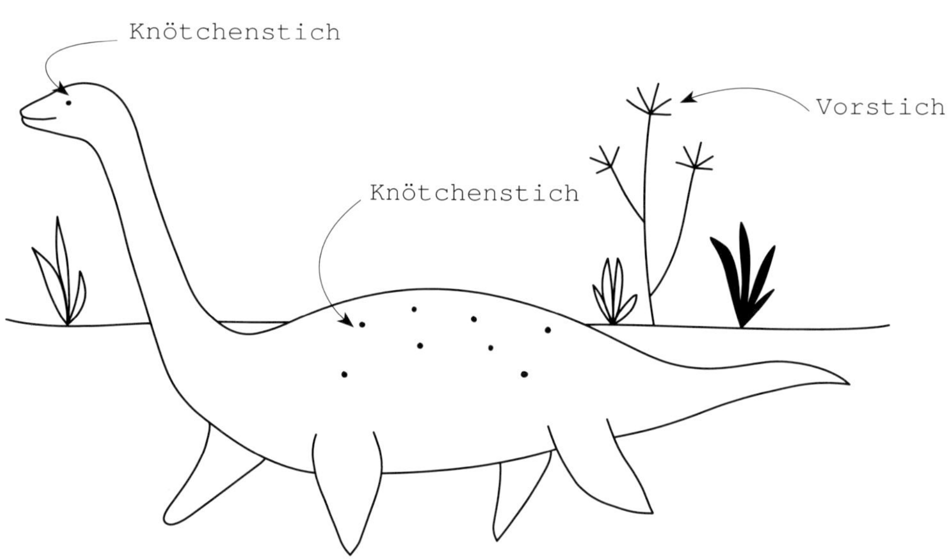

ZUSAMMENGESETZTE MOTIVE

Aus den hier gezeichneten Motiven können die Stickereien in beliebigen Farben frei komponiert werden.

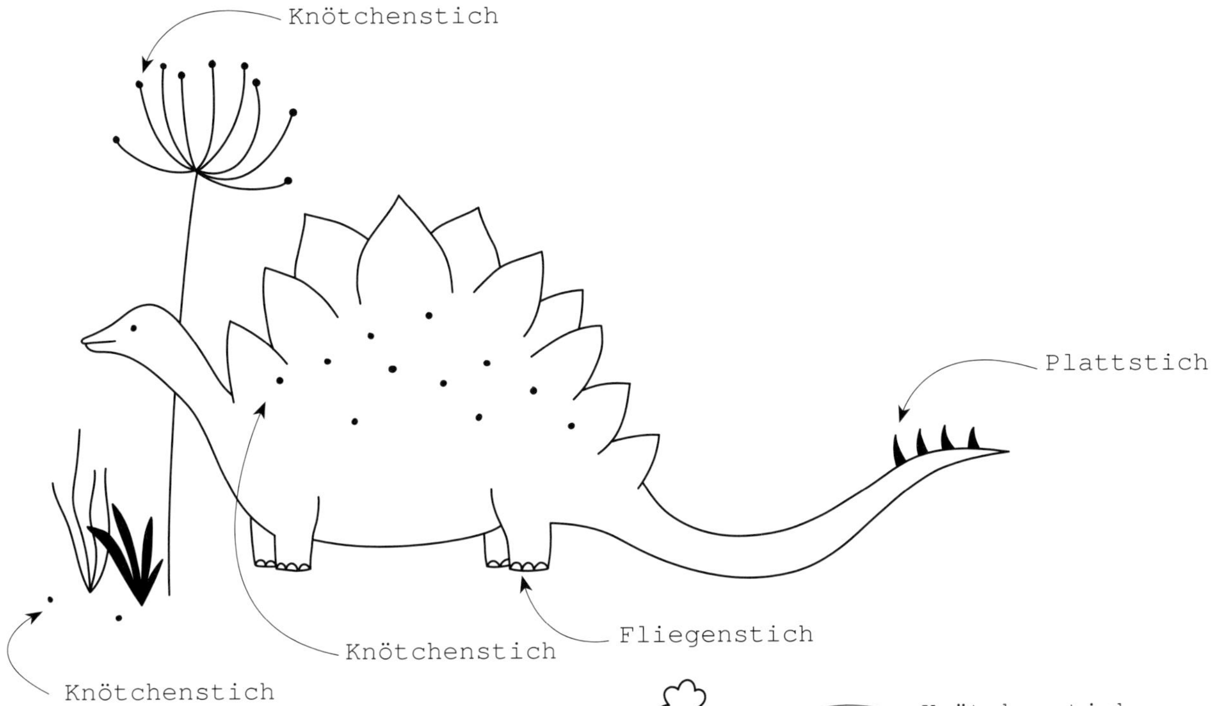

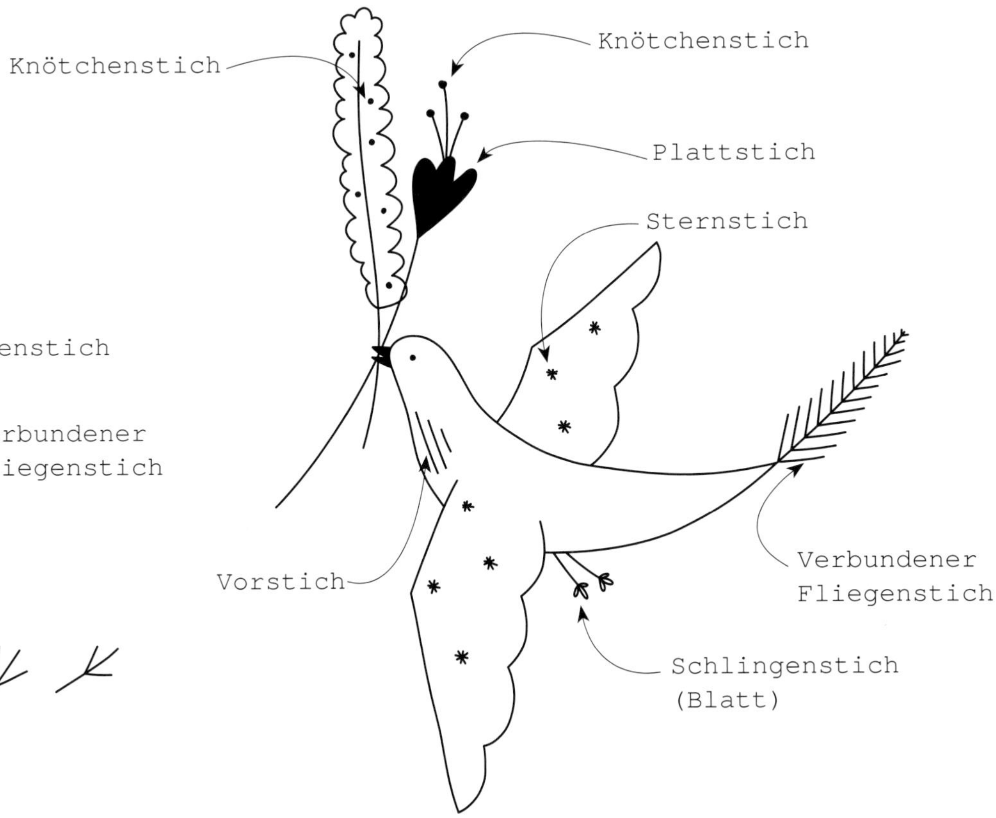

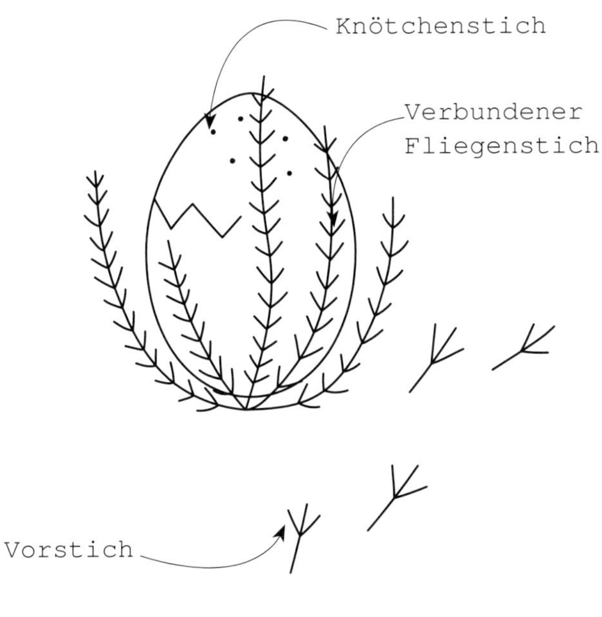

NIEDLICHE DINOSAURIER

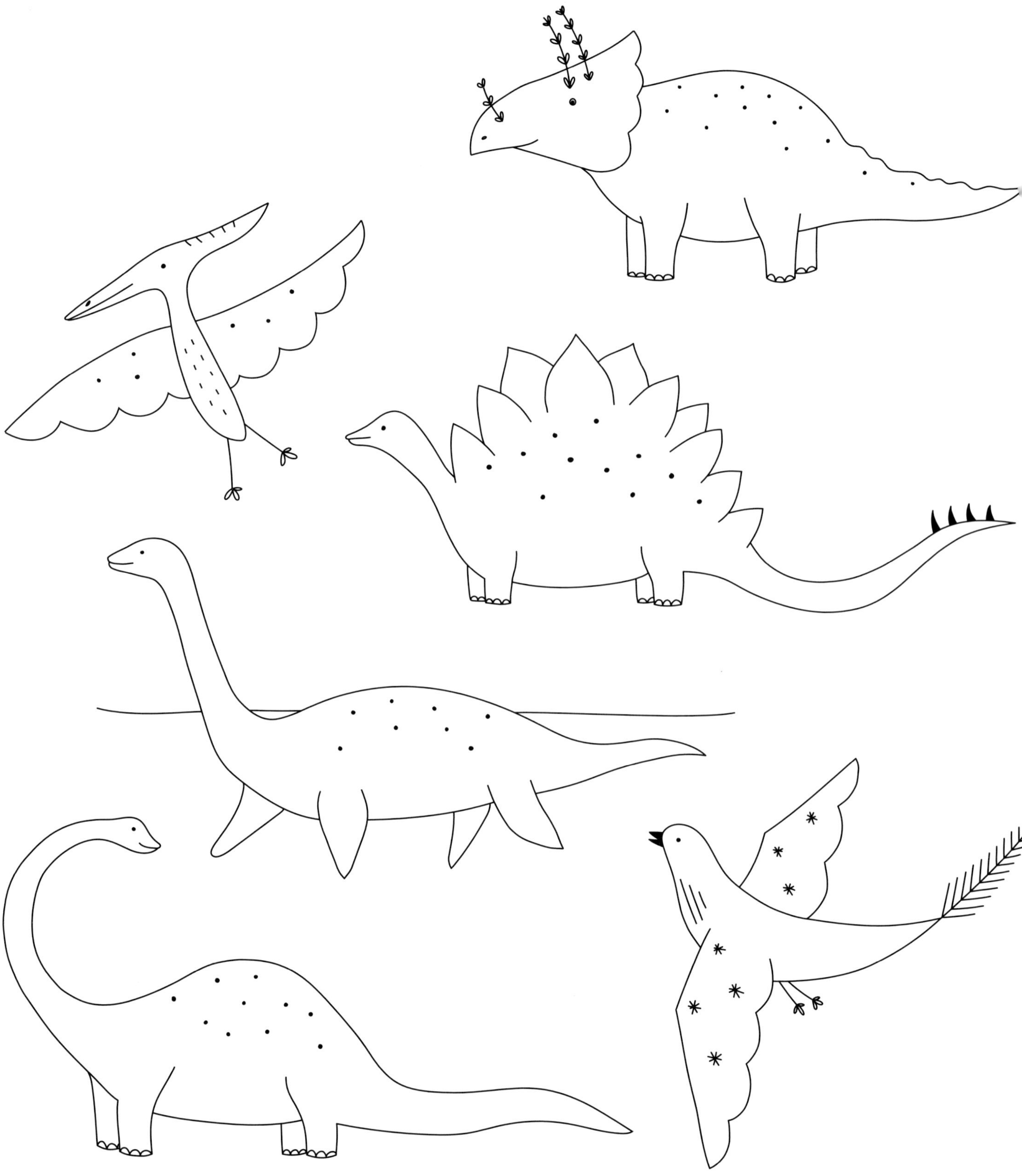

SKIZZENBUCH

Diese zum Thema passenden Zeichnungen können den Motiven hinzugefügt werden, sodass ganz neue Stickmotive entstehen!

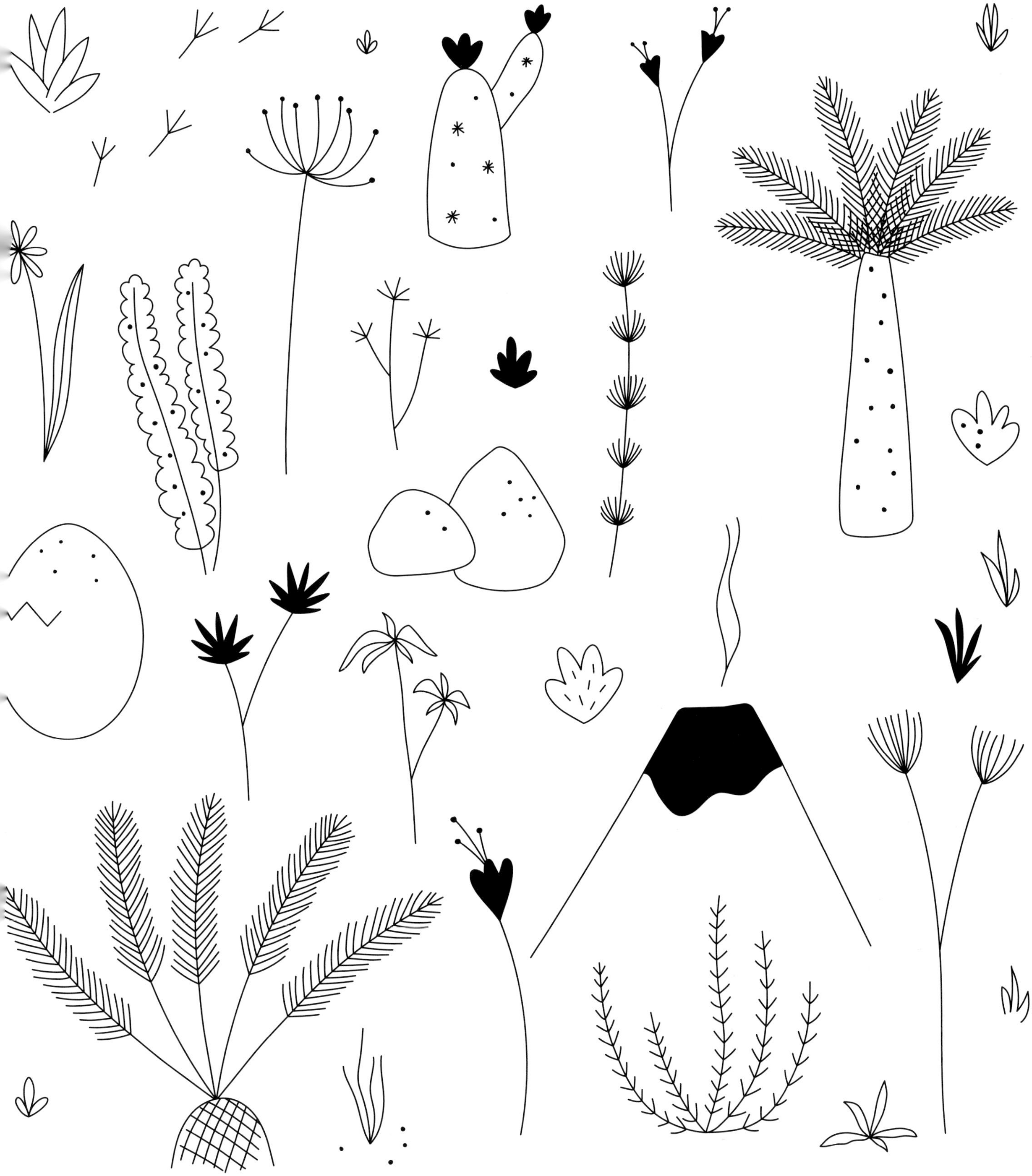

MEINE KLEIDUNG

Ich liebe es, Kleidungsstücke zu entwerfen, und ich stelle mir immer vor, wie sie aussehen, bevor ich sie nähe. Sie können ein ganzes Kleidungsstück oder auch nur ein Detail davon auf eine kleine Tasche sticken und diese während einer Reise für Wäsche benutzen. Oder Sie besticken Kleidungsstücke mit einer Zeichnung, bevor Sie sie nähen.

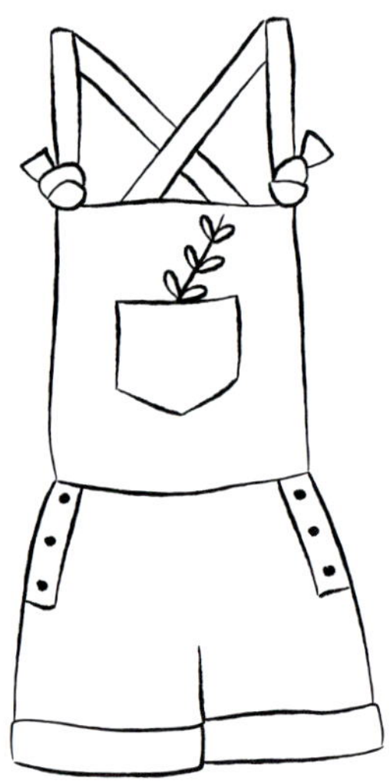

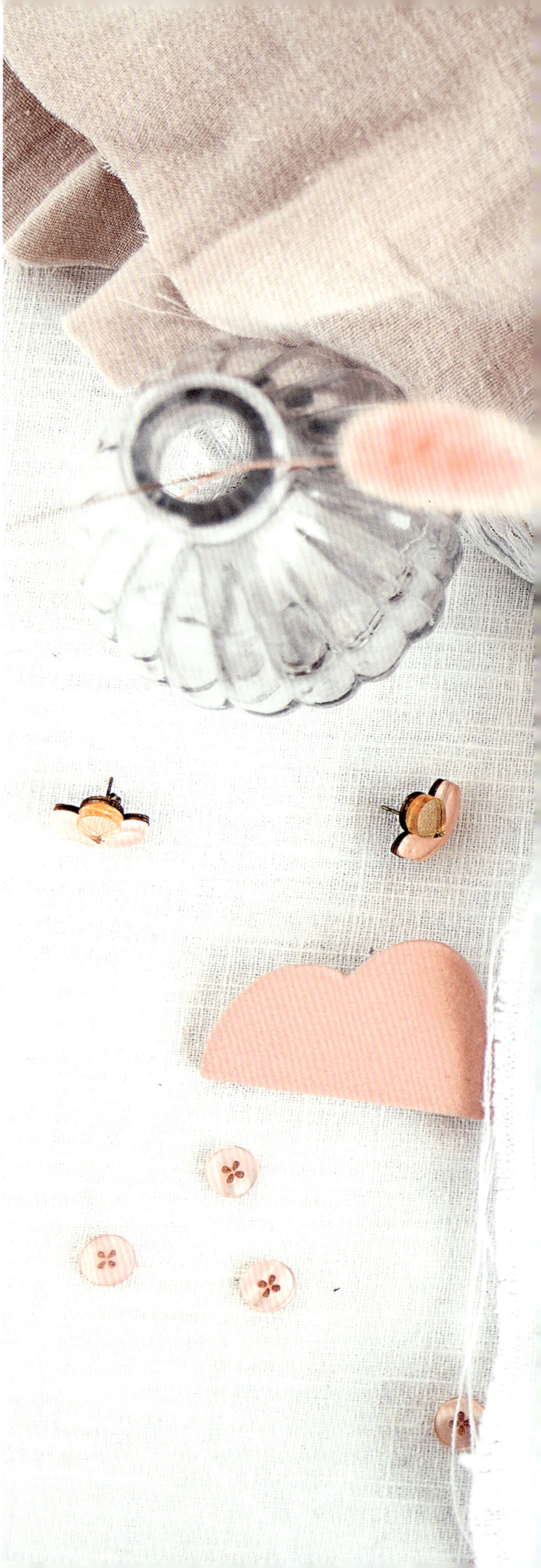

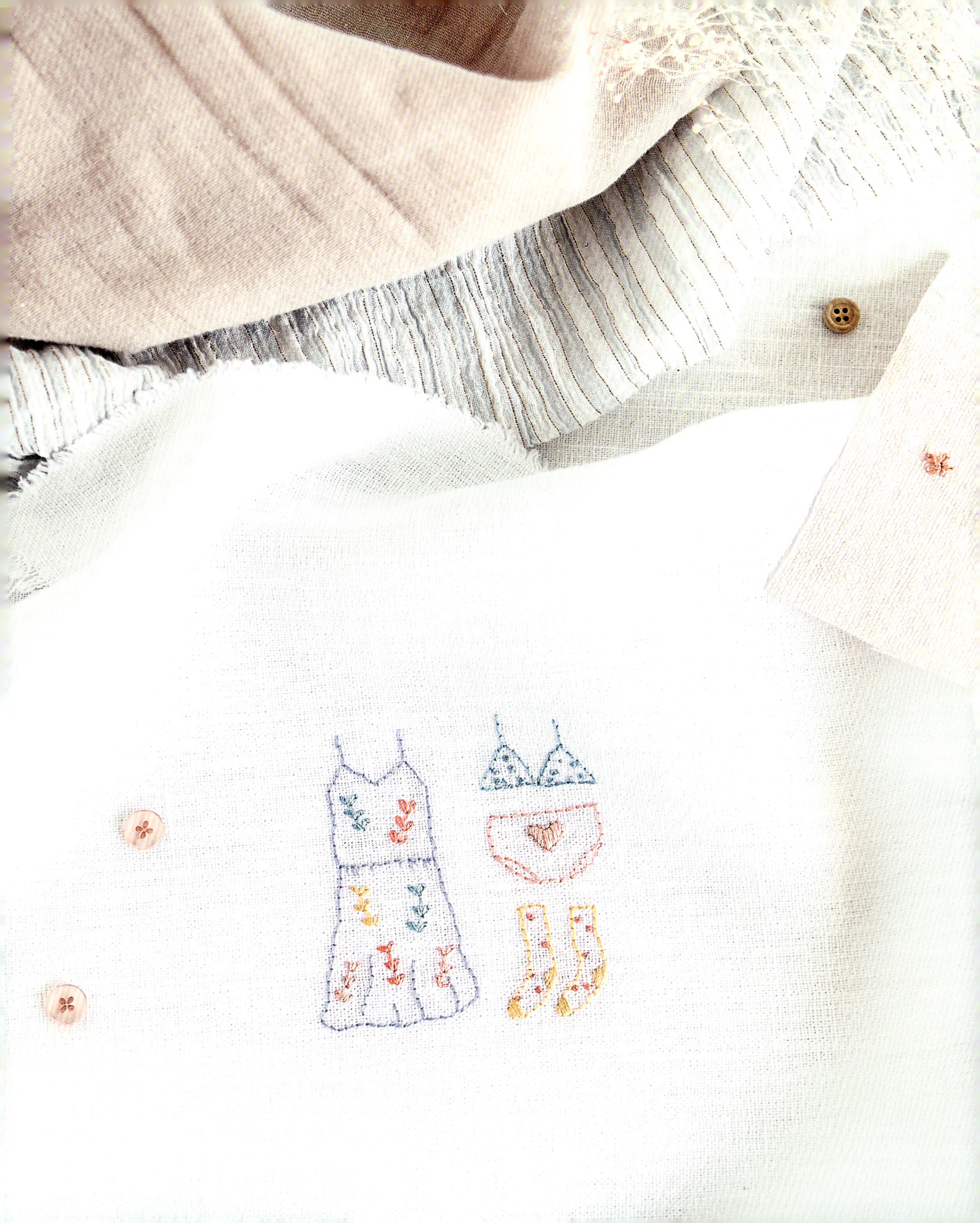

MEINE KLEIDUNG

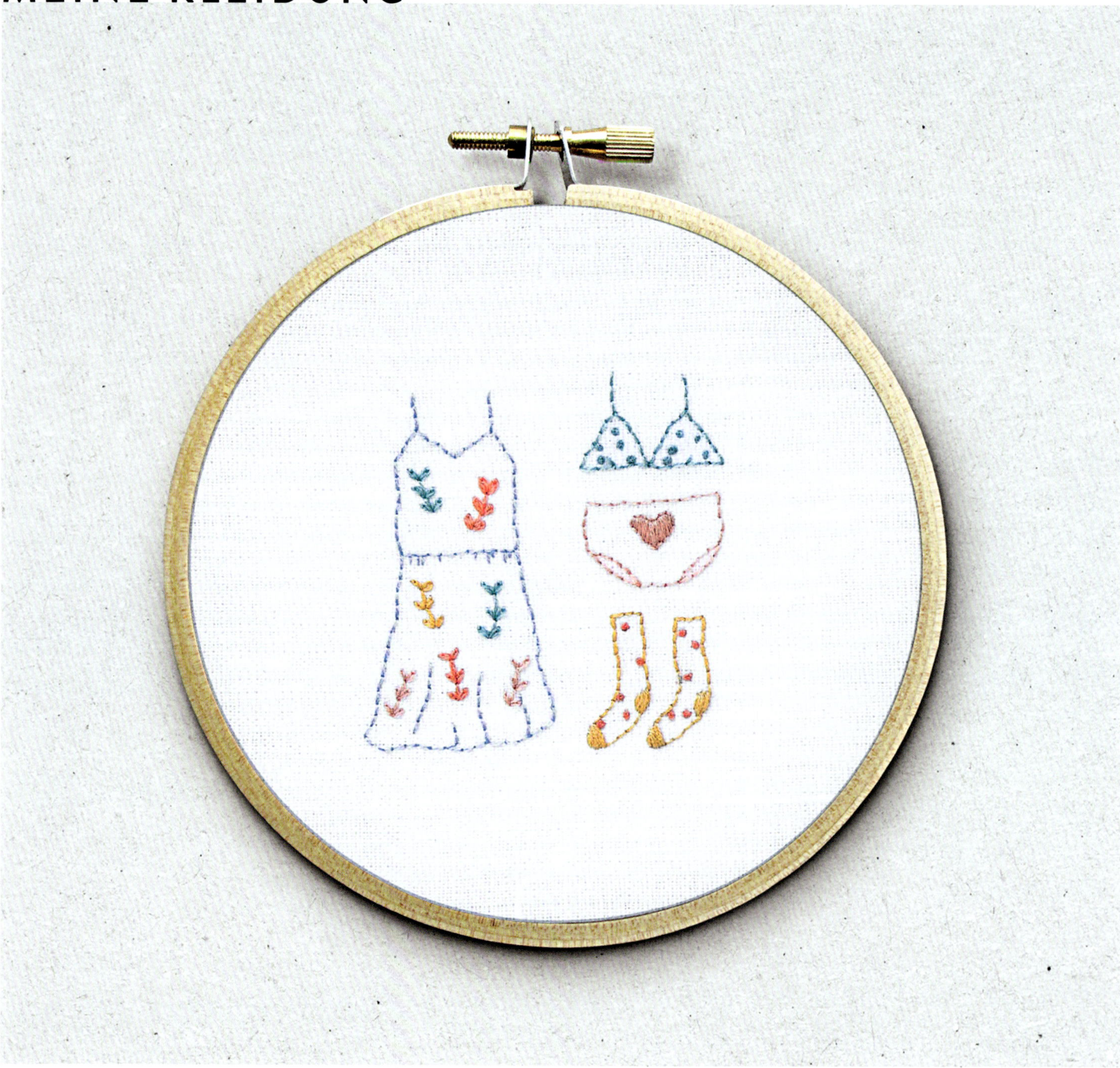

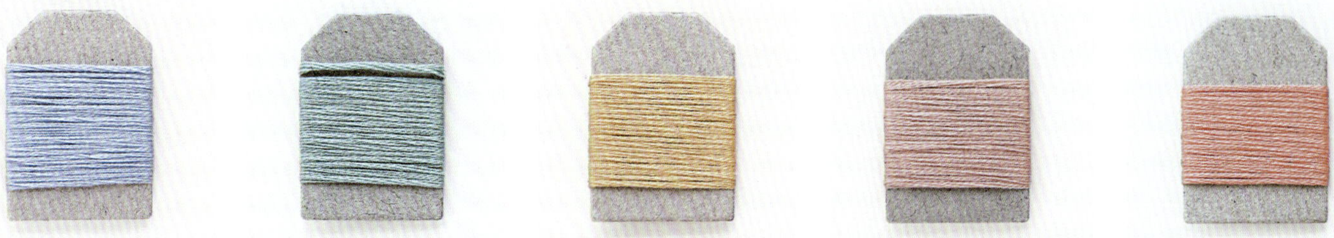

DAS MOTIV
SCHRITT FÜR SCHRITT ERKLÄRT

Das Motiv übertragen und mit den unten angegebenen Stichen und nebenan aufgeführten Farben sticken, dabei die beschriebenen Schritte befolgen.

Motiv zum Übertragen

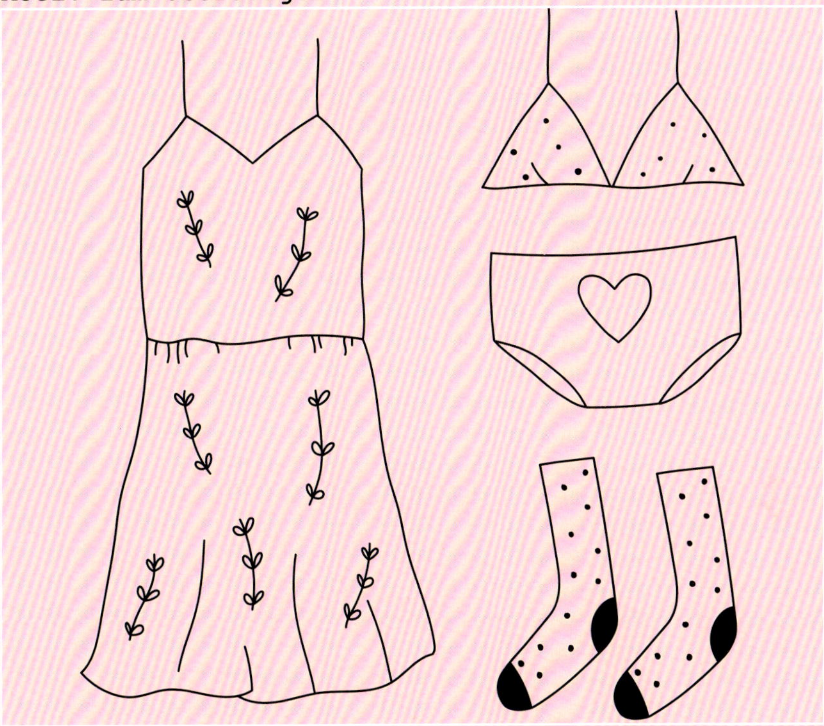

01. 02.

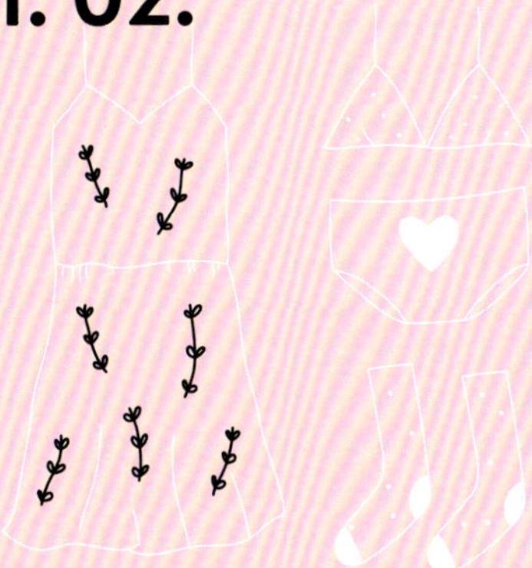

Schlingenstich (Blatt)/ Steppstich
Die Blätter auf dem Kleid mit dem Schlingenstich und die Stängel mit dem Steppstich sticken.

03.

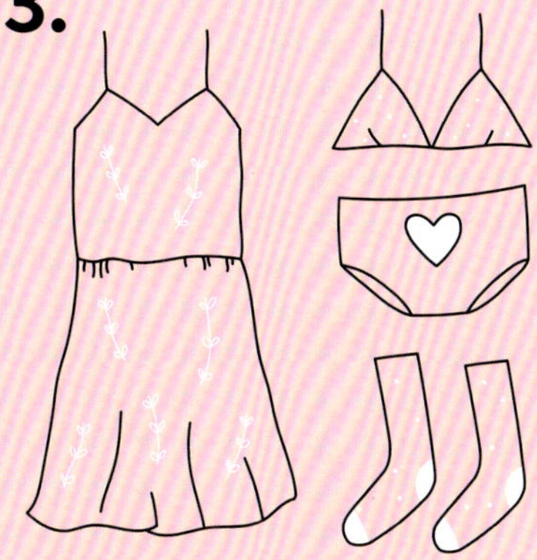

Steppstich
Die Umrisse der Kleidungsstücke mit dem Steppstich sticken.

04.

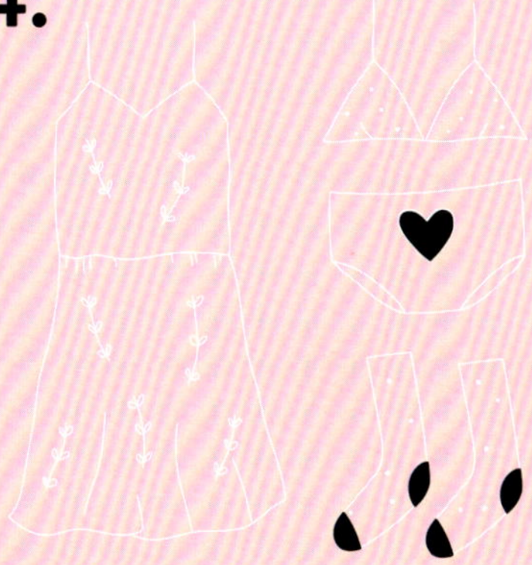

Plattstich
Die Herzen sowie die Spitzen und Fersen der Strümpfe mit dem Plattstich sticken.

05.

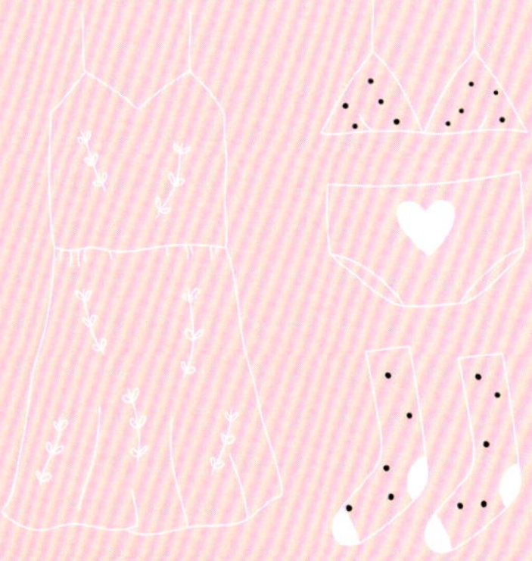

Knötchenstich
Die eingezeichneten Details mit dem Knötchenstich sticken.

MEINE KLEIDUNG

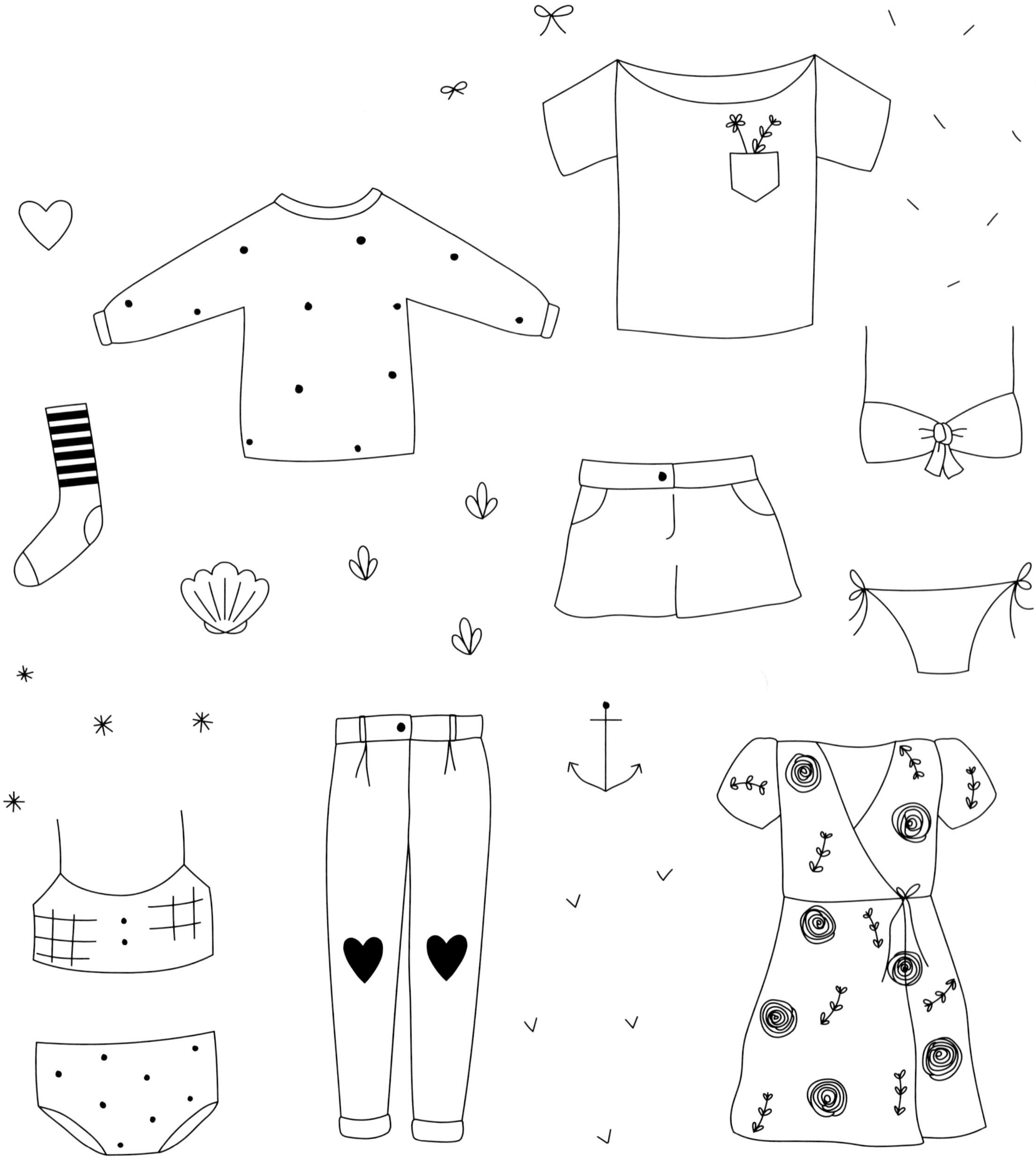

SKIZZENBUCH

Diese zum Thema passenden Zeichnungen können den Motiven hinzugefügt werden, sodass ganz neue Stickmotive entstehen!

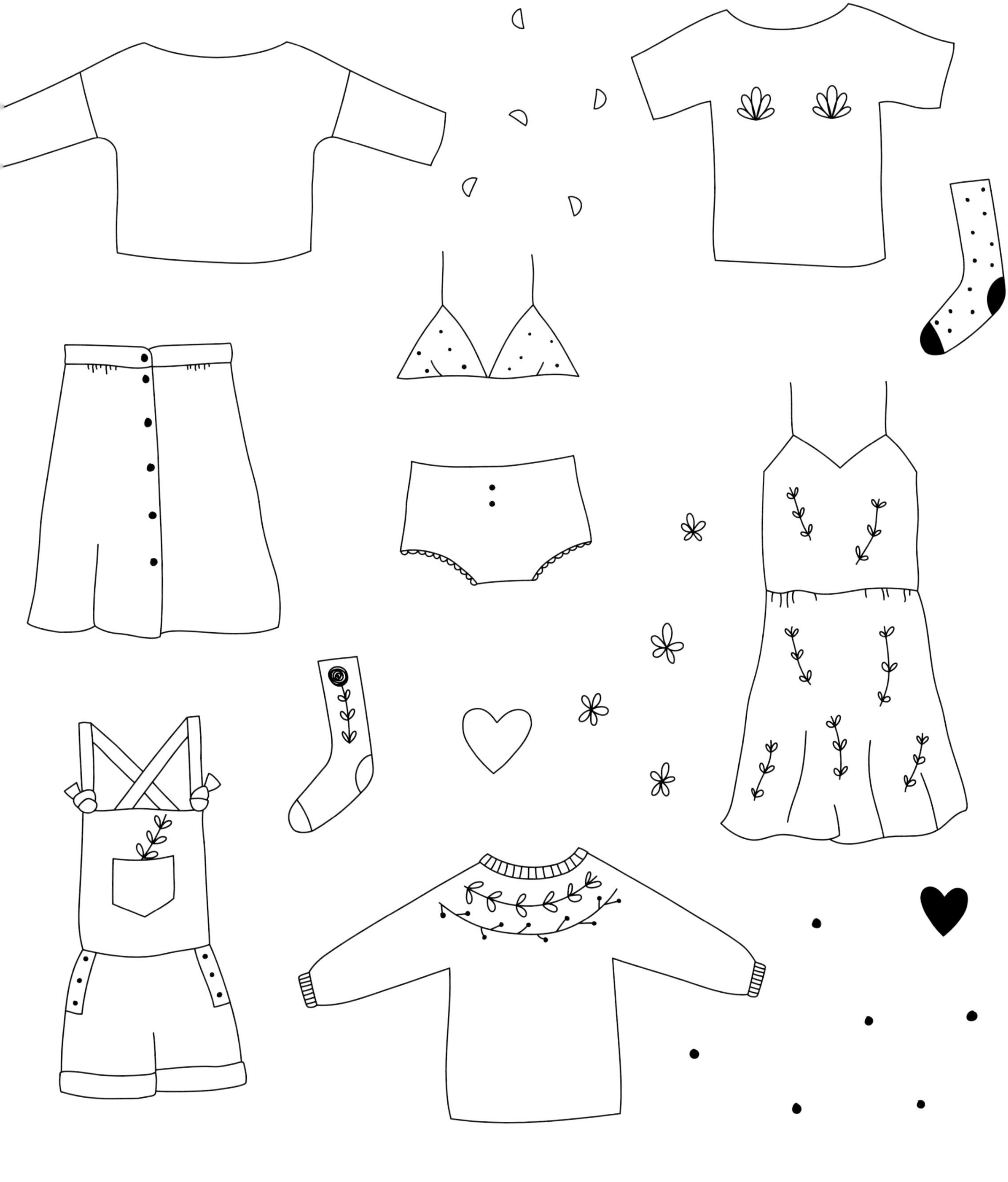

HÜBSCHE VÖGEL

Manchmal landen die Vögel auf Ästen oder in der Nähe schöner Blumen – dieses Thema verewigt diese sehr poetischen Momente. Ich liebe alle Vögel, die aus Städten, Seen ebenso wie die aus den Wäldern.
Ihr Gefieder ist sehr elegant und ihr Lied fabelhaft, sogar die von Tauben aus Städten!

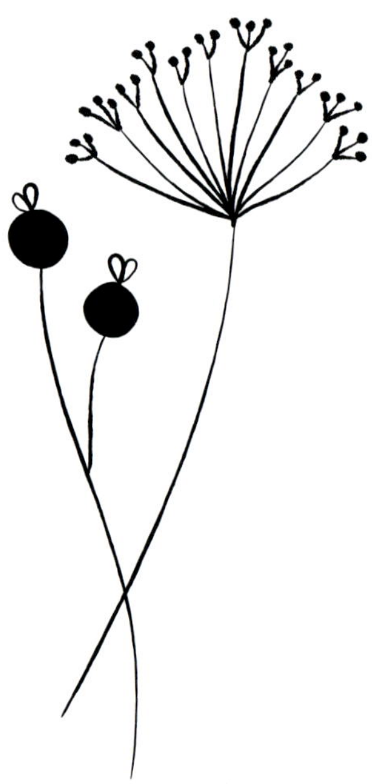

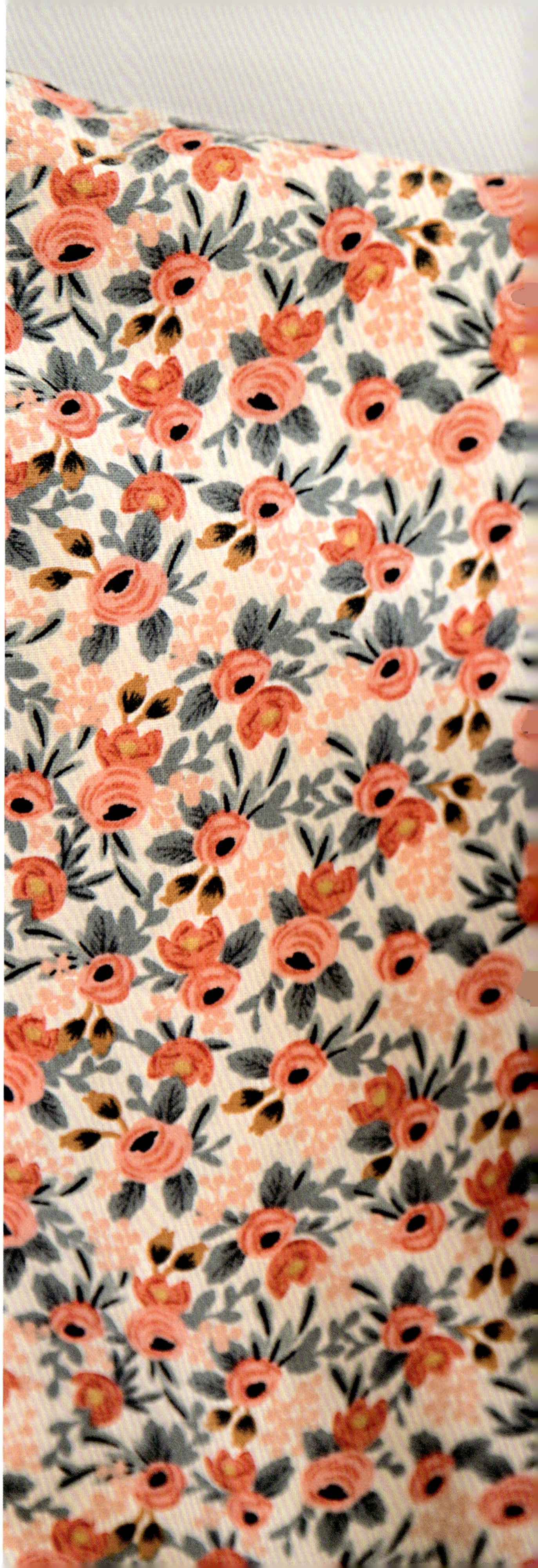

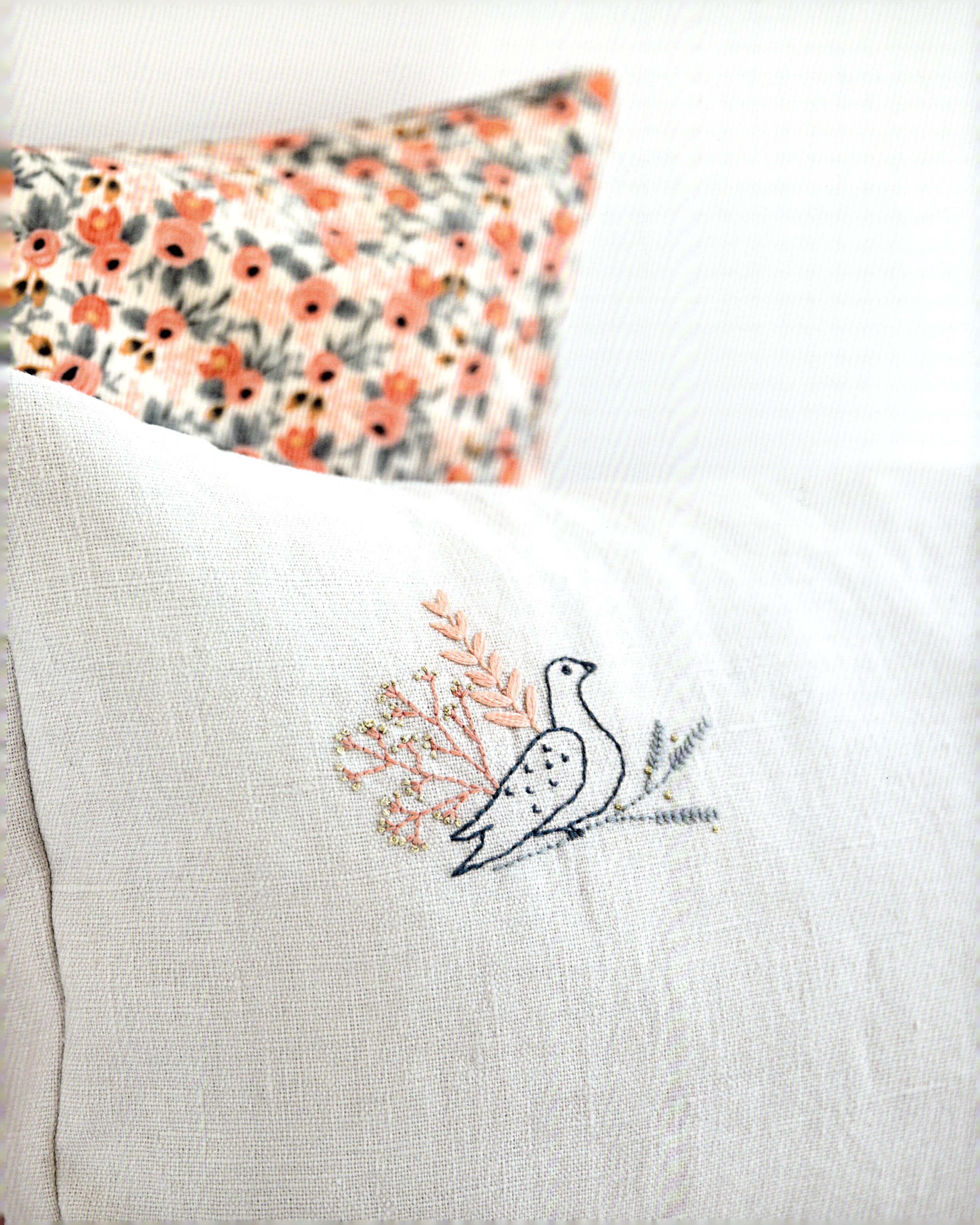

HÜBSCHE VÖGEL

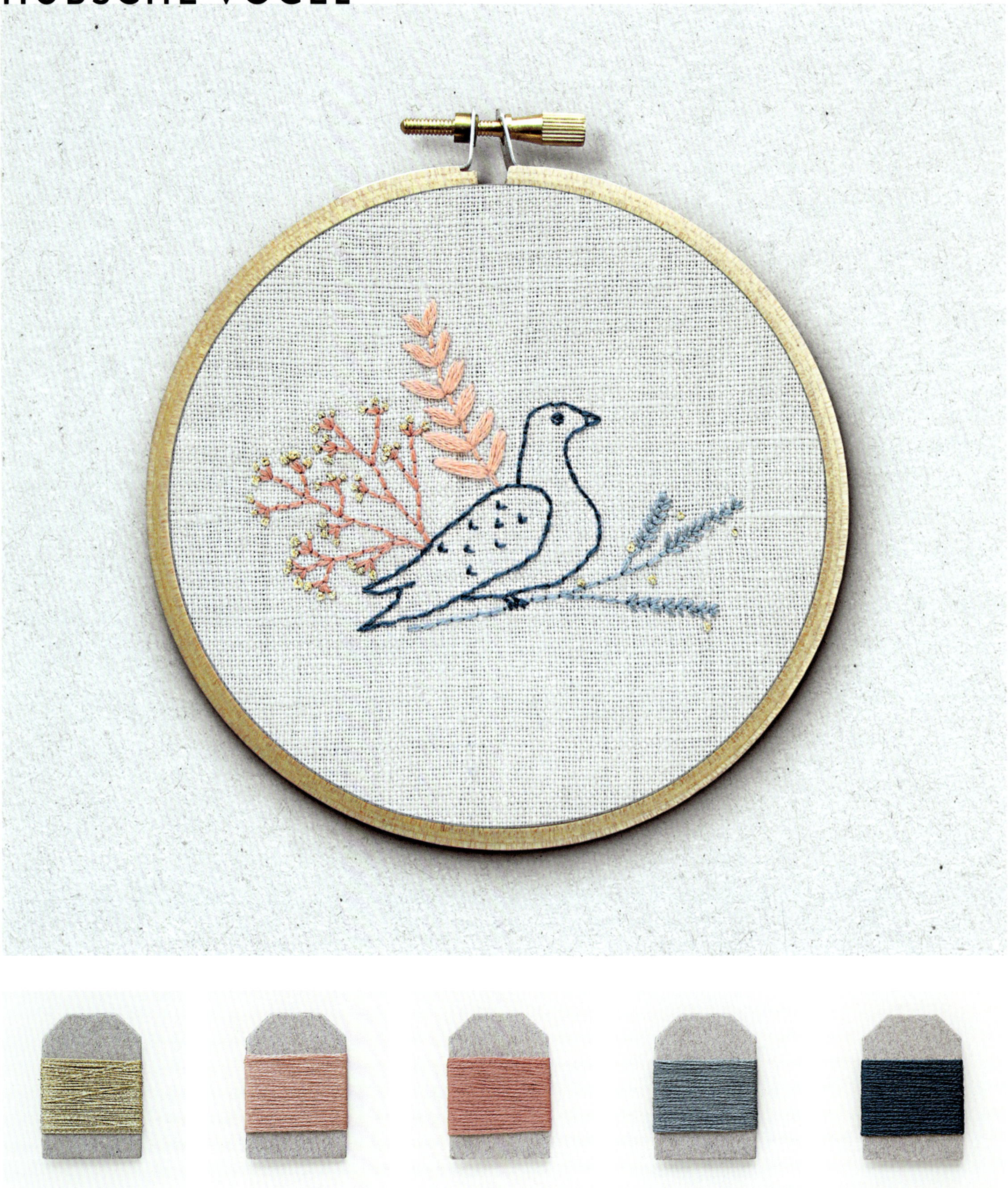

DAS MOTIV
SCHRITT FÜR SCHRITT ERKLÄRT

Das Motiv übertragen und mit den unten angegebenen Stichen und nebenan aufgeführten Farben sticken, dabei die beschriebenen Schritte befolgen.

Motiv zum Übertragen

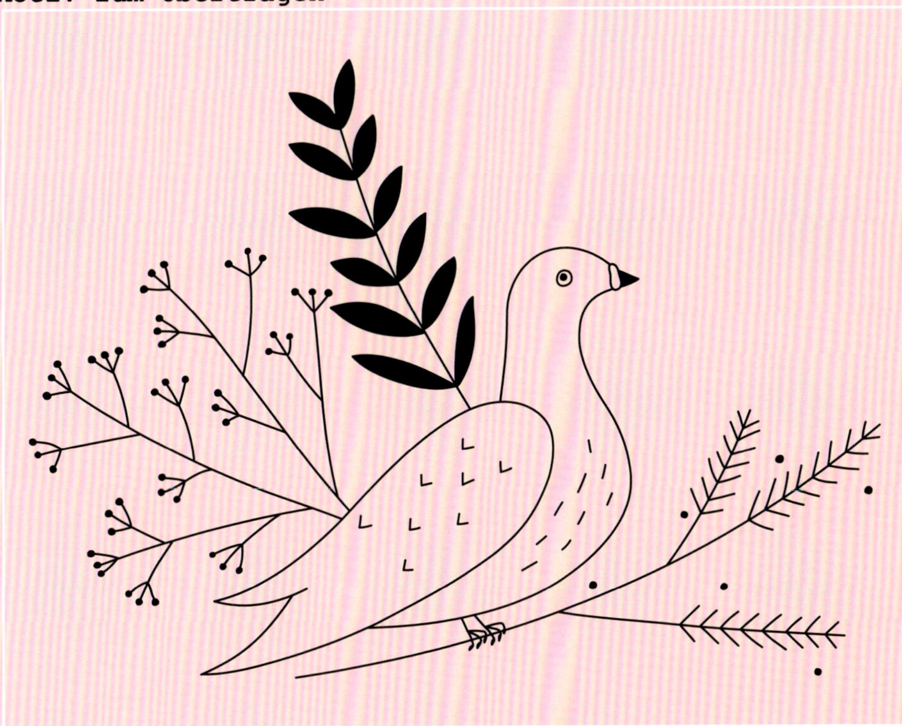

01. 02.

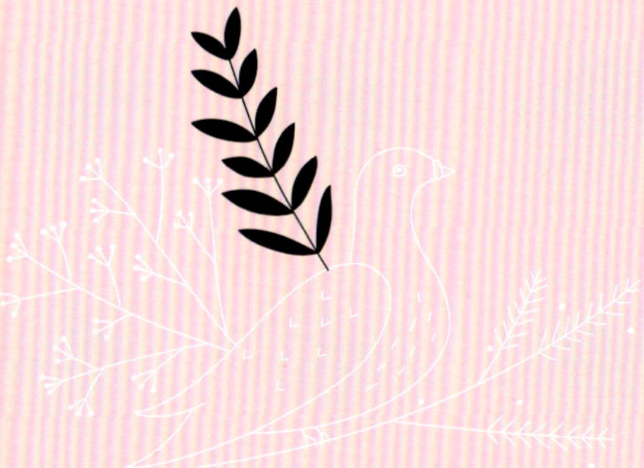

Plattstich/Steppstich
Die Blätter mit dem Plattstich und den Stängel mit sehr kurzen Steppstichen sticken.

03.

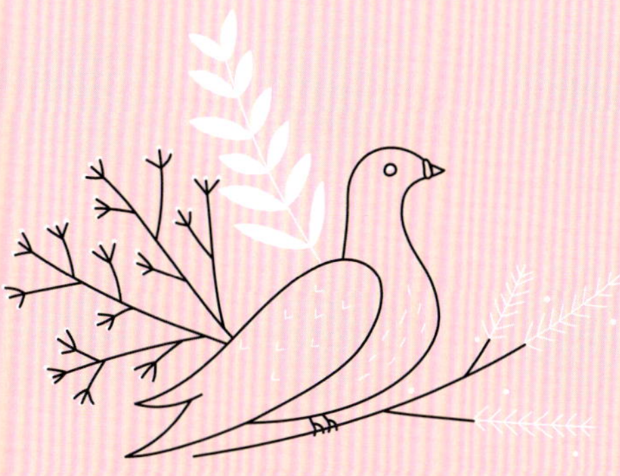

Steppstich
Den Vogel und die Stängel mit dem Steppstich sticken. Die Motive so um den Vogel herum sticken, dass er von ihnen umgeben ist.

04.

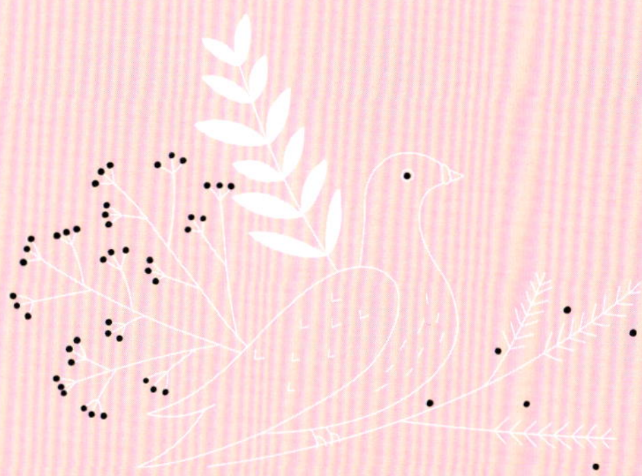

Knötchenstich
Die eingezeichneten Details im Knötchenstich sticken.

05. 06.

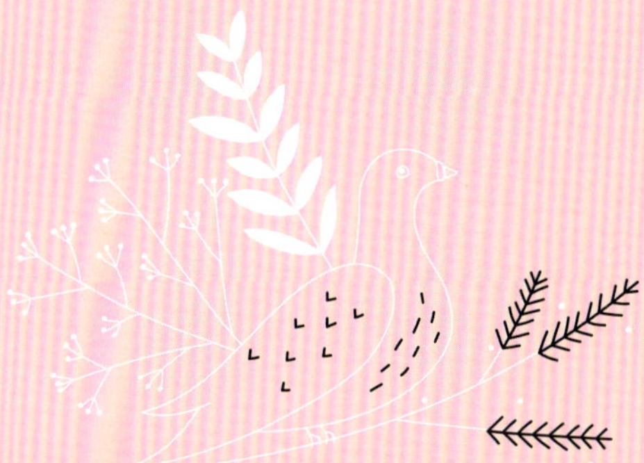

Vorstich/Verbundener Fliegenstich
Die Federn im Vorstich und die Tannennadeln im verbundenen Fliegenstich sticken.

HÜBSCHE VÖGEL

Die Konturen und einige Details sind, bis auf ein paar Ausnahmen, alle im Steppstich gestickt.

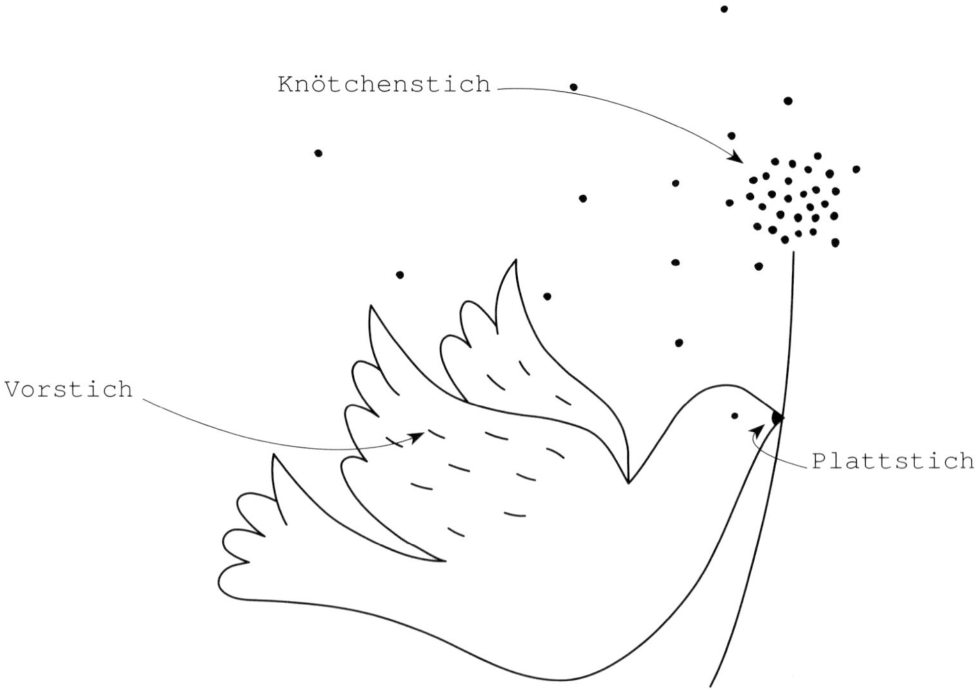

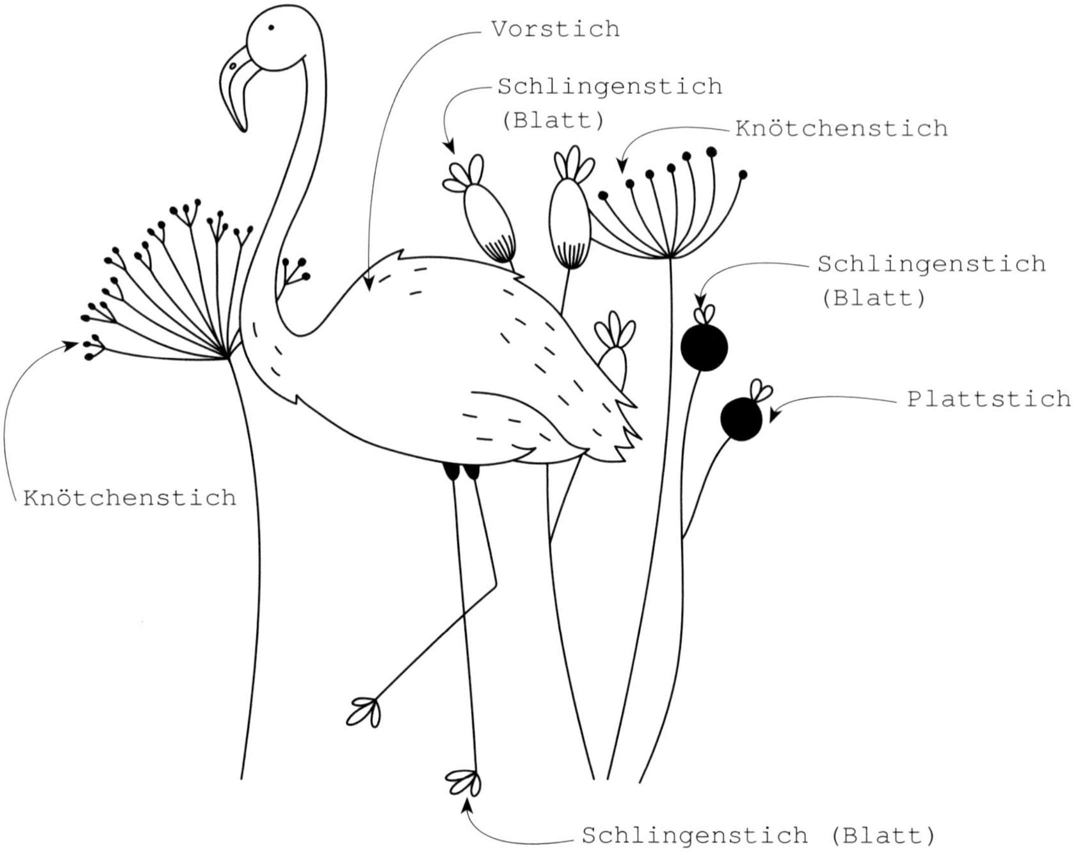

ZUSAMMENGESETZTE MOTIVE

Aus den hier gezeichneten Motiven können die Stickereien in beliebigen Farben frei komponiert werden.

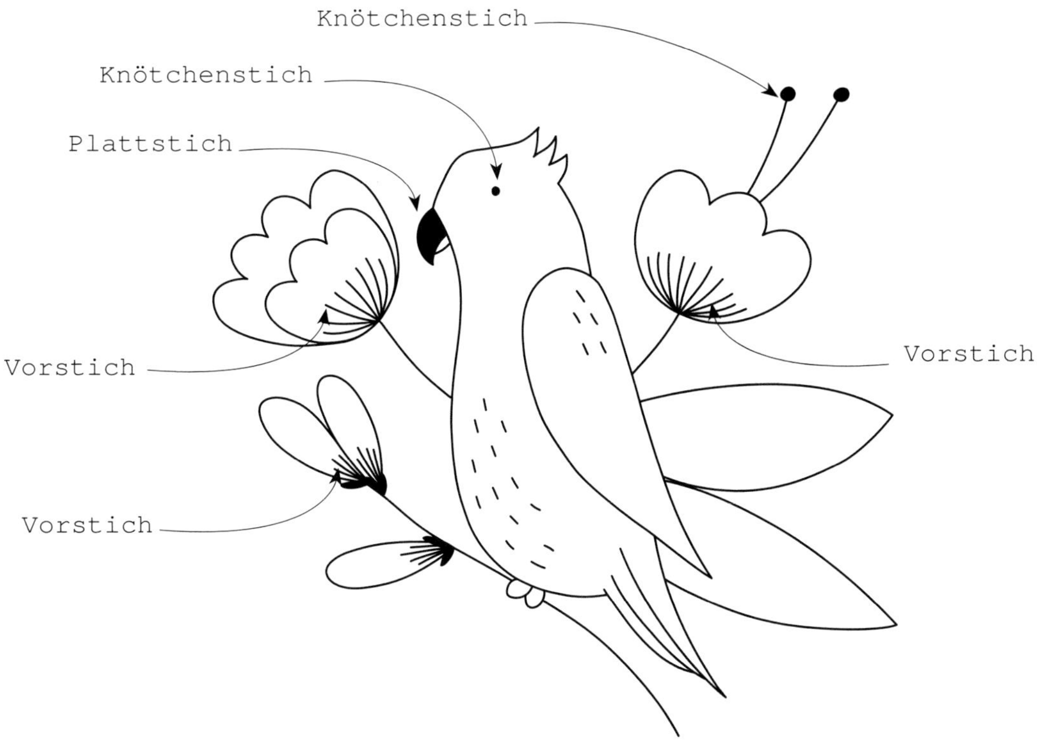

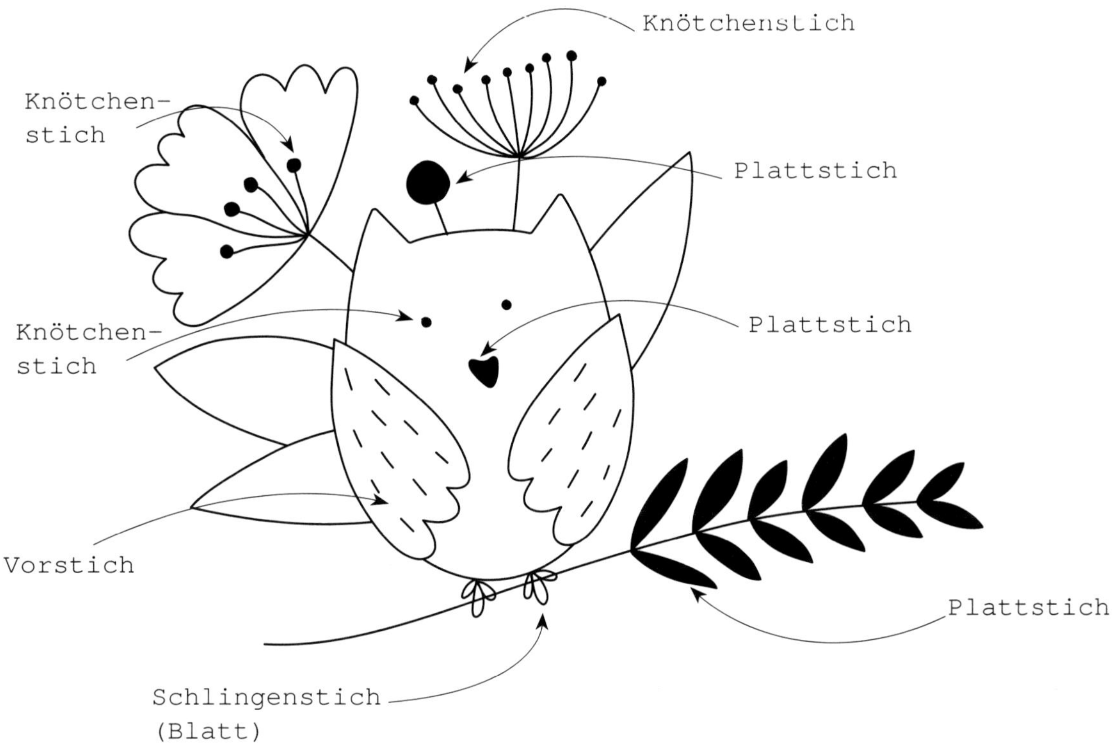

HÜBSCHE VÖGEL

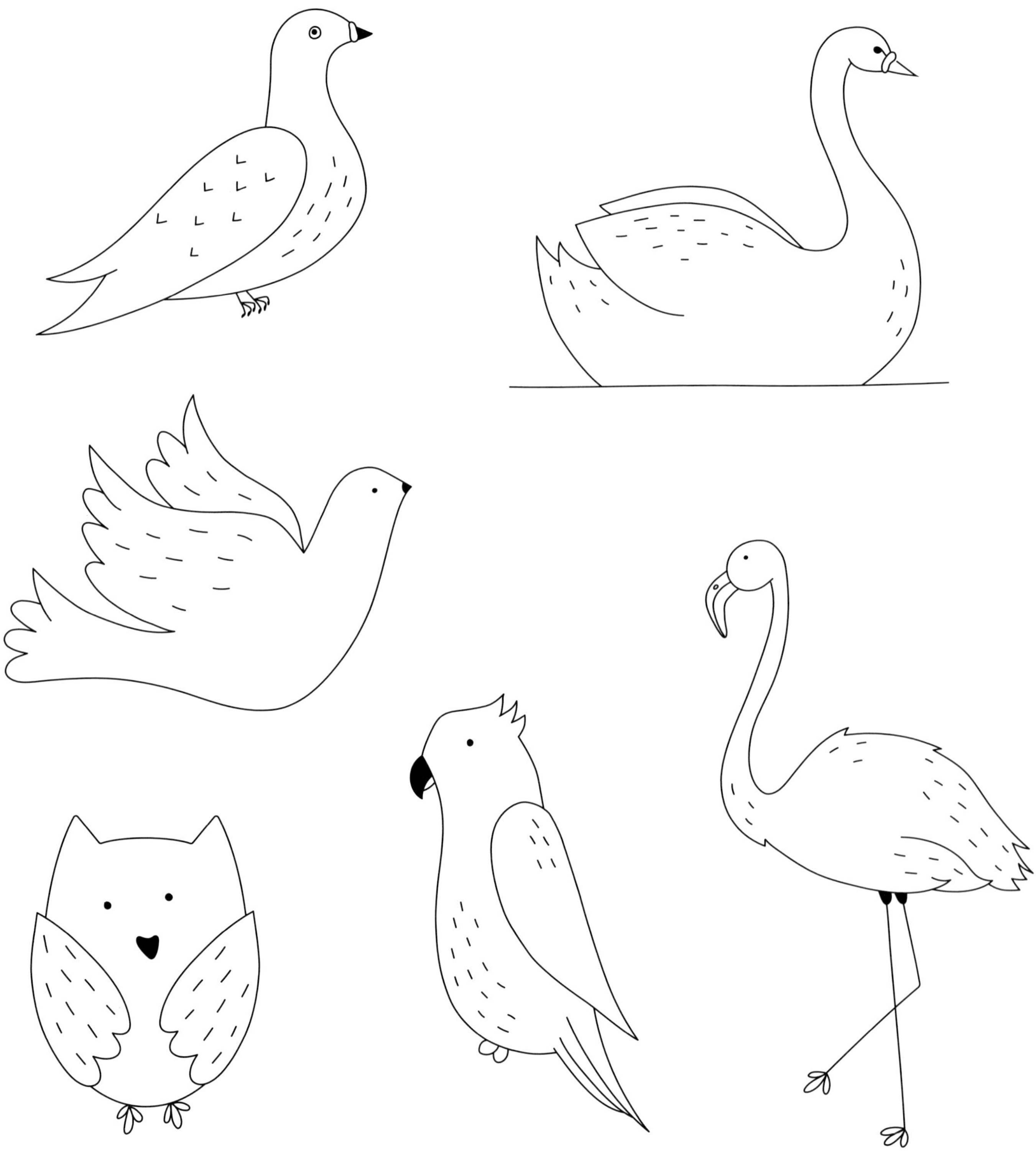

SKIZZENBUCH

Diese zum Thema passenden Zeichnungen können den Motiven hinzugefügt werden, sodass ganz neue Stickmotive entstehen!

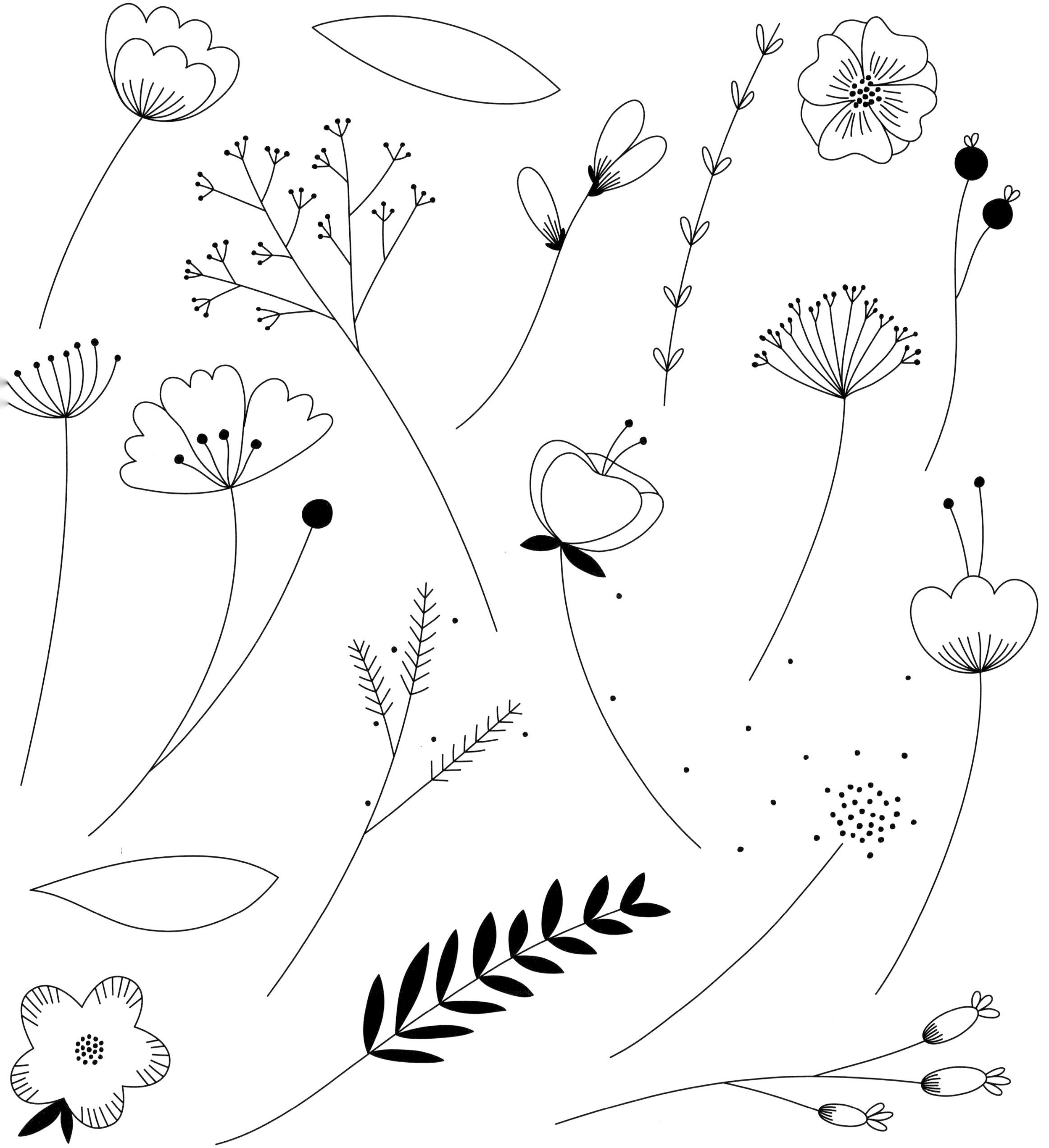

KURZE WORTE

Es macht Spaß, Wörter zu sticken! Sie können auf ein Kleidungsstück oder eine Tasche eine kleine Botschaft aufsticken, aber auch in kleine Rahmen, mit denen Sie in Ihrem Haus Gäste begrüßen oder sich Ihren Lieblingsspruch an die Wand hängen! Mit dem Kettenstich werden die Wörter besonders weich und plastisch.

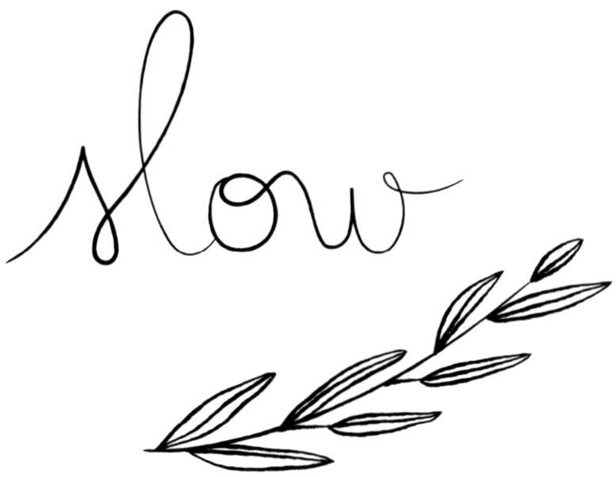

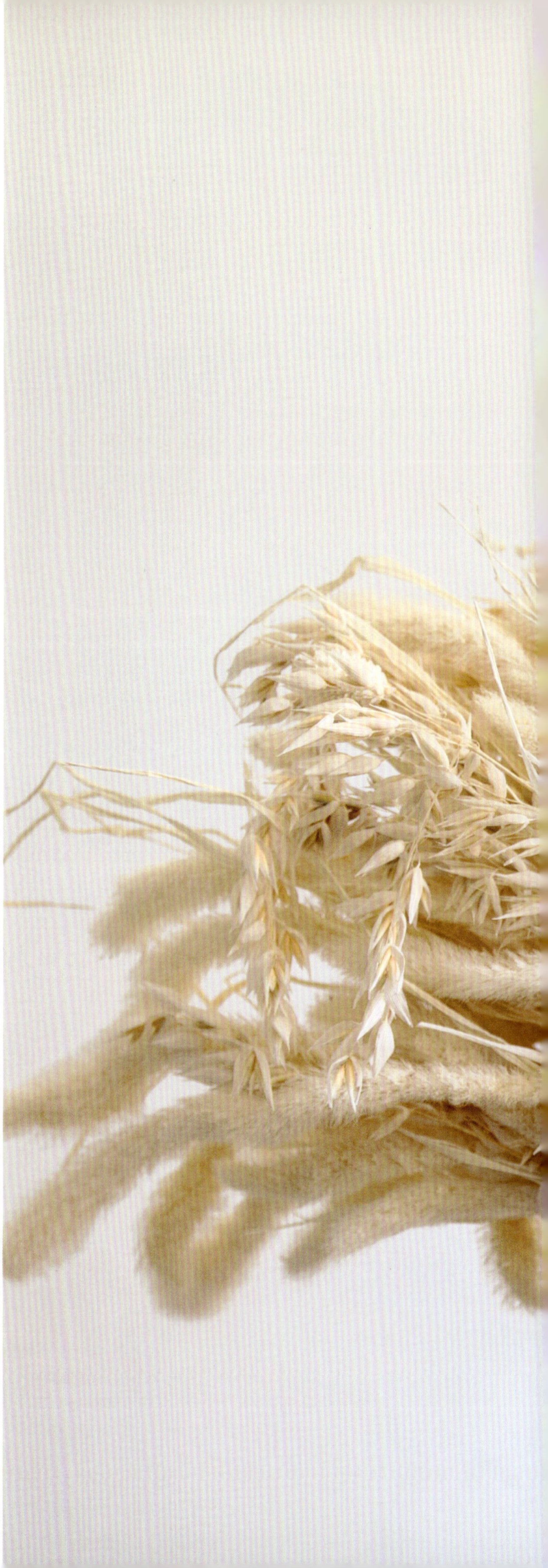

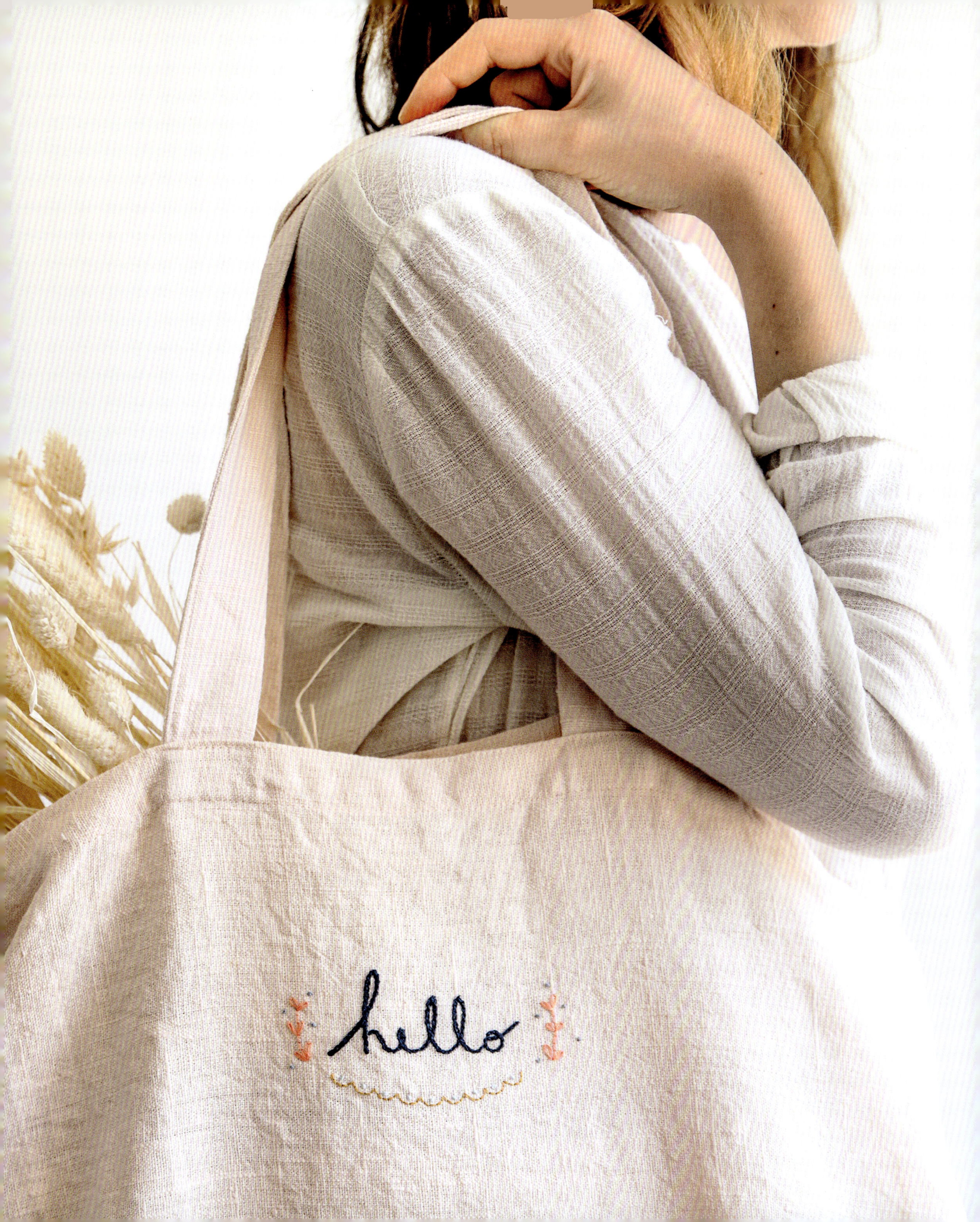
hello

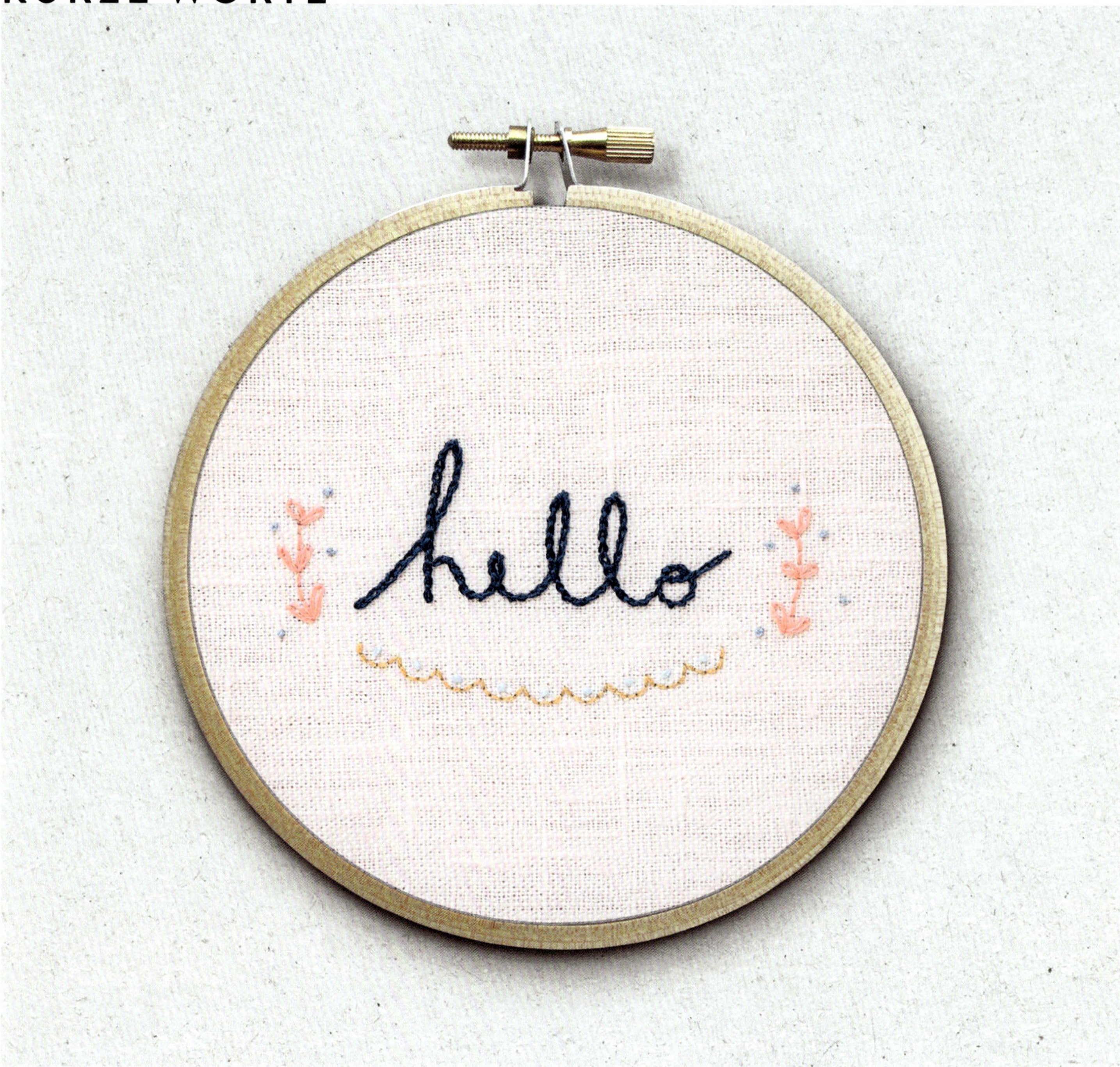
hello

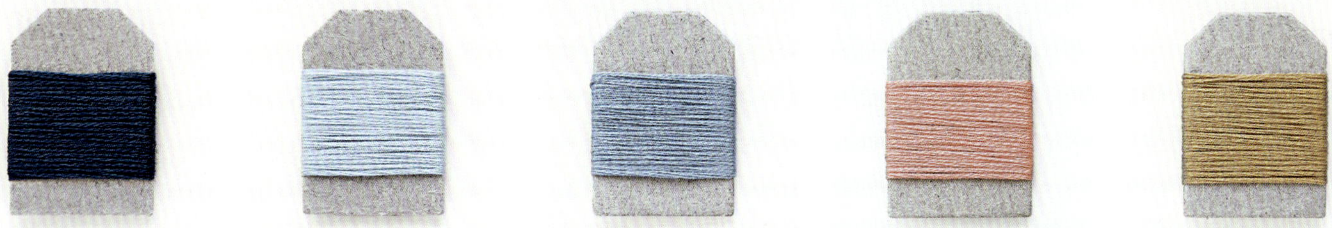

DAS MOTIV
SCHRITT FÜR SCHRITT ERKLÄRT

Das Motiv übertragen und mit den unten angegebenen Stichen und nebenan aufgeführten Farben sticken, dabei die beschriebenen Schritte befolgen.

Motiv zum Übertragen

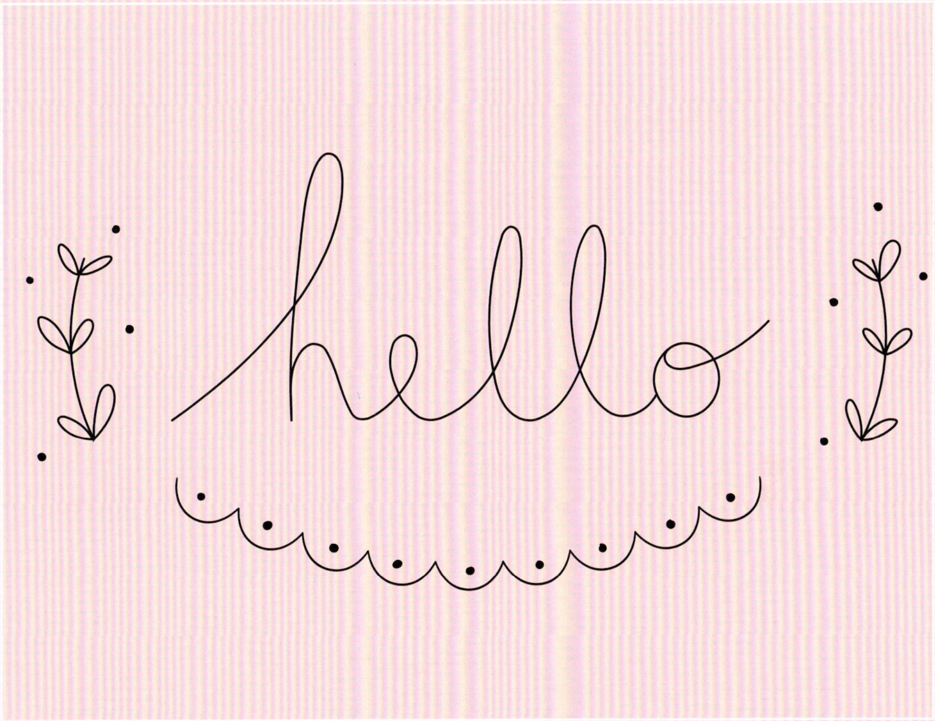

01.

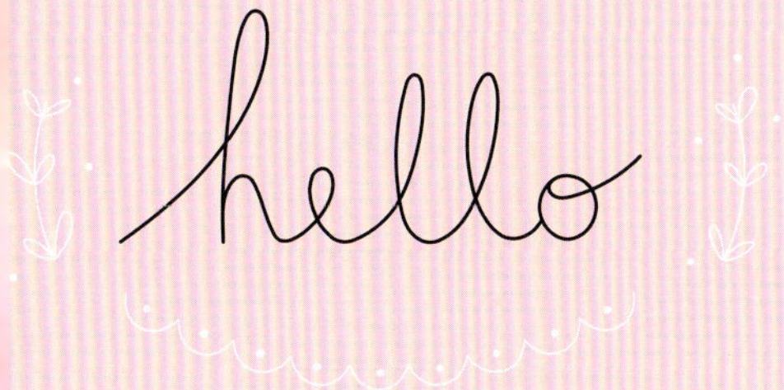

Kettenstich
Das Wort mit einem Kettenstich aufsticken.

02.

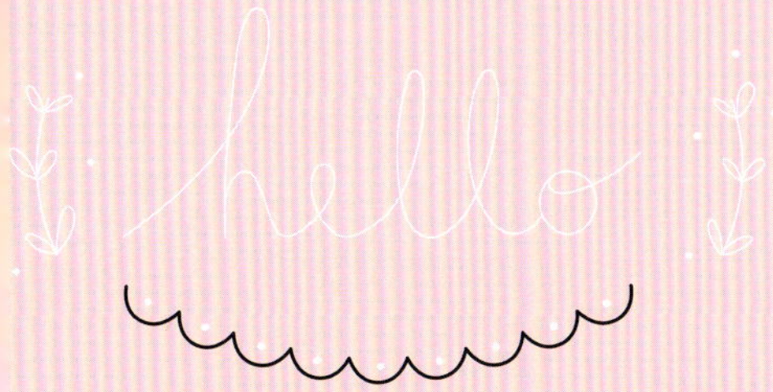

Steppstich
Mit einem sehr kleinen Steppstich eine Ranke aufsticken, damit die Bögen gut gelingen.

03.

Schlingenstich (Blatt)/ Steppstich
Blätter mit dem Schlingenstich und Stängel mit dem Steppstich sticken.

04.

Knötchenstich
Die eingezeichneten Details mit dem Knötchenstich sticken.

KURZE WORTE

Die Konturen und einige Details sind, bis auf ein paar Ausnahmen, alle im Steppstich gestickt.

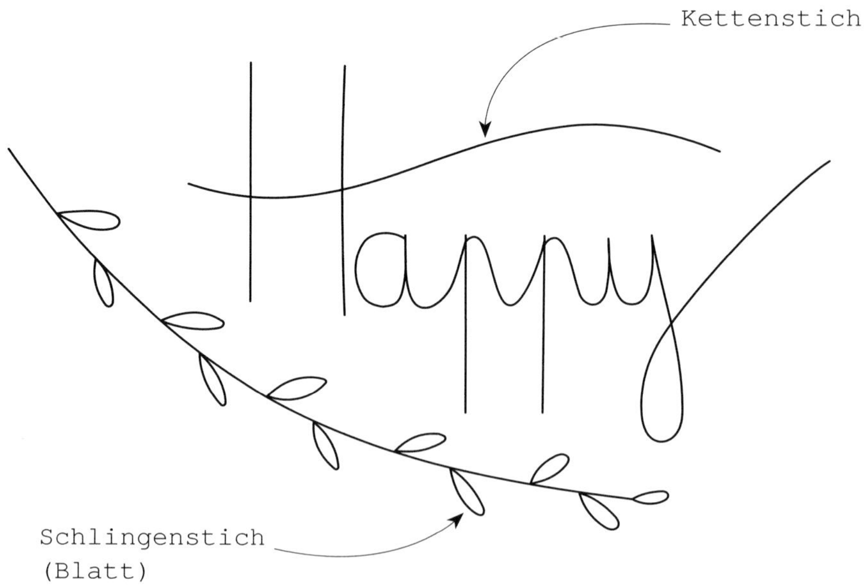

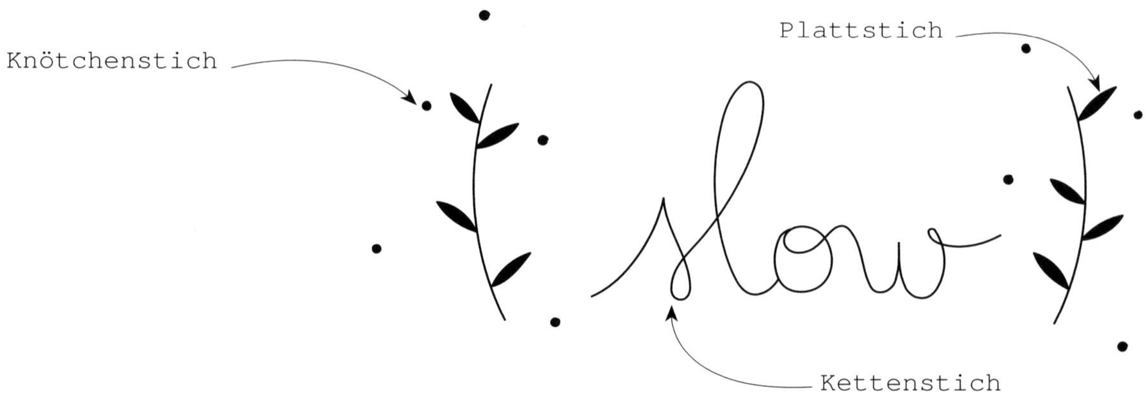

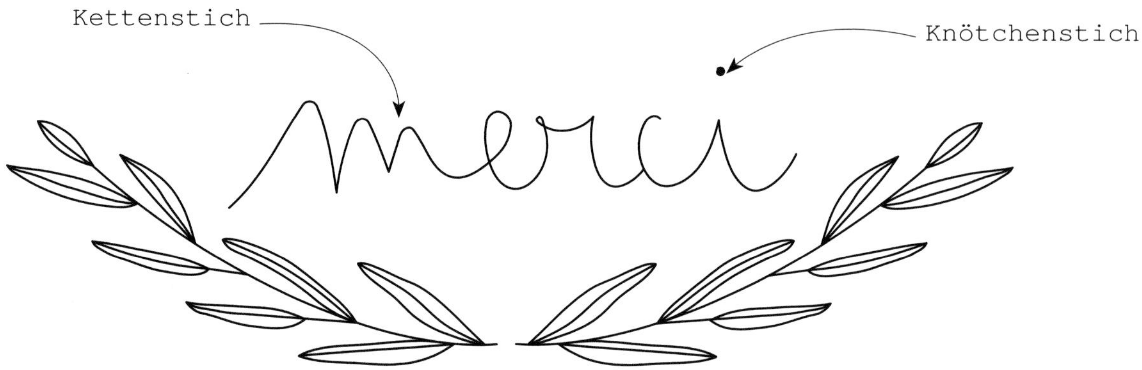

ZUSAMMENGESETZTE MOTIVE

Aus den hier gezeichneten Motiven können die Stickereien in beliebigen Farben frei komponiert werden.

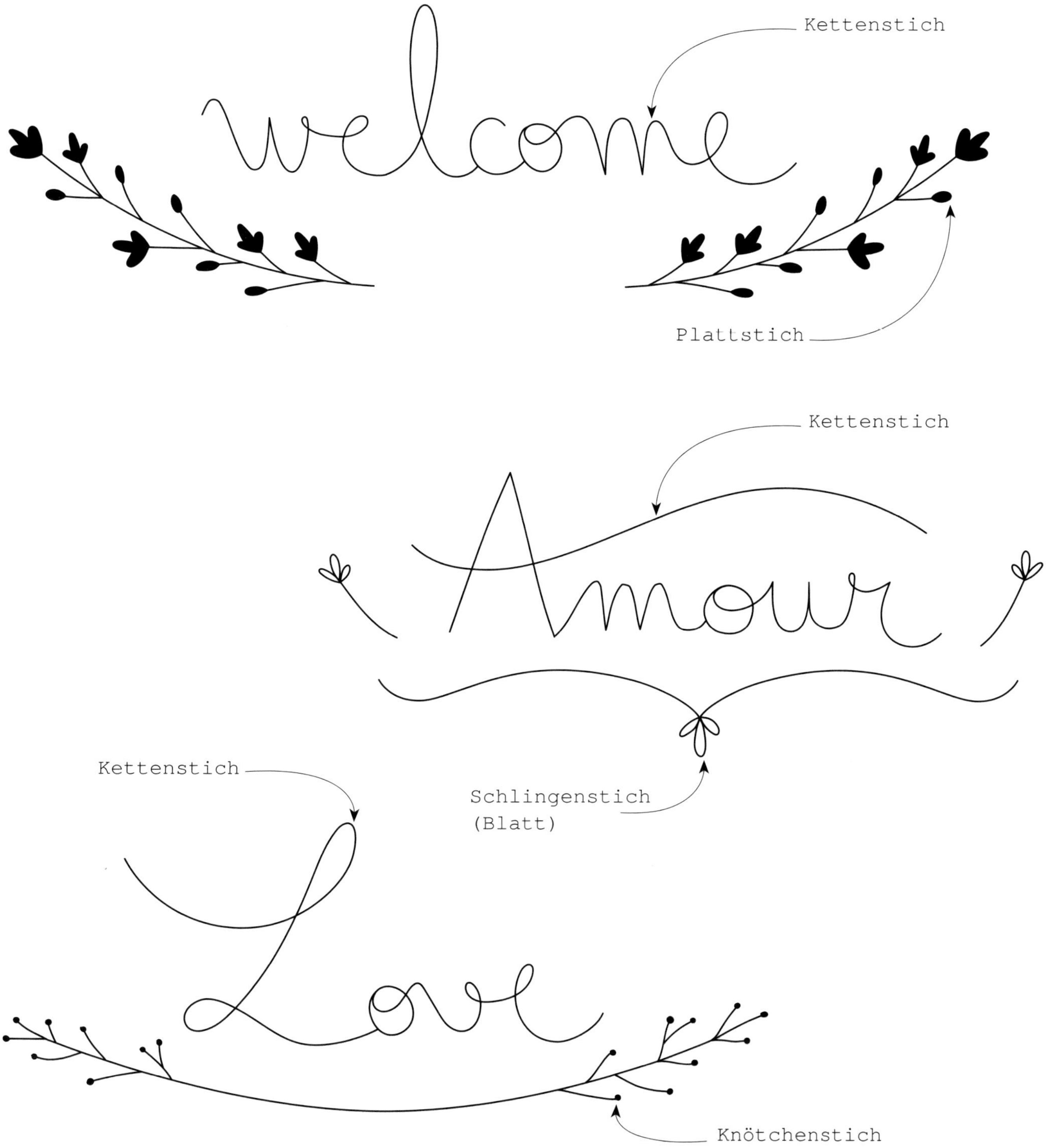

KURZE WORTE

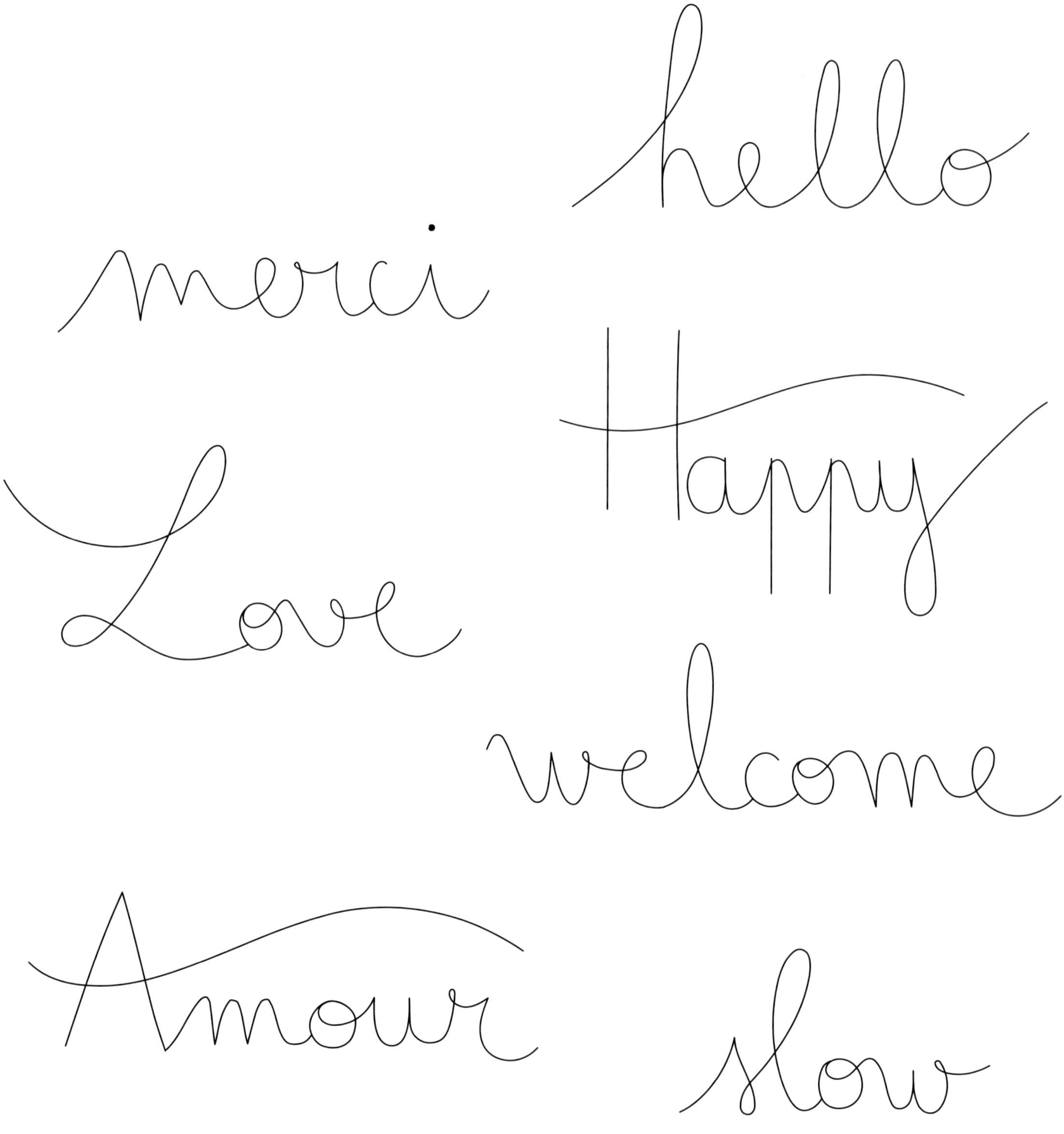

SKIZZENBUCH

Diese zum Thema passenden Zeichnungen können den Motiven hinzugefügt werden, sodass ganz neue Stickmotive entstehen!

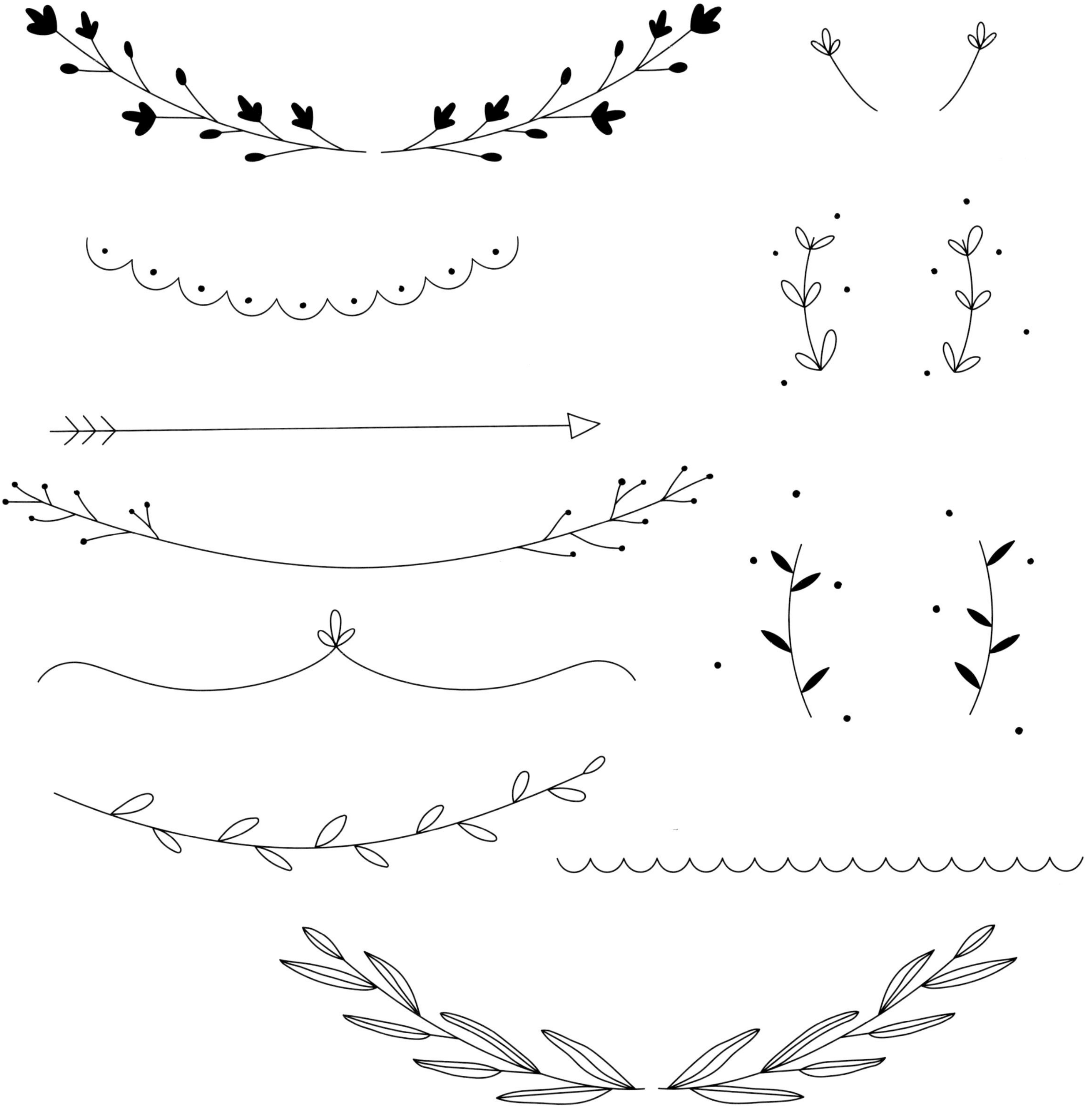

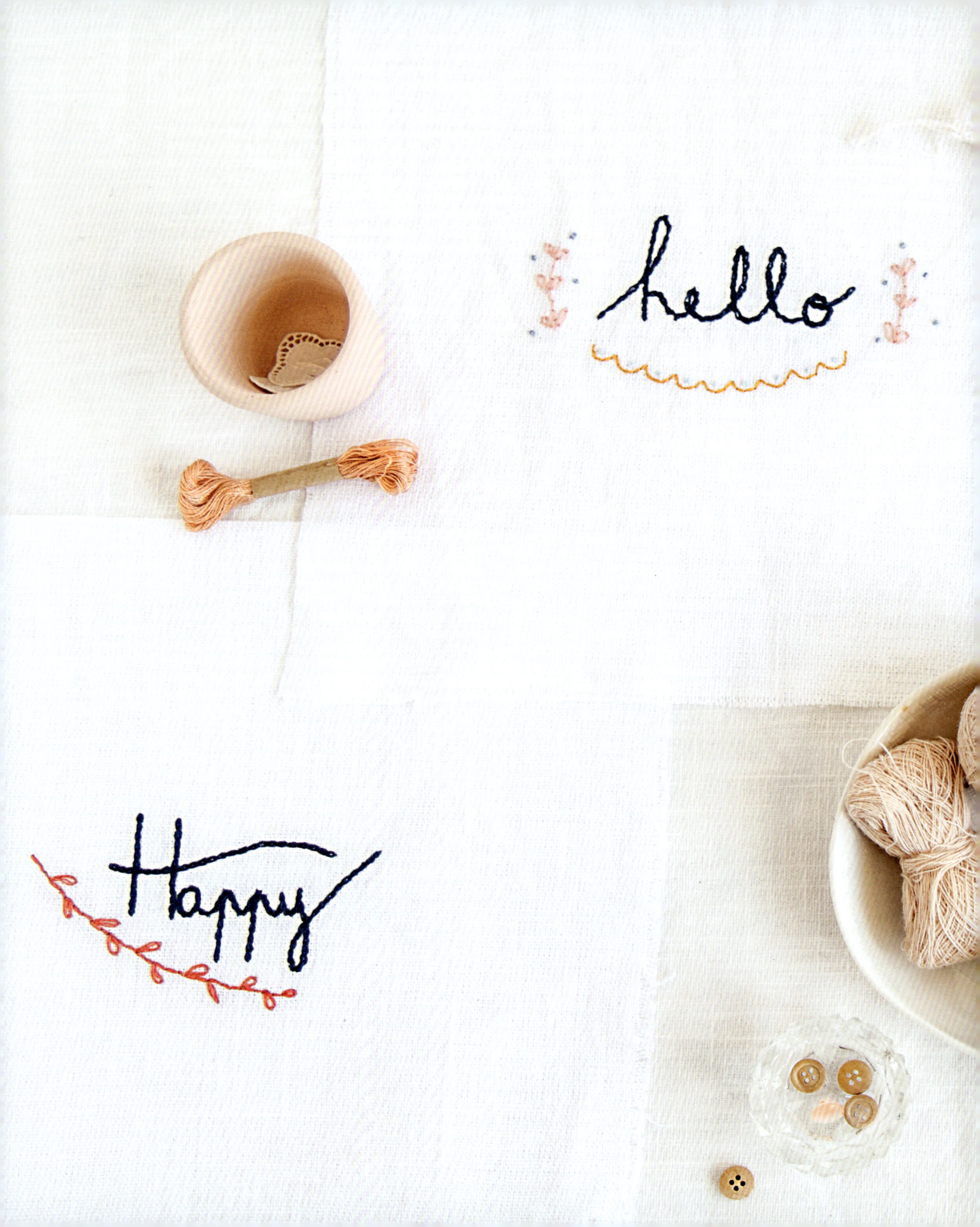
hello
Happy

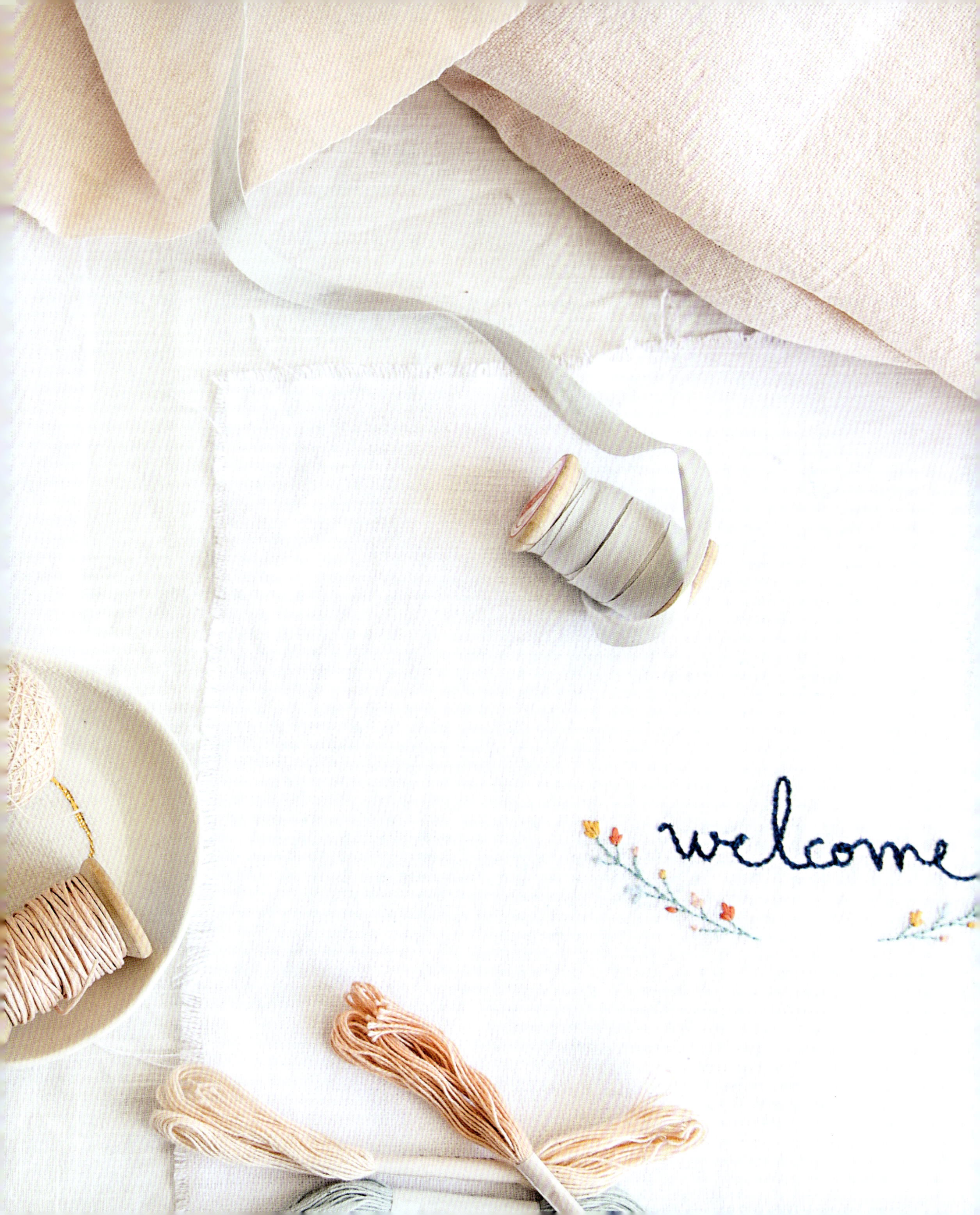
welcome

KLEINE RANKEN

Alle diese hübschen Blumen werden locker von Ranken umgeben und zusammengehalten. Wählen Sie sie aus, wie wenn Sie einen Strauß zusammenstellen, sticken Sie einen Kranz für die Weihnachtszeit, einen aus Oliven oder getrockneten Blüten. Sie machen sich gut in einem Stickrahmen, den man an die Wand hängen kann.

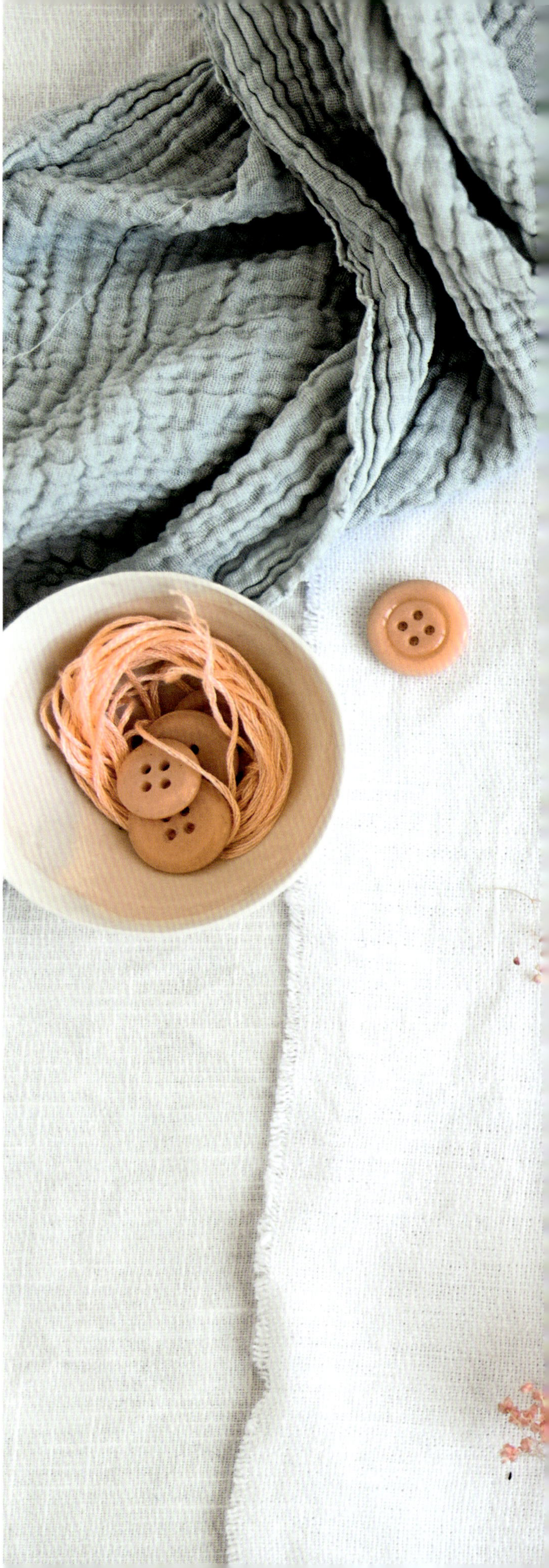

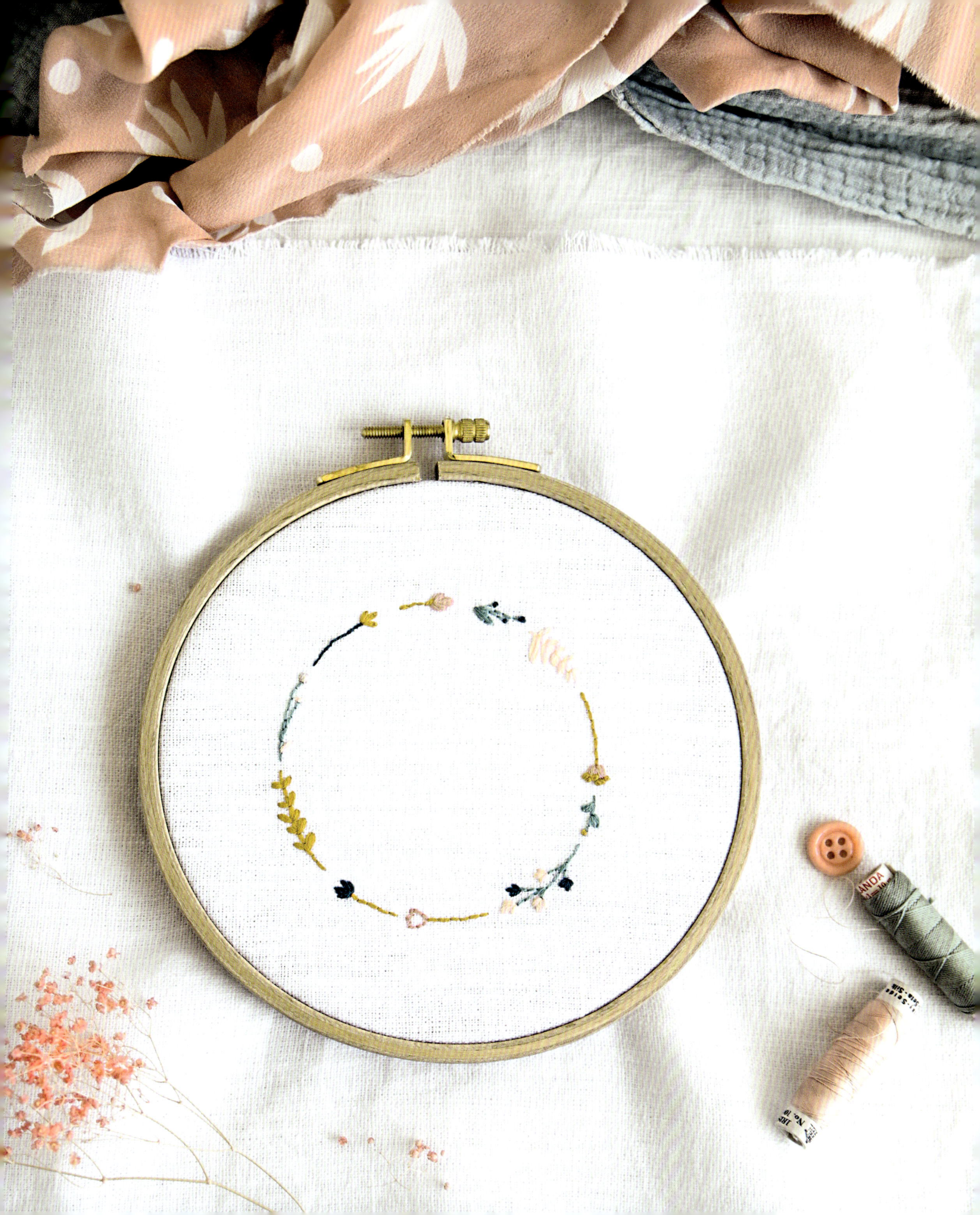

KLEINE RANKEN

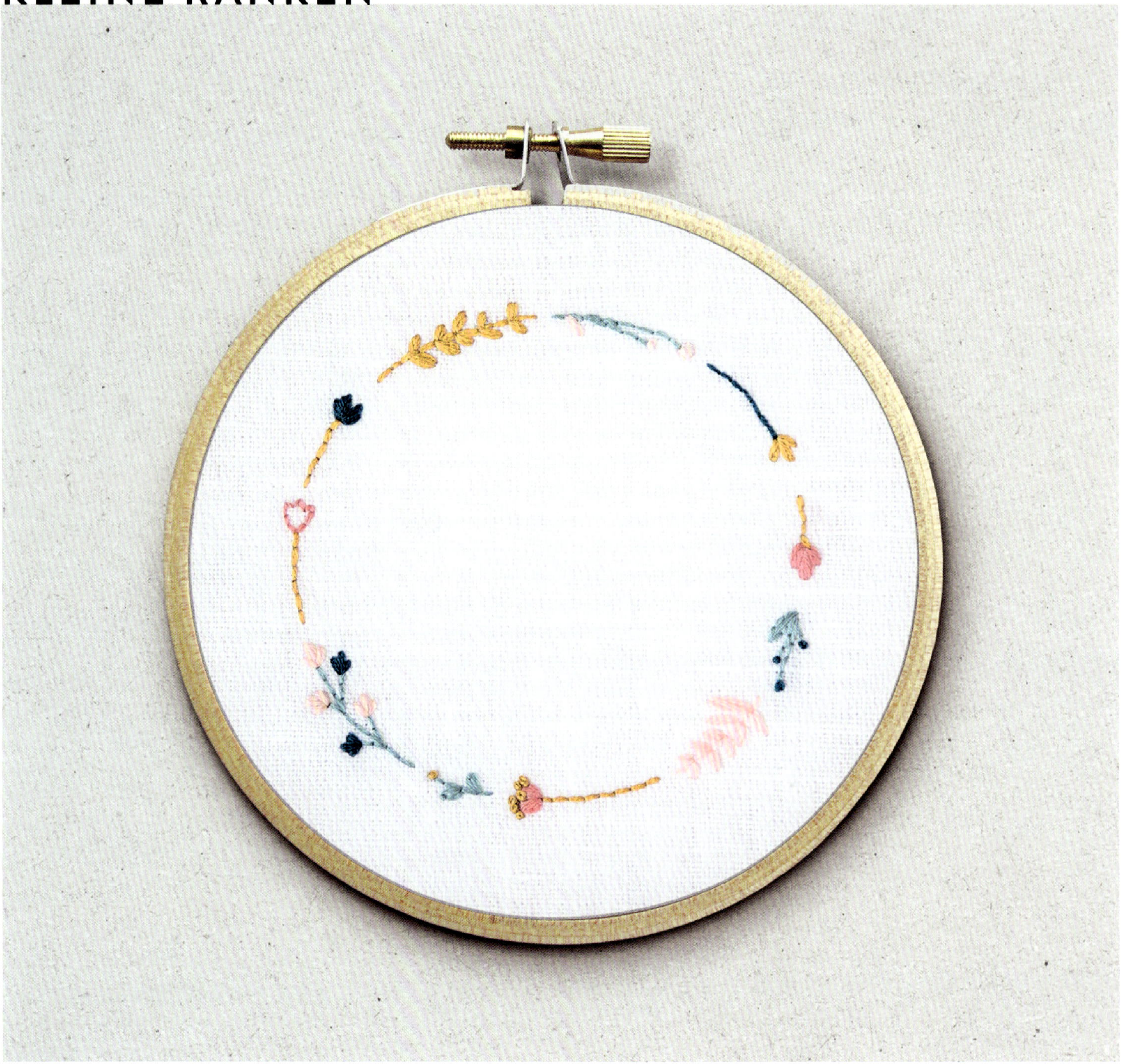

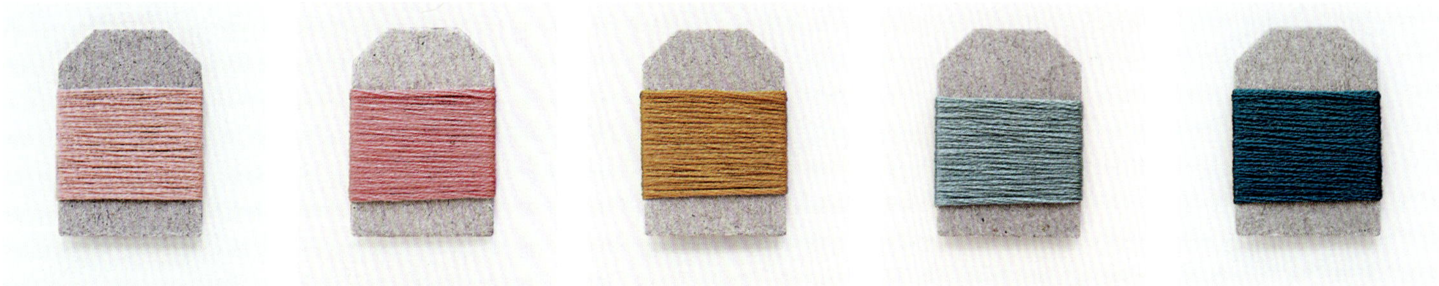

DAS MOTIV
SCHRITT FÜR SCHRITT ERKLÄRT

Das Motiv übertragen und mit den unten angegebenen Stichen und nebenan aufgeführten Farben sticken, dabei die beschriebenen Schritte befolgen.

Motiv zum Übertragen

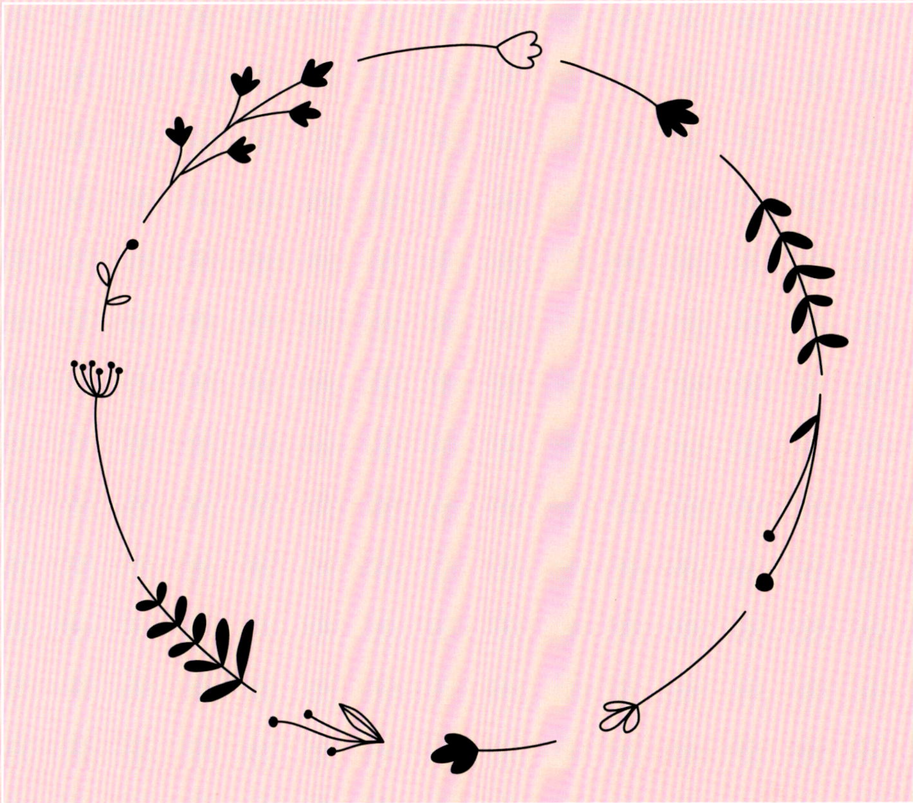

01.

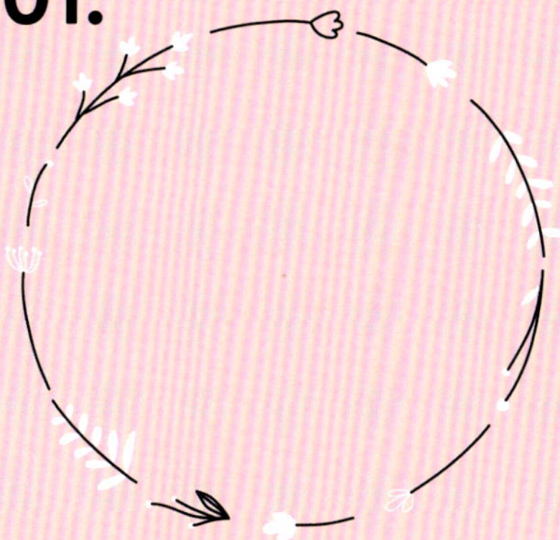

Steppstich
Den Kreis für die Ranken und die Blumenstängel mit dem Steppstich sticken.

02.

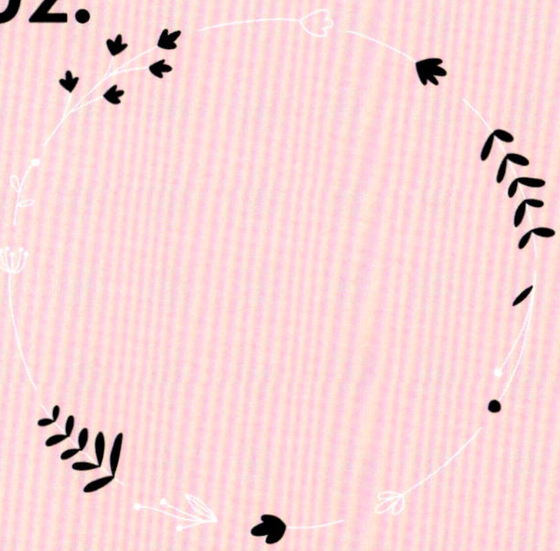

Plattstich
Die kleinen Blüten, großen Knospen und die größeren Blätter mit dem Plattstich sticken.

03.

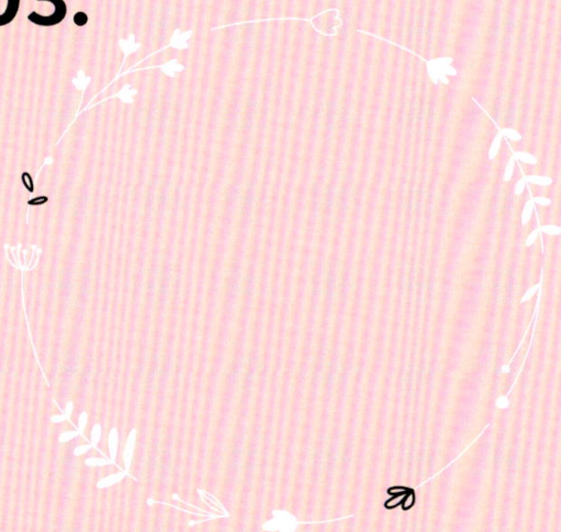

Schlingenstich (Blatt)
Die Blätter mit dem Schlingenstich sticken.

04.

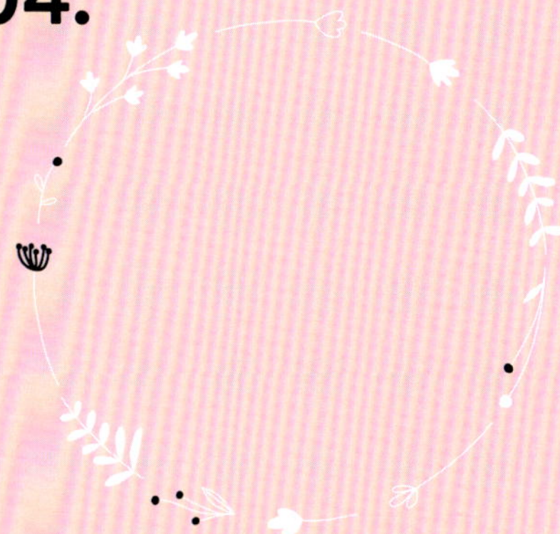

Vorstich/Knötchenstich
Die kleinen Knospen mit dem Knötchenstich und die Stempel mit dem Vorstich sticken.

KLEINE RANKEN

Die Konturen und einige Details sind, bis auf ein paar Ausnahmen, alle im Steppstich gestickt.

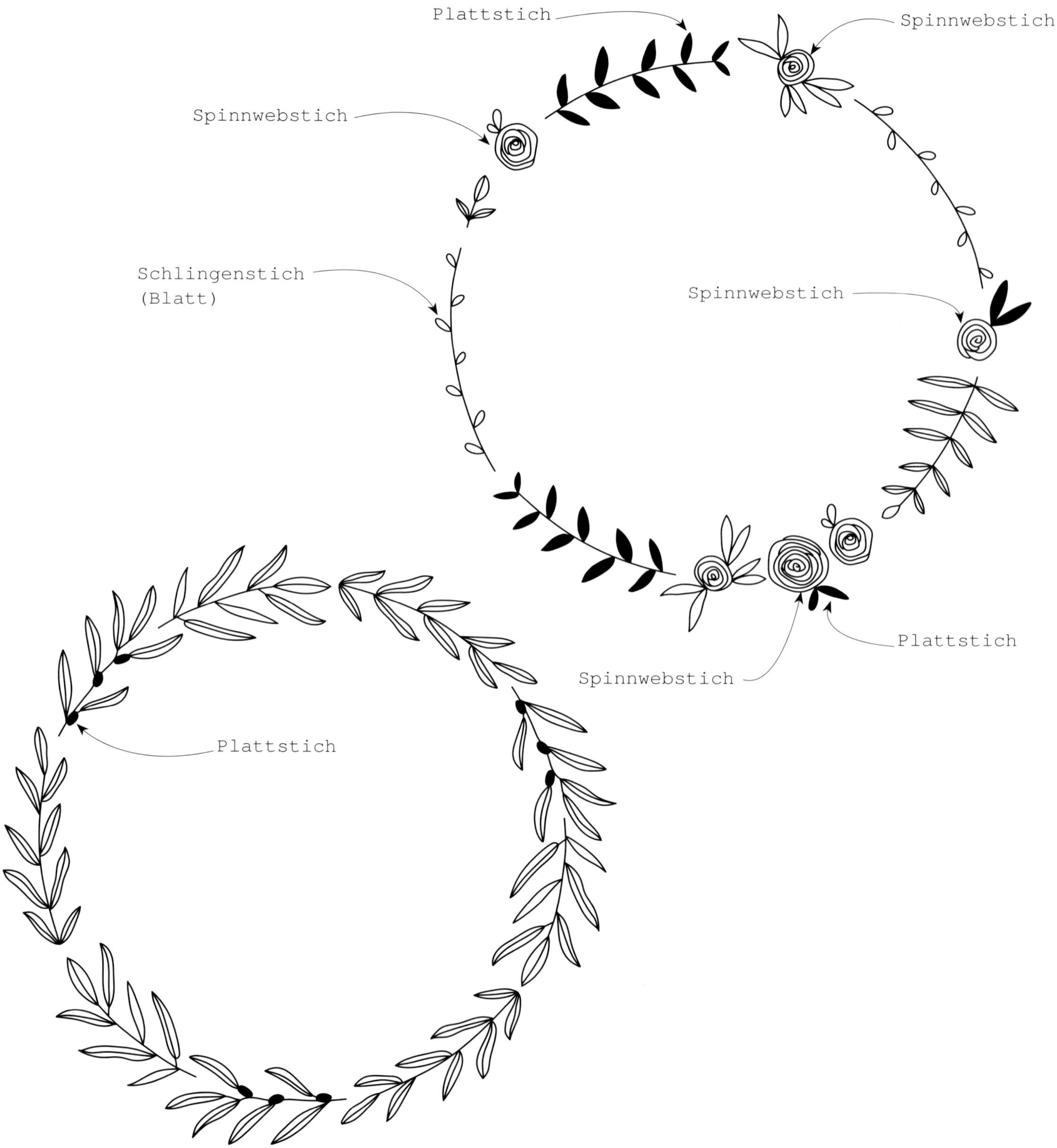

ZUSAMMENGESETZTE MOTIVE

Aus den hier gezeichneten Motiven können die Stickereien in beliebigen Farben frei komponiert werden.

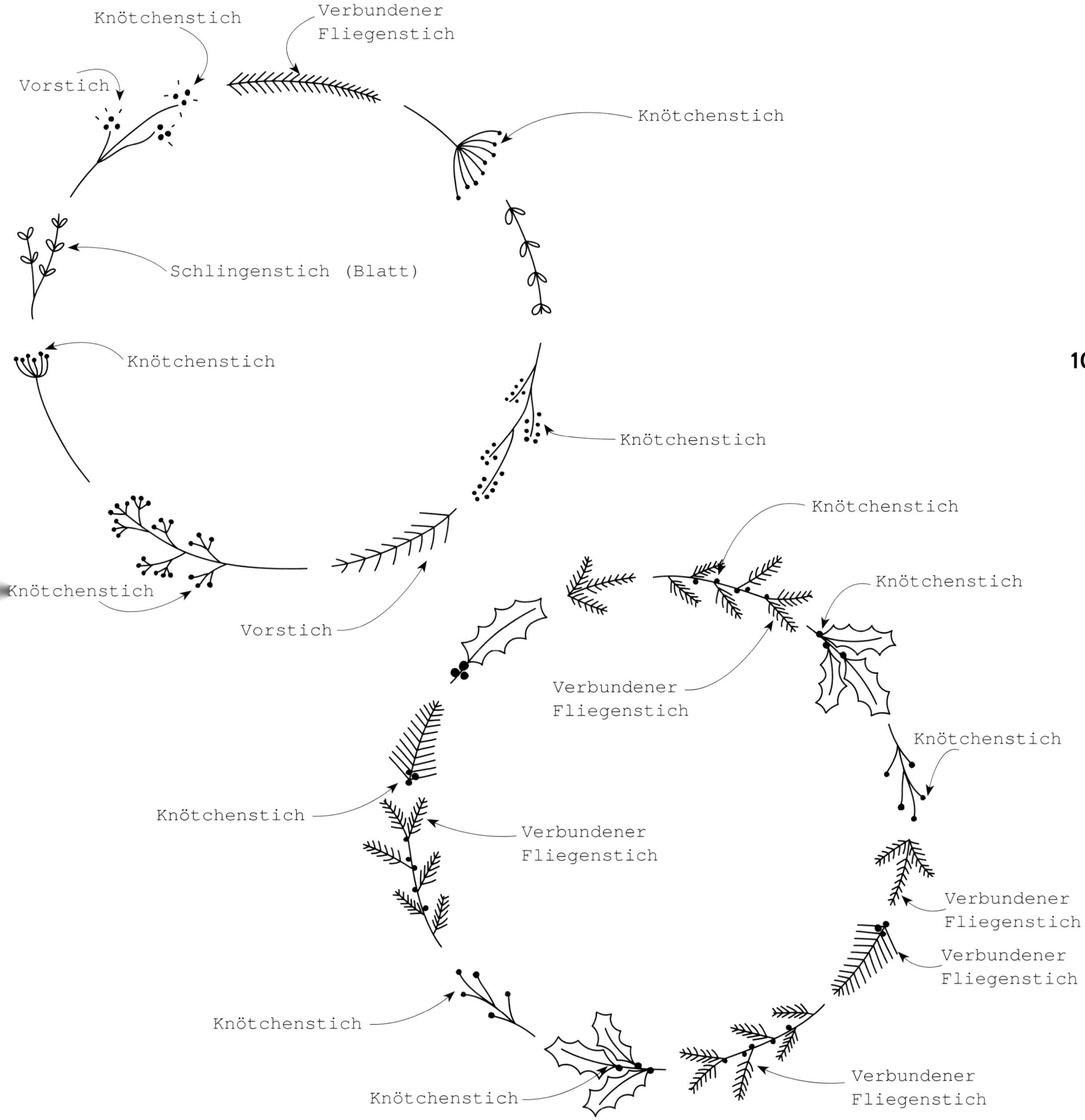

KLEINE RANKEN

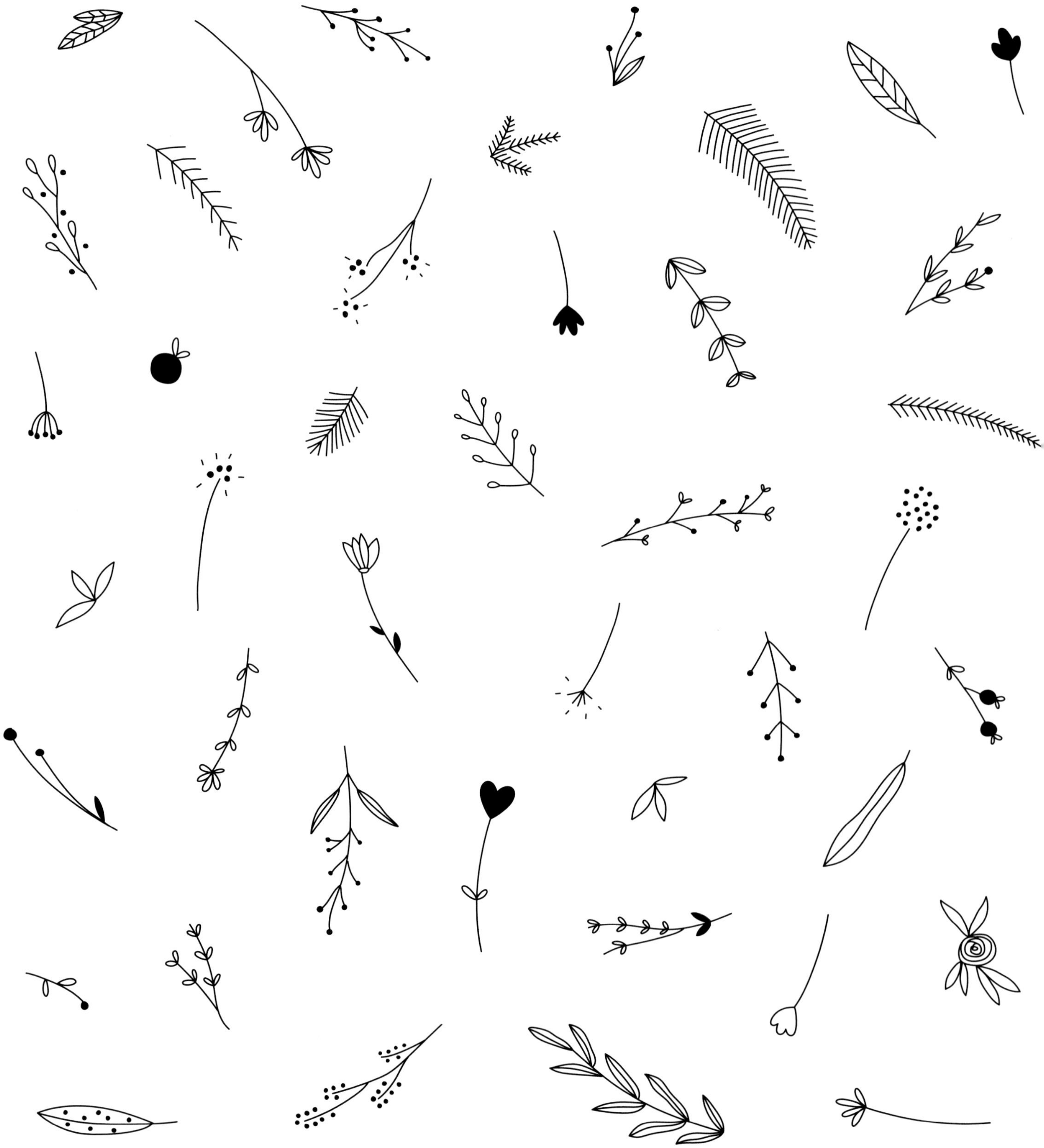

SKIZZENBUCH

Diese zum Thema passenden Zeichnungen können den Motiven hinzugefügt werden, sodass ganz neue Stickmotive entstehen!

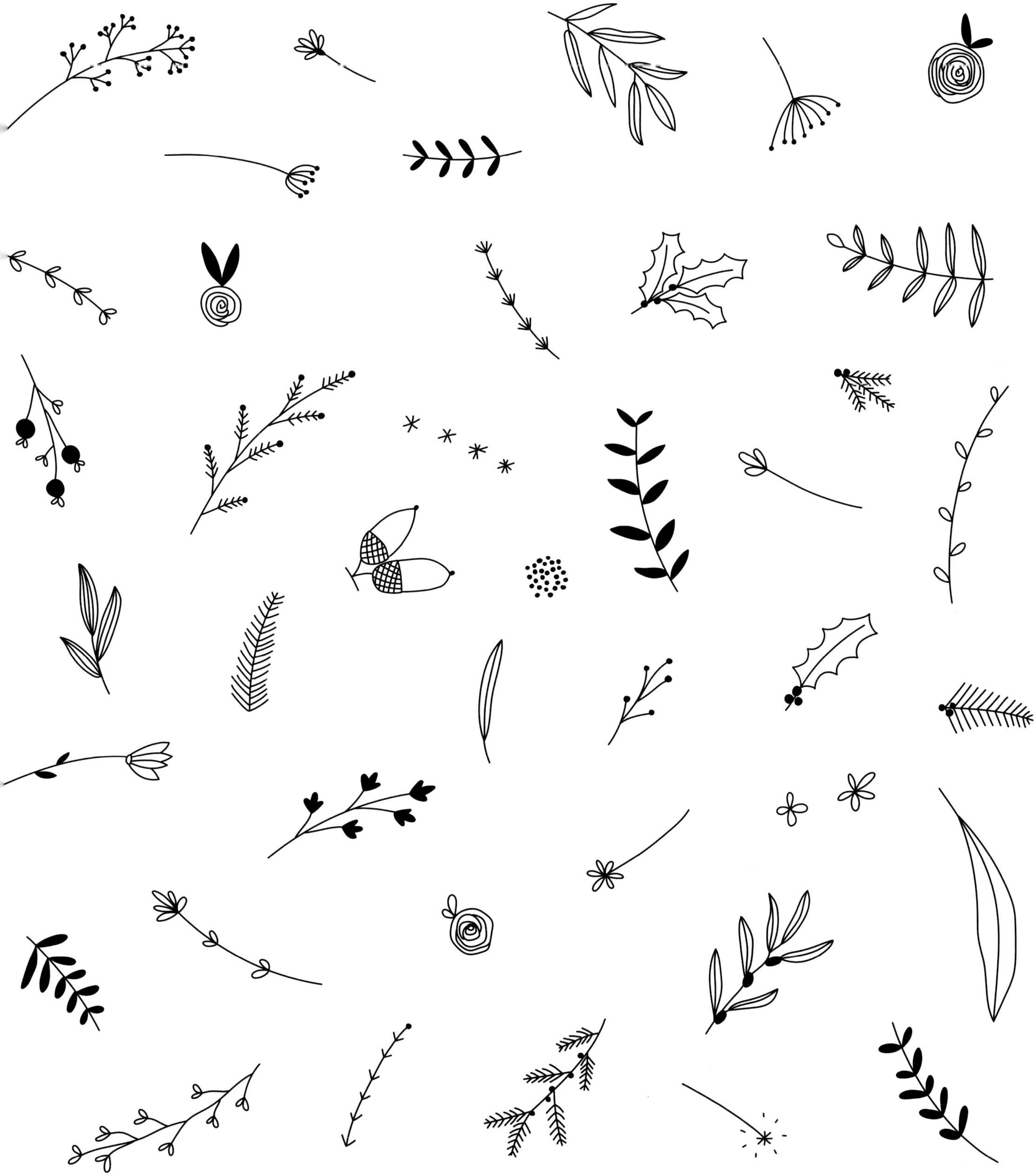

MEIN PARIS

Die Lichterstadt an der Seine bietet wunderschöne Motive zum Sticken. Es gibt dort Romantisches in Fülle, was zum Träumen anregt. Sticken Sie Ihre Lieblingssymbole von Paris auf und bekunden Sie so Ihre Liebe zu dieser Stadt. Für die Schritt-für-Schritt-Anleitung habe ich ein Motiv von Sacré-Cœur gewählt, die hoch über meinem Lieblingsviertel der französischen Hauptstadt thront.

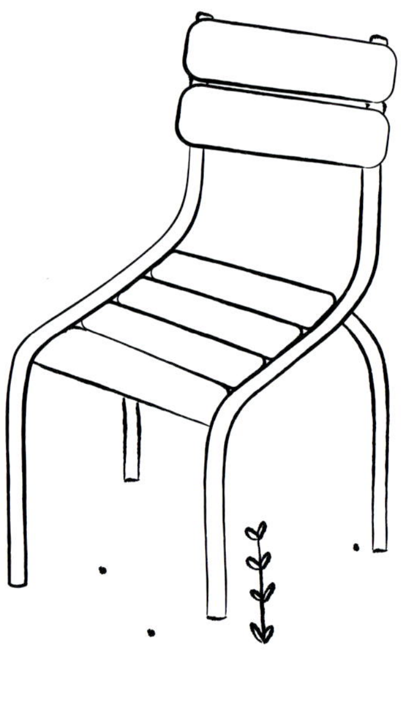

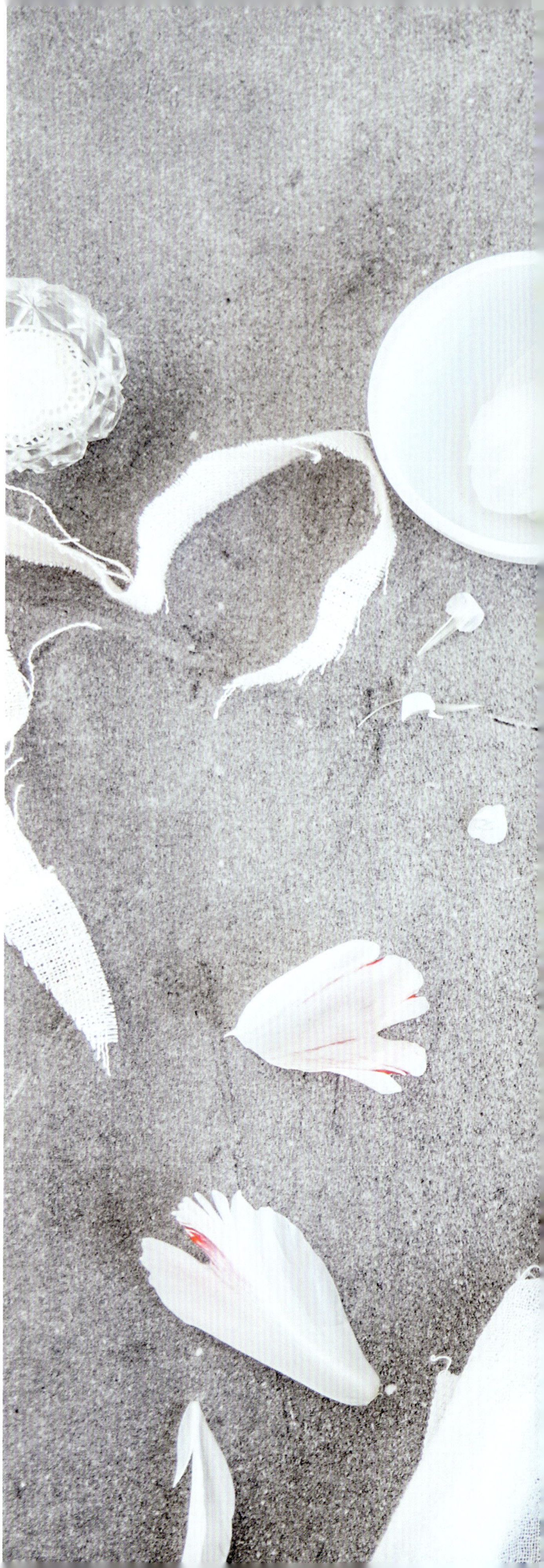

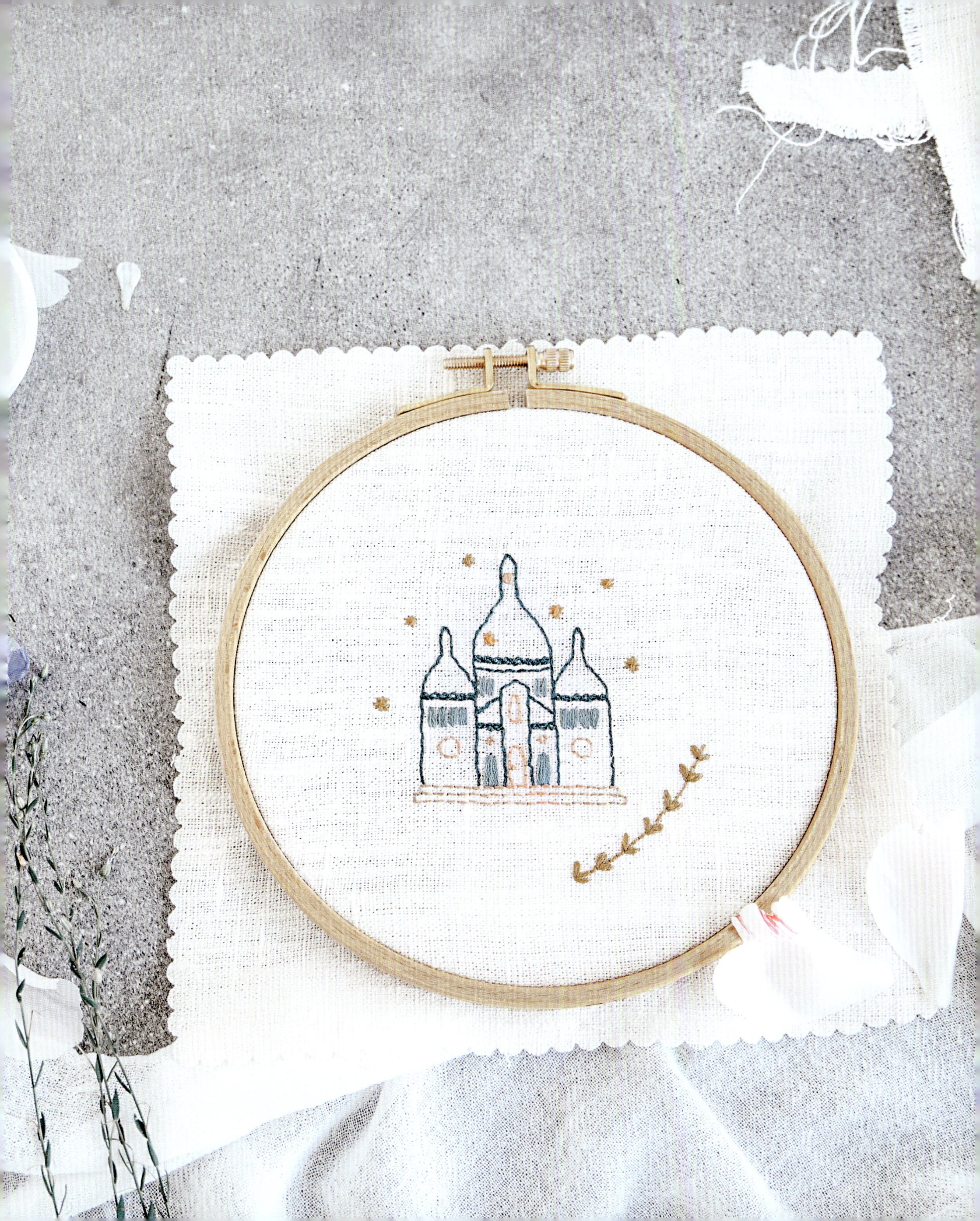

MEIN PARIS

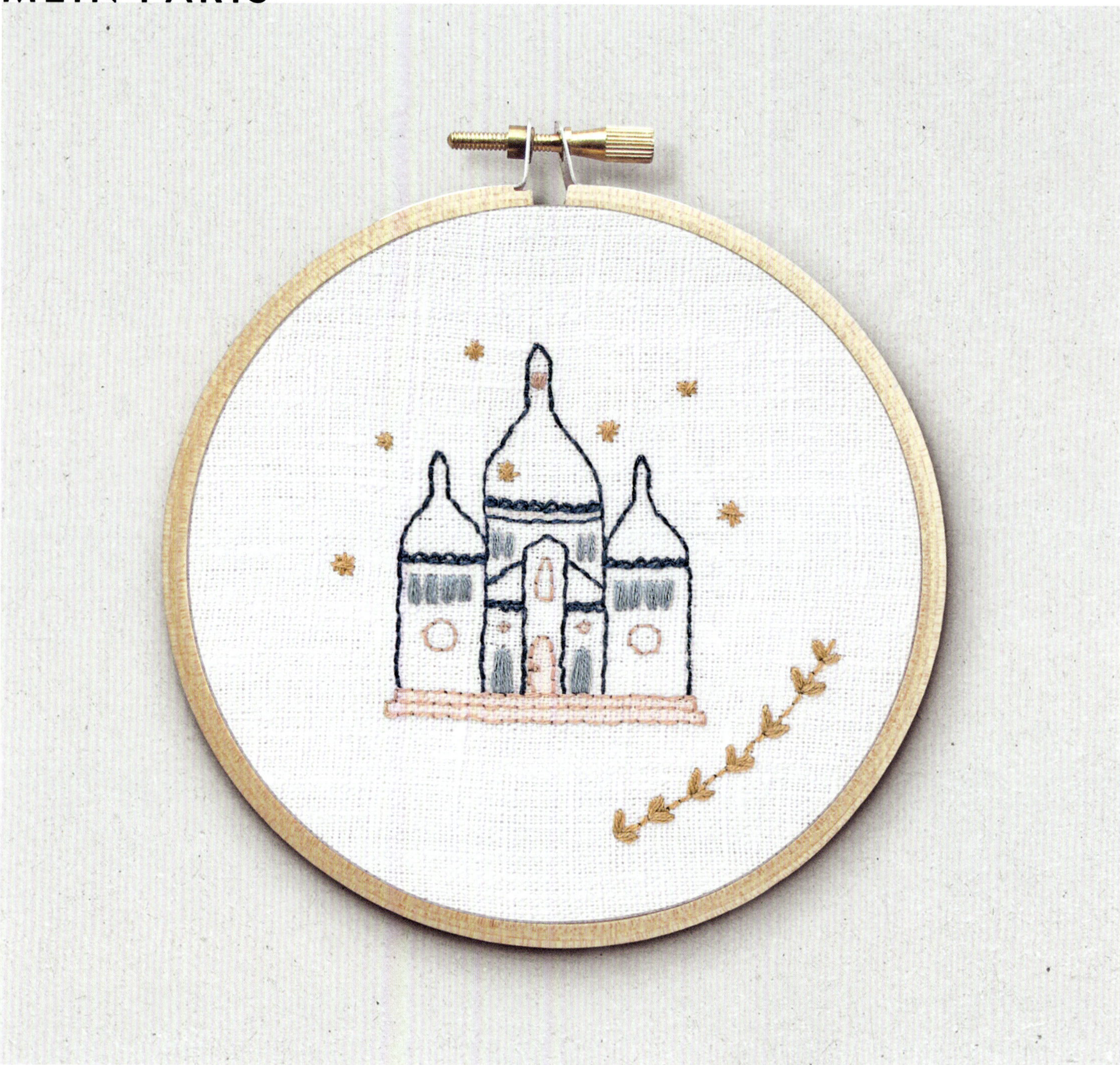

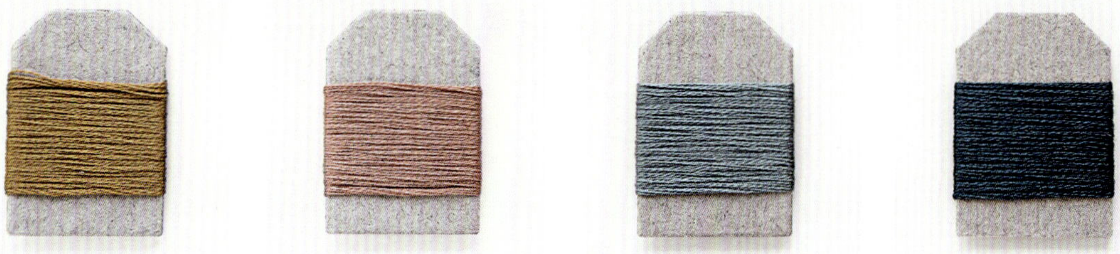

DAS MOTIV
SCHRITT FÜR SCHRITT ERKLÄRT

Das Motiv übertragen und mit den unten angegebenen Stichen und nebenan aufgeführten Farben sticken, dabei die beschriebenen Schritte befolgen.

Motiv zum Übertragen

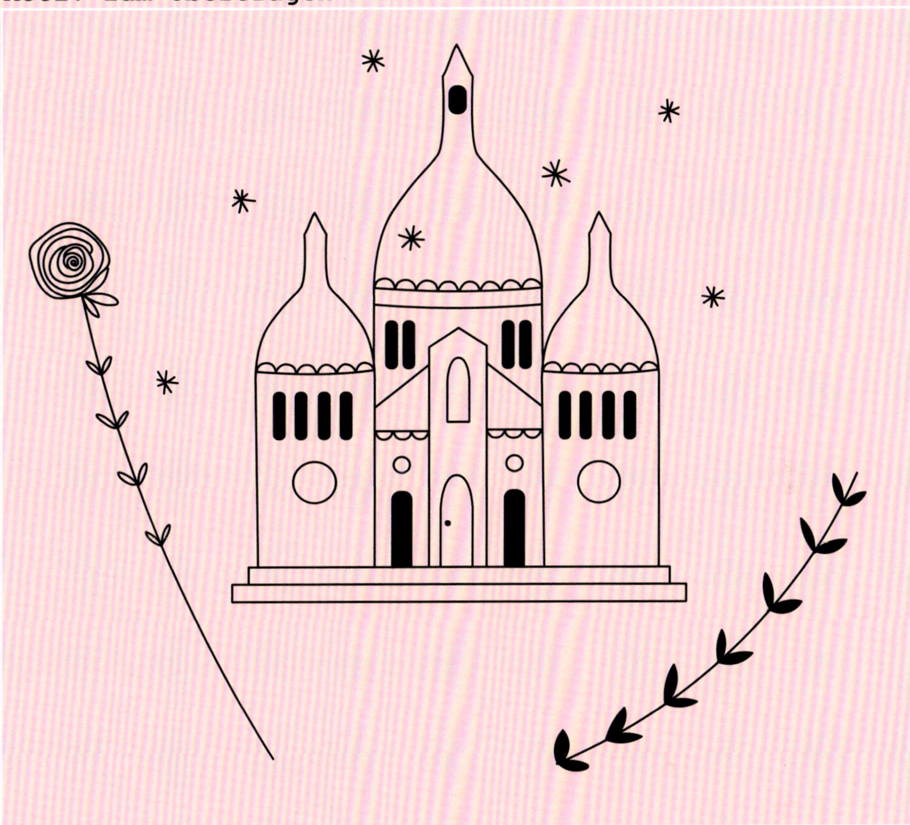

01.

Fliegenstich
Die Bögen an der Kirche mit dem Fliegenstich sticken.

02.

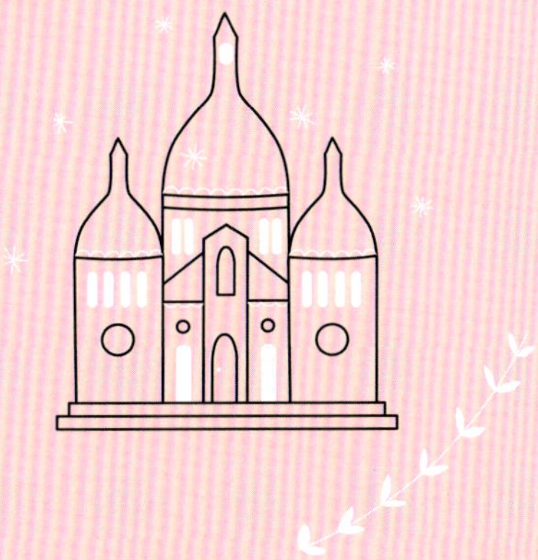

Steppstich
Die Umrisse der Kirche mit dem Steppstich sticken.

03. 04.

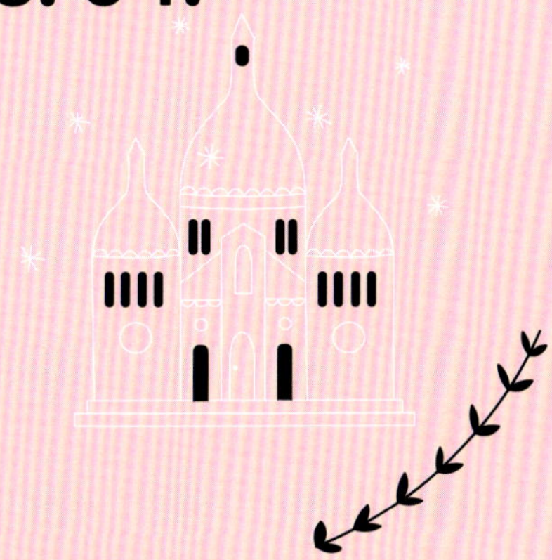

Plattstich/Steppstich
Die Fenster, die Türen und die Blätter mit dem Plattstich sticken, den Stängel mit dem Steppstich.

05. 06.

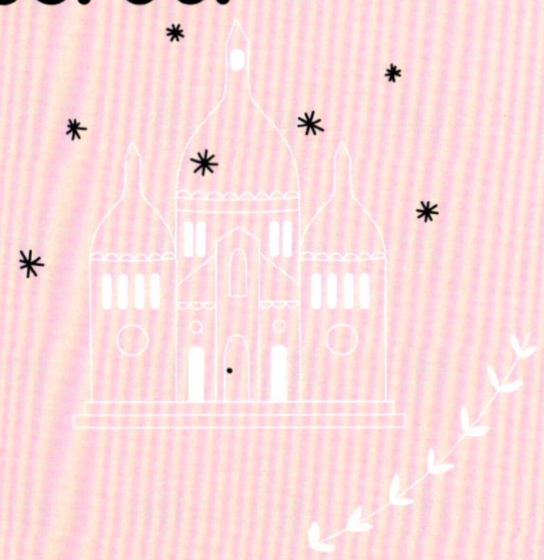

Sternstich/Knötchenstich
Die Sterne mit dem Sternstich und den Türgriff mit dem Knötchenstich sticken.

MEIN PARIS

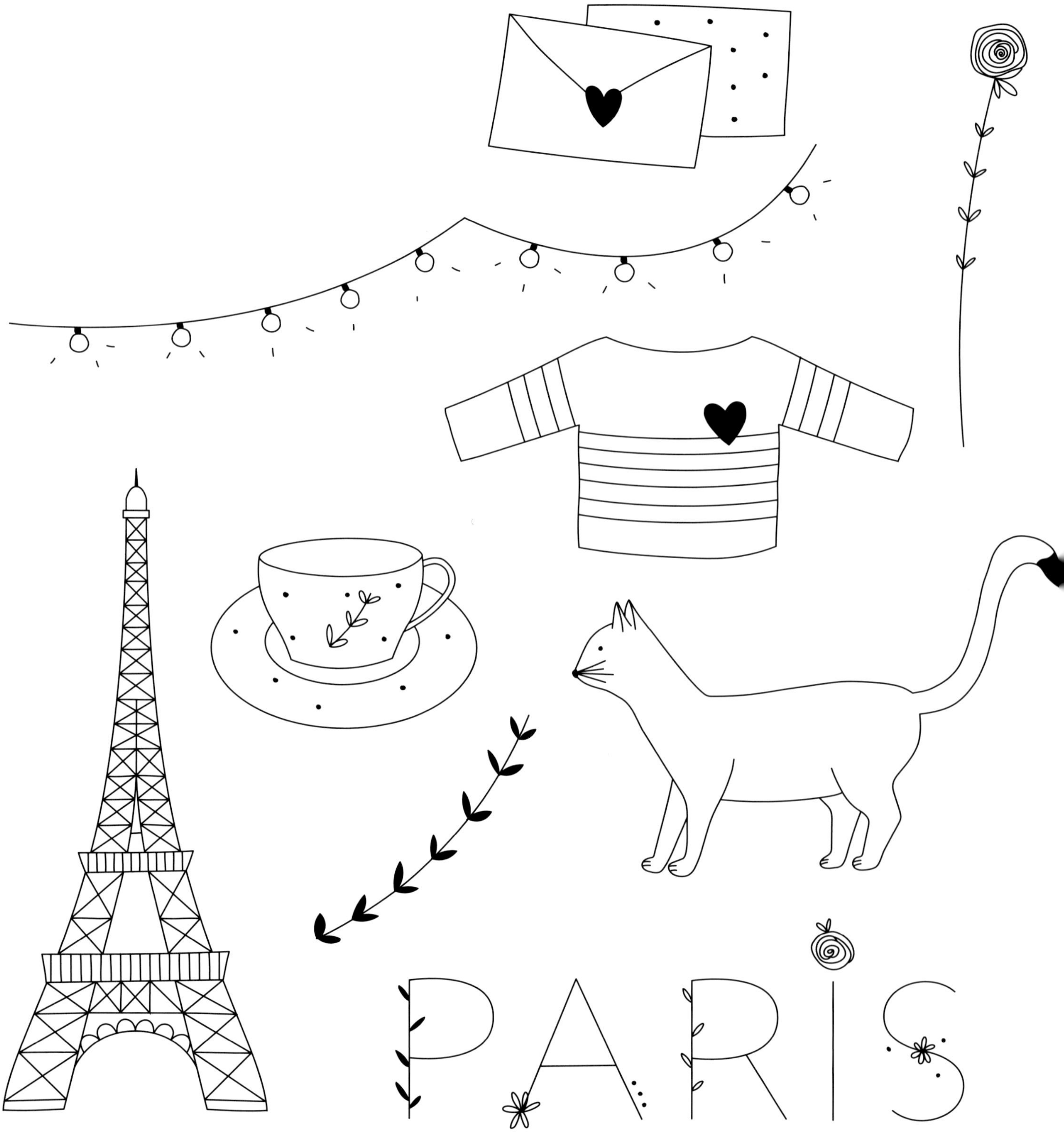

SKIZZENBUCH

Diese zum Thema passenden Zeichnungen können den Motiven hinzugefügt werden, sodass ganz neue Stickmotive entstehen!

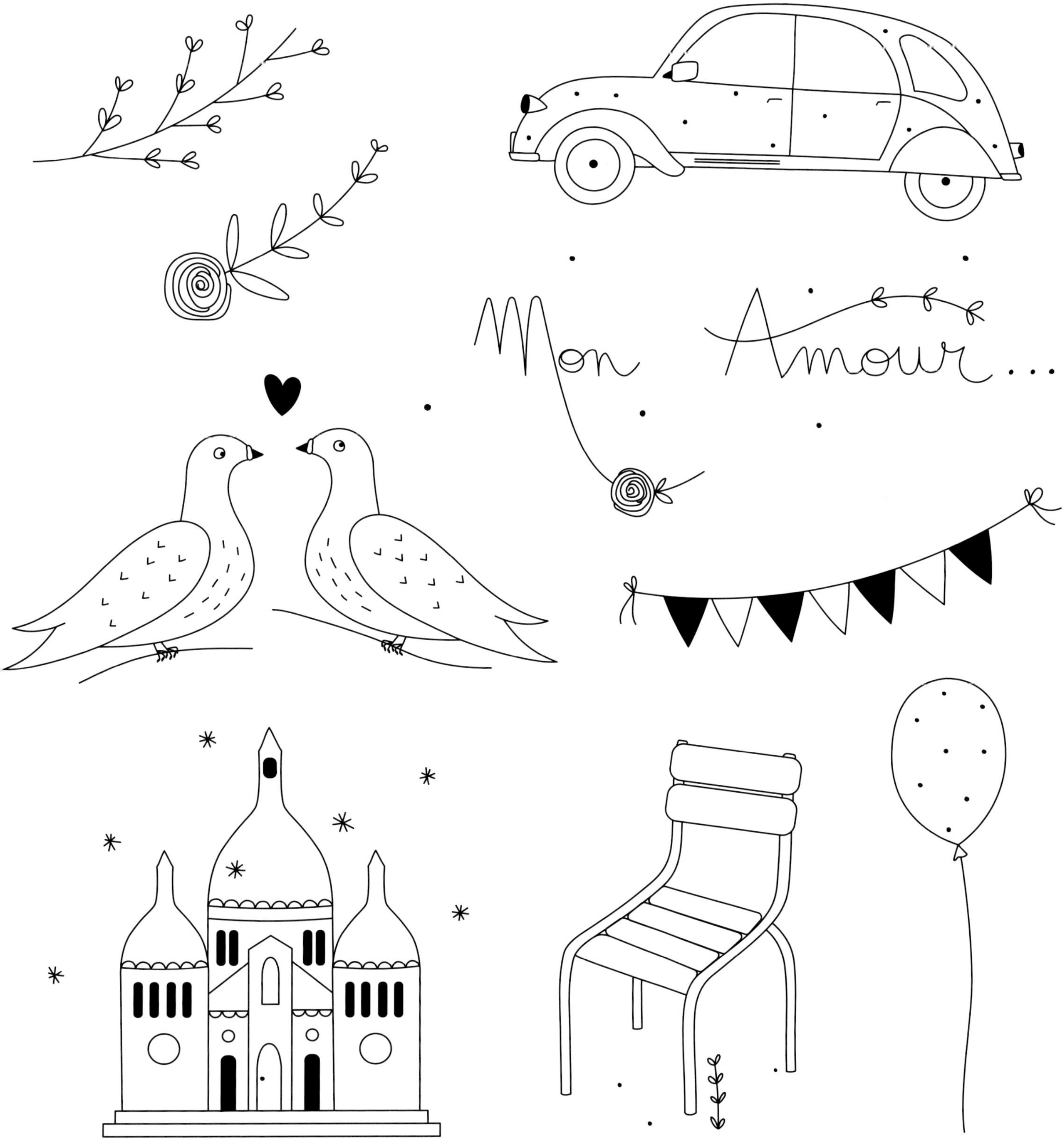

KURIOSITÄTEN-KABINETT

Diese kleinen, bunt zusammengewürfelten Objekte kann man unter einer Glasglocke oder in einem Glasgefäß, einzeln oder zu einer kleinen Sammlung zusammengestellt, darstellen. Stellen Sie sich eine anatomische Sammlung oder eine von Blumen oder Muscheln vor, während Sie sie auf ein Stück Leinen sticken.

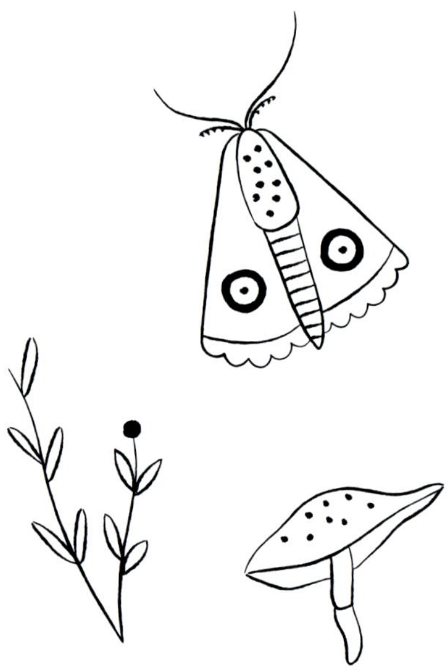

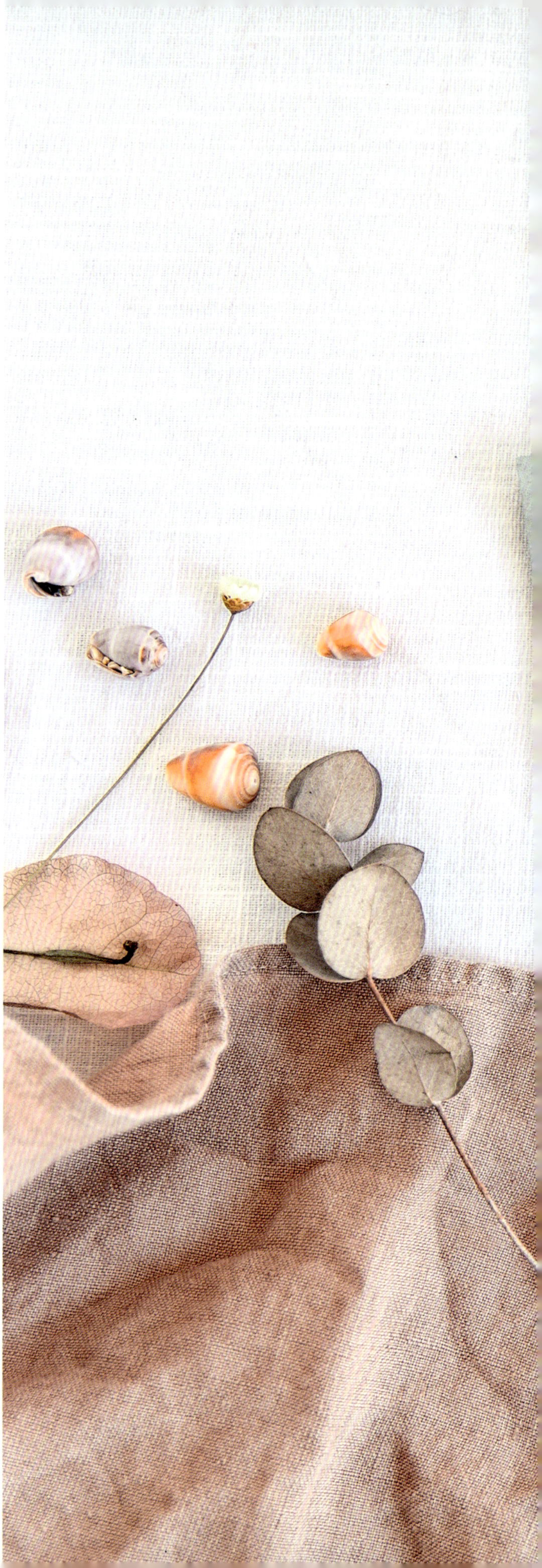

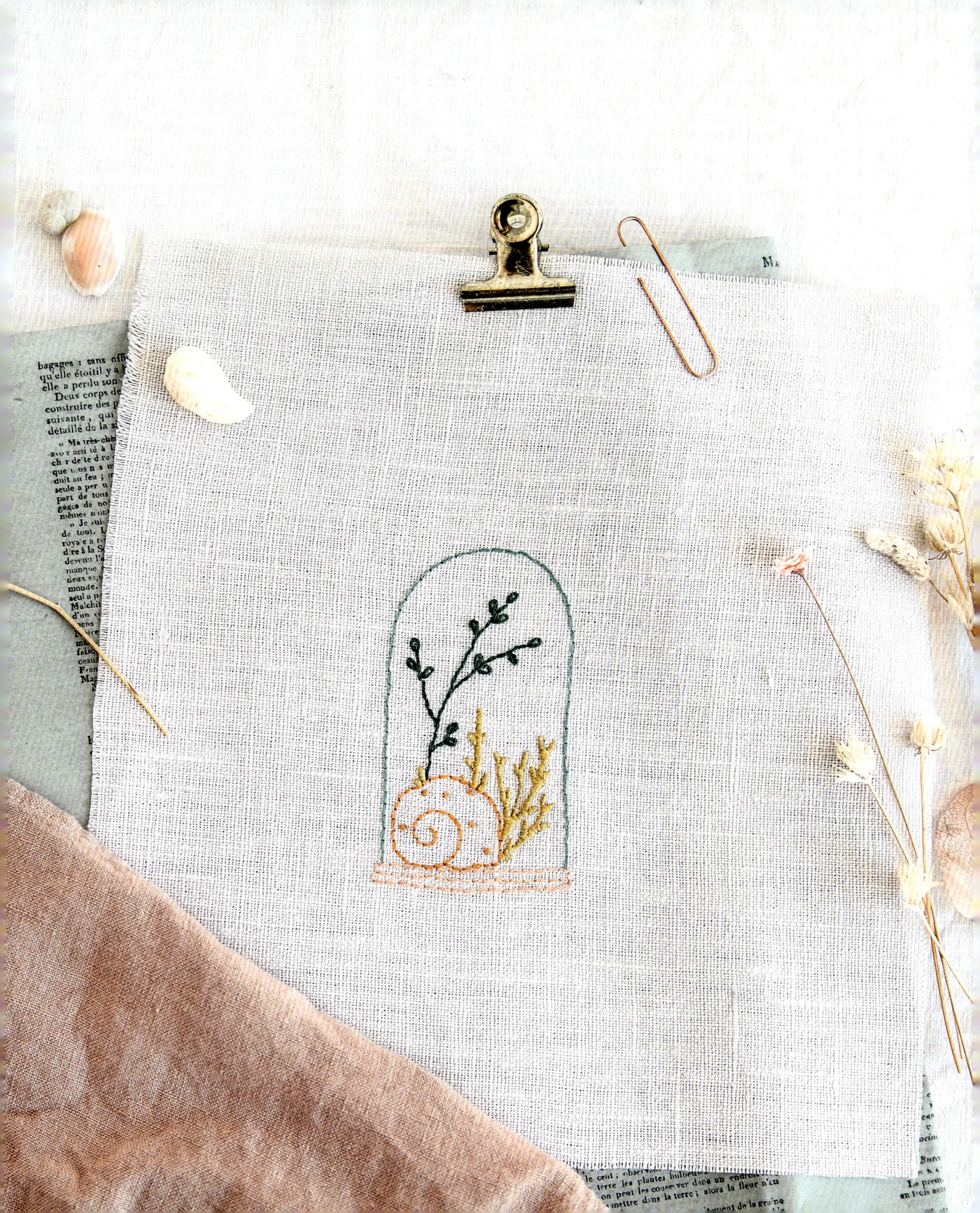

KURIOSITÄTENKABINETT

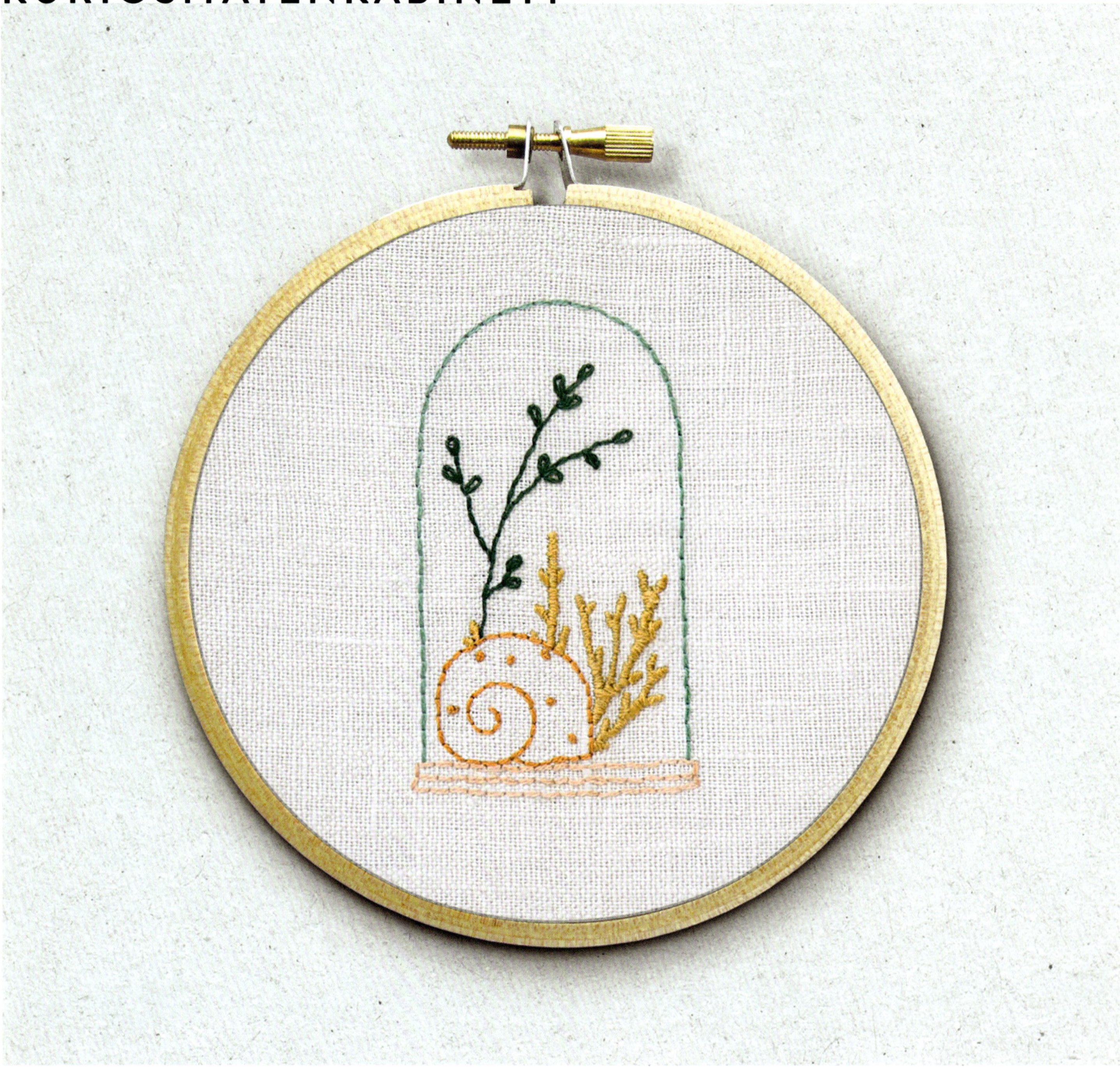

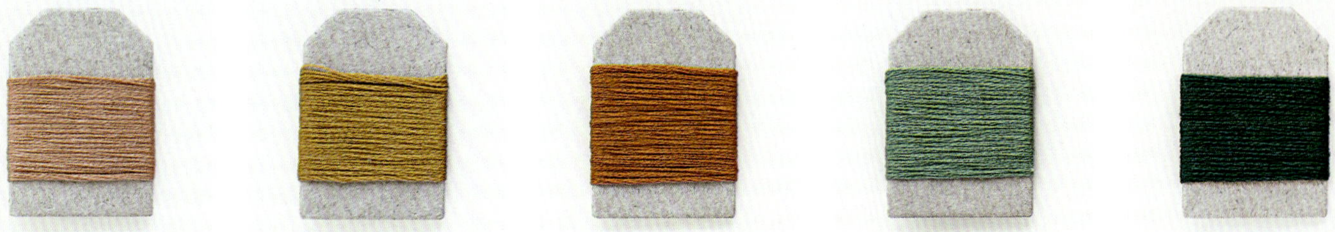

DAS MOTIV

SCHRITT FÜR SCHRITT ERKLÄRT

Das Motiv übertragen und mit den unten angegebenen Stichen und nebenan aufgeführten Farben sticken, dabei die beschriebenen Schritte befolgen.

Motiv zum Übertragen

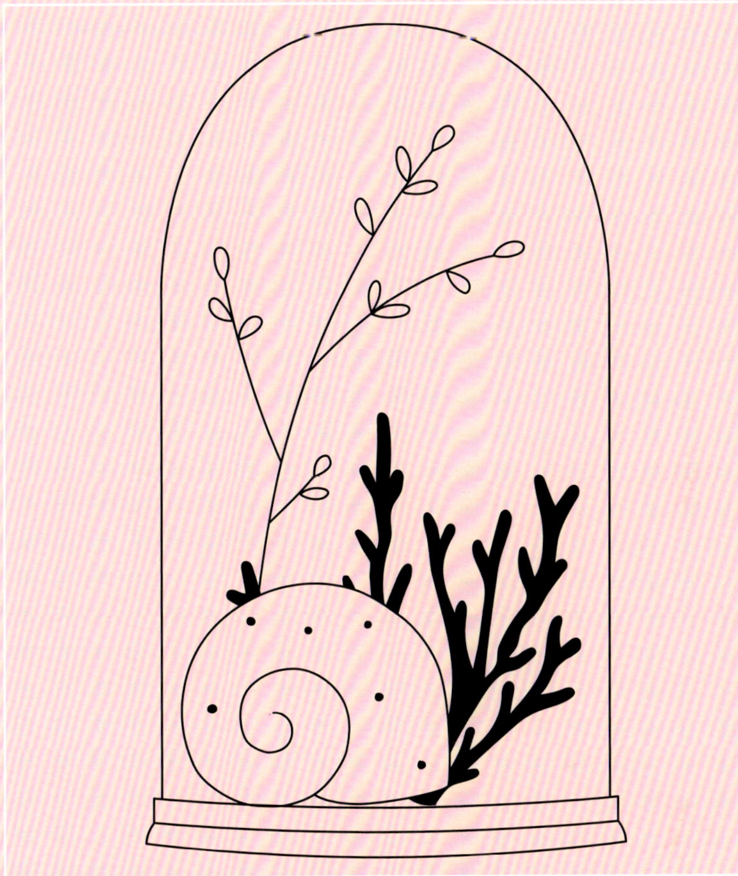

01.

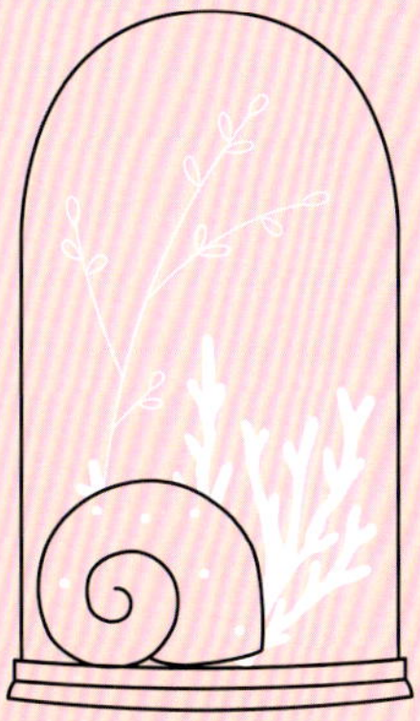

Steppstich
Die Umrisse der Glasglocke und der Muschel mit dem Steppstich sticken.

02. 03.

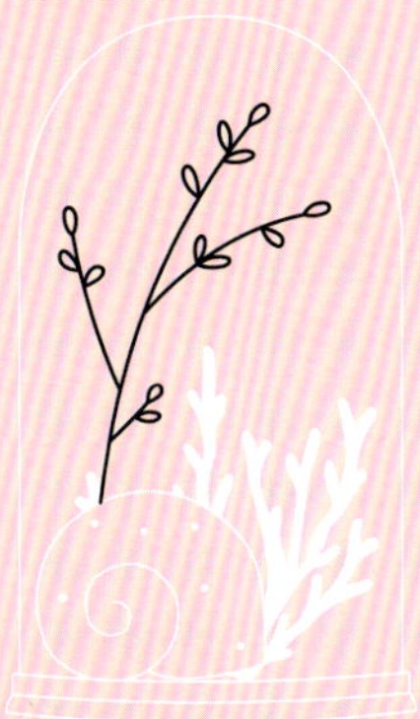

Schlingenstich (Blatt)/ Steppstich
Die Blätter mit dem Schlingenstich und die Stängel mit dem Steppstich sticken.

04.

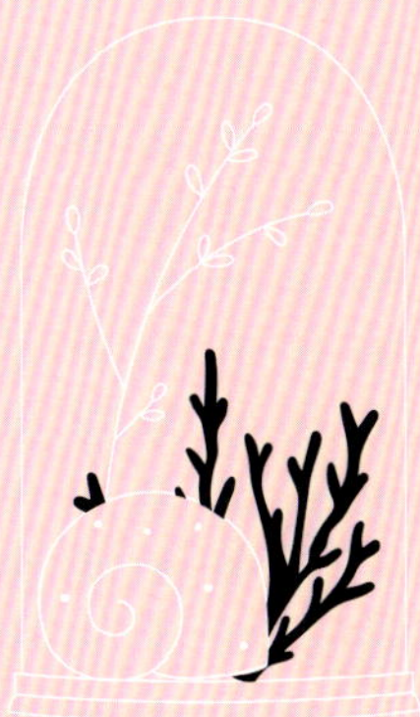

Plattstich
Die Koralle mit dem Plattstich sticken, dabei die Stiche sehr dicht setzen, damit sie plastisch wirken.

05.

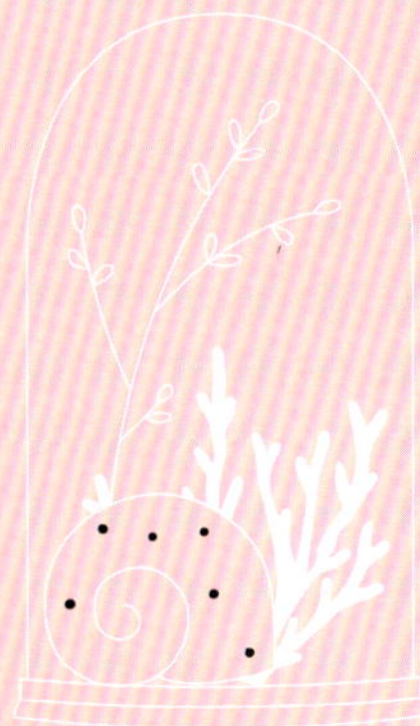

Knötchenstich
Die eingezeichneten Details im Knötchenstich sticken.

KURIOSITÄTENKABINETT

Die Konturen und einige Details sind, bis auf ein paar Ausnahmen, alle im Steppstich gestickt.

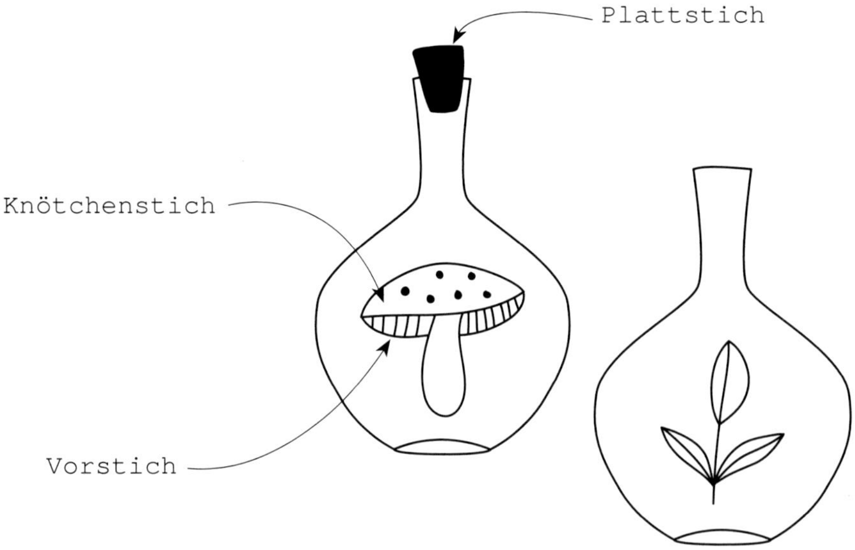

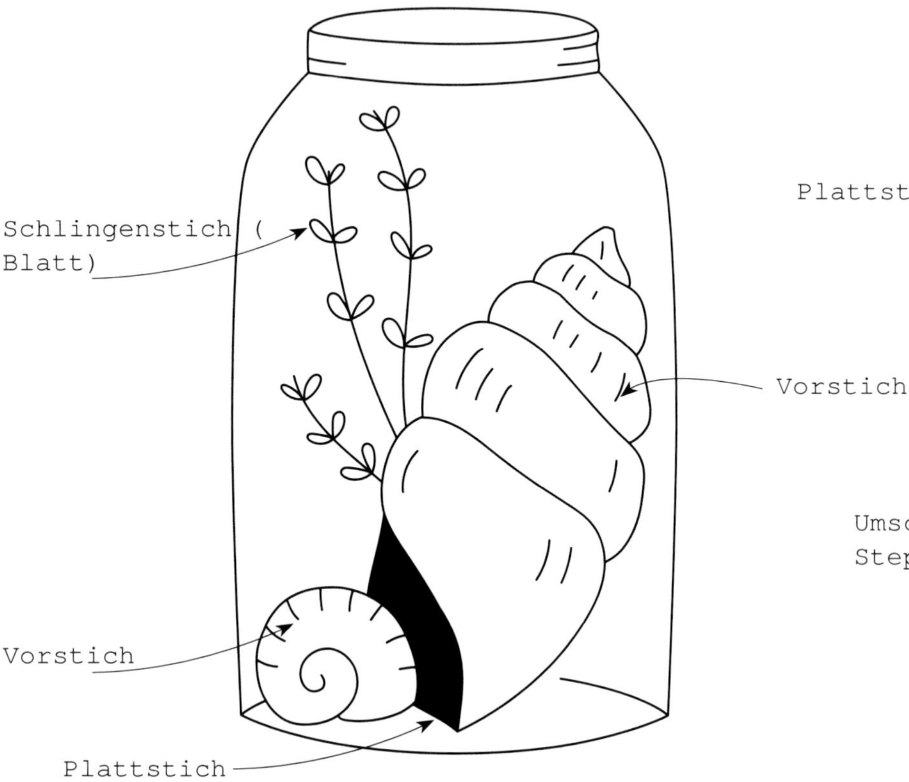

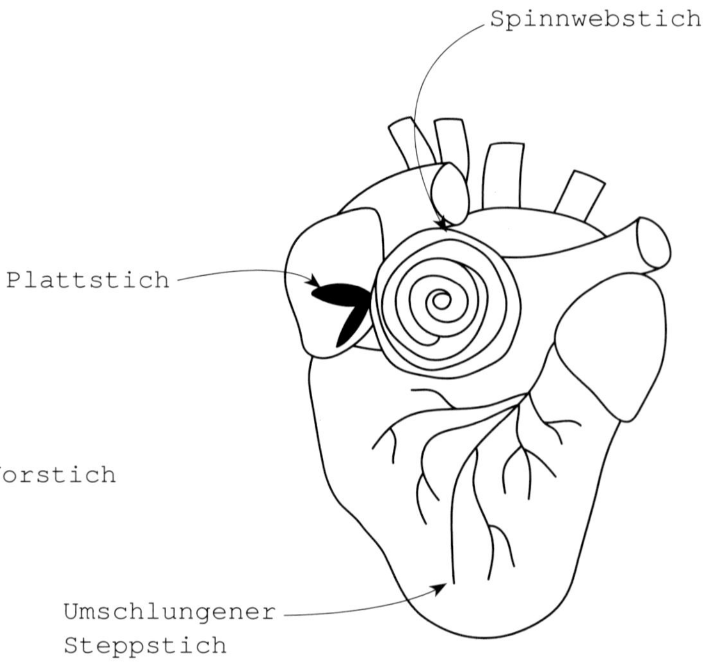

ZUSAMMENGESETZTE MOTIVE

Aus den hier gezeichneten Motiven können die Stickereien in beliebigen Farben frei komponiert werden.

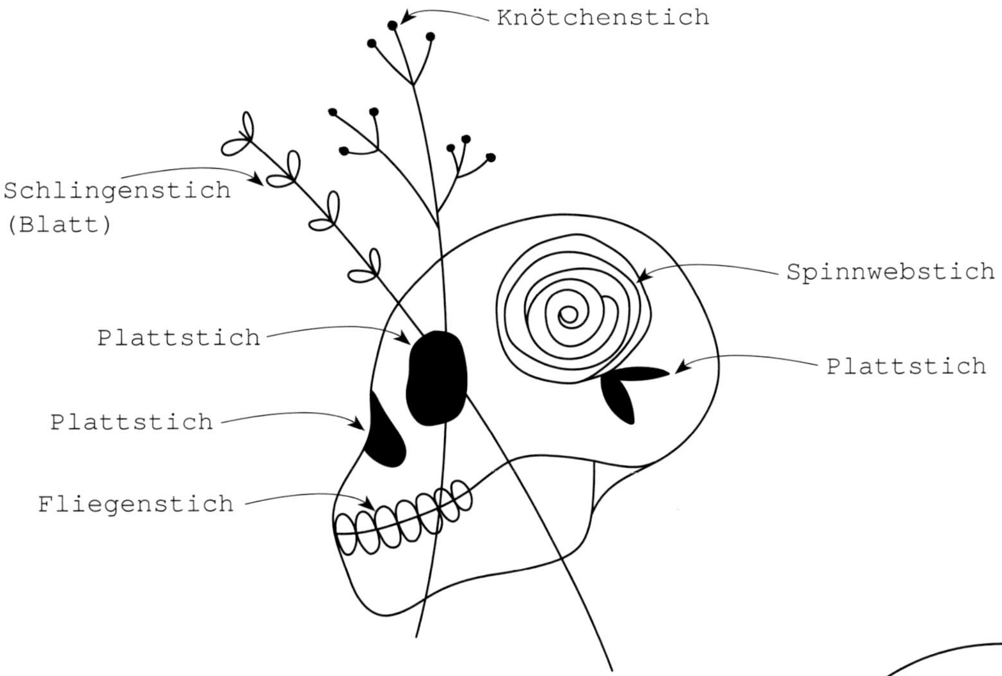

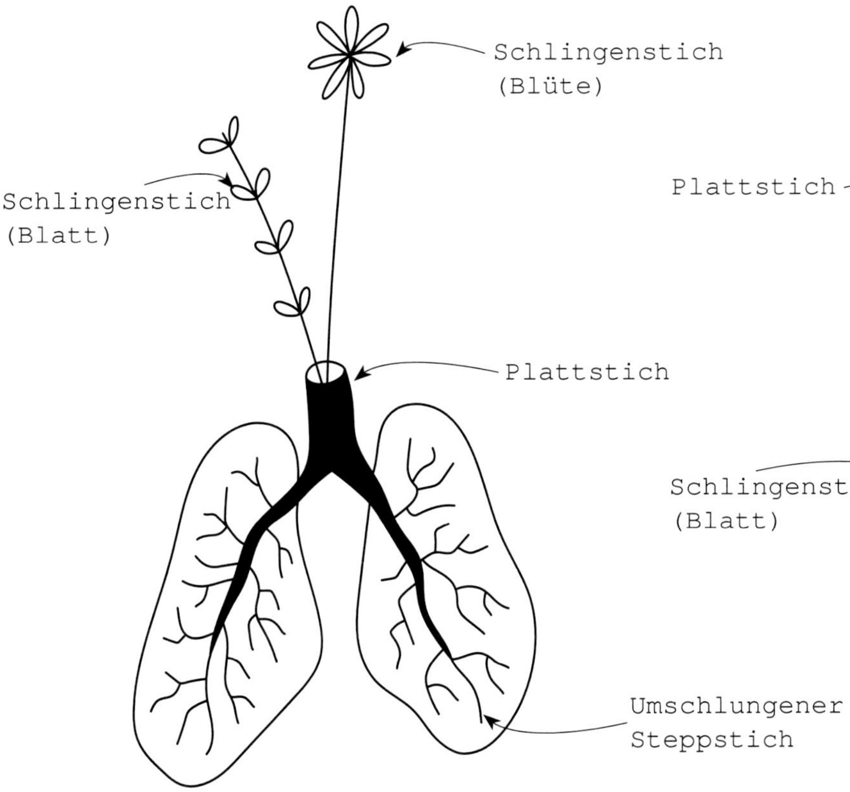

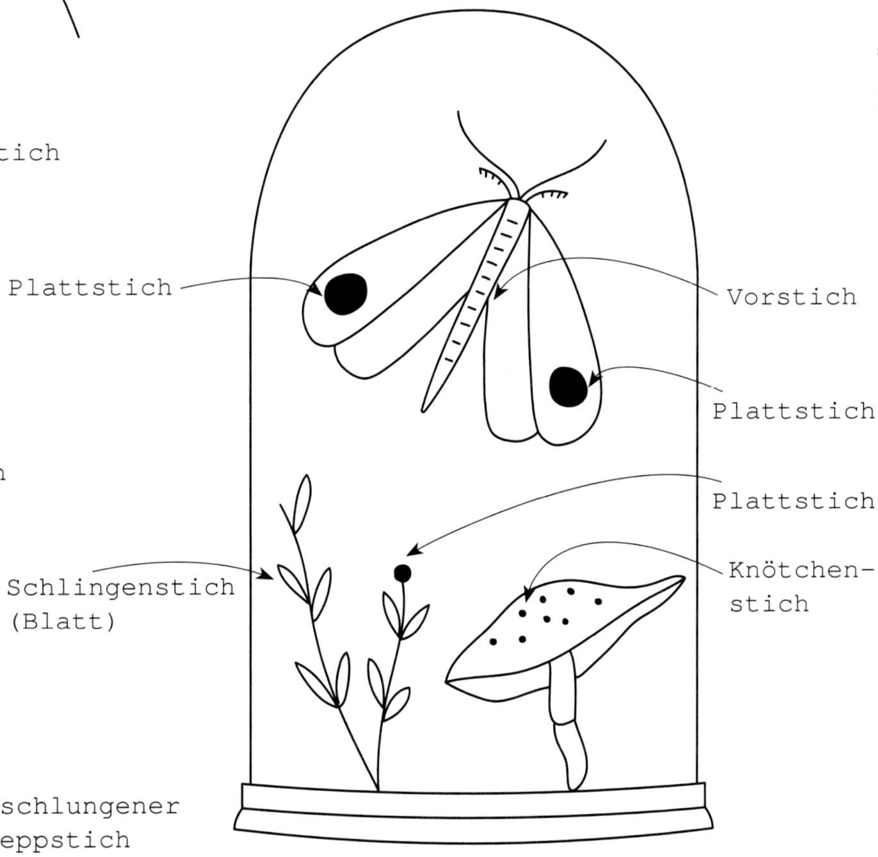

KURIOSITÄTENKABINETT

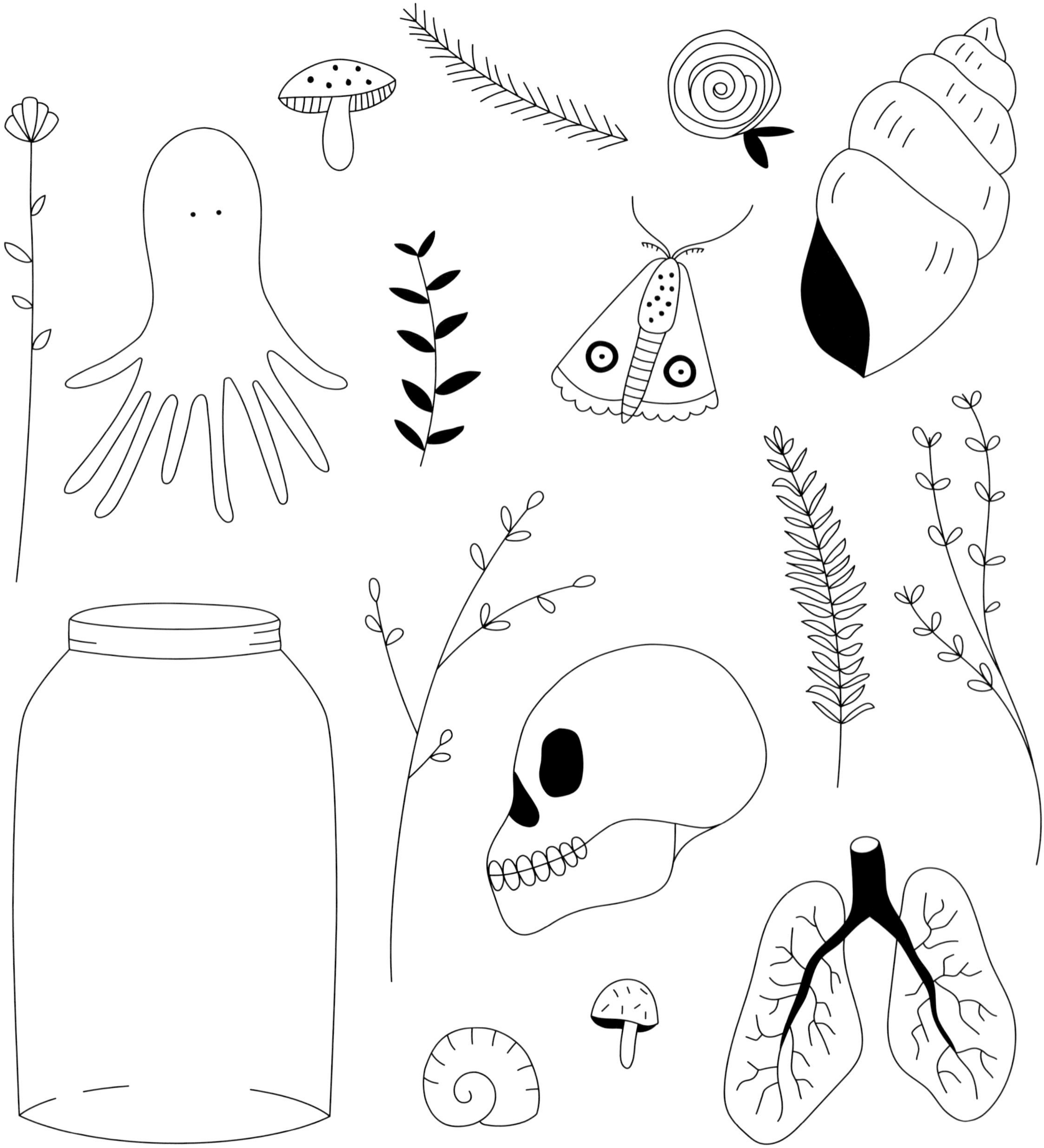

SKIZZENBUCH

Diese zum Thema passenden Zeichnungen können den Motiven hinzugefügt werden, sodass ganz neue Stickmotive entstehen!

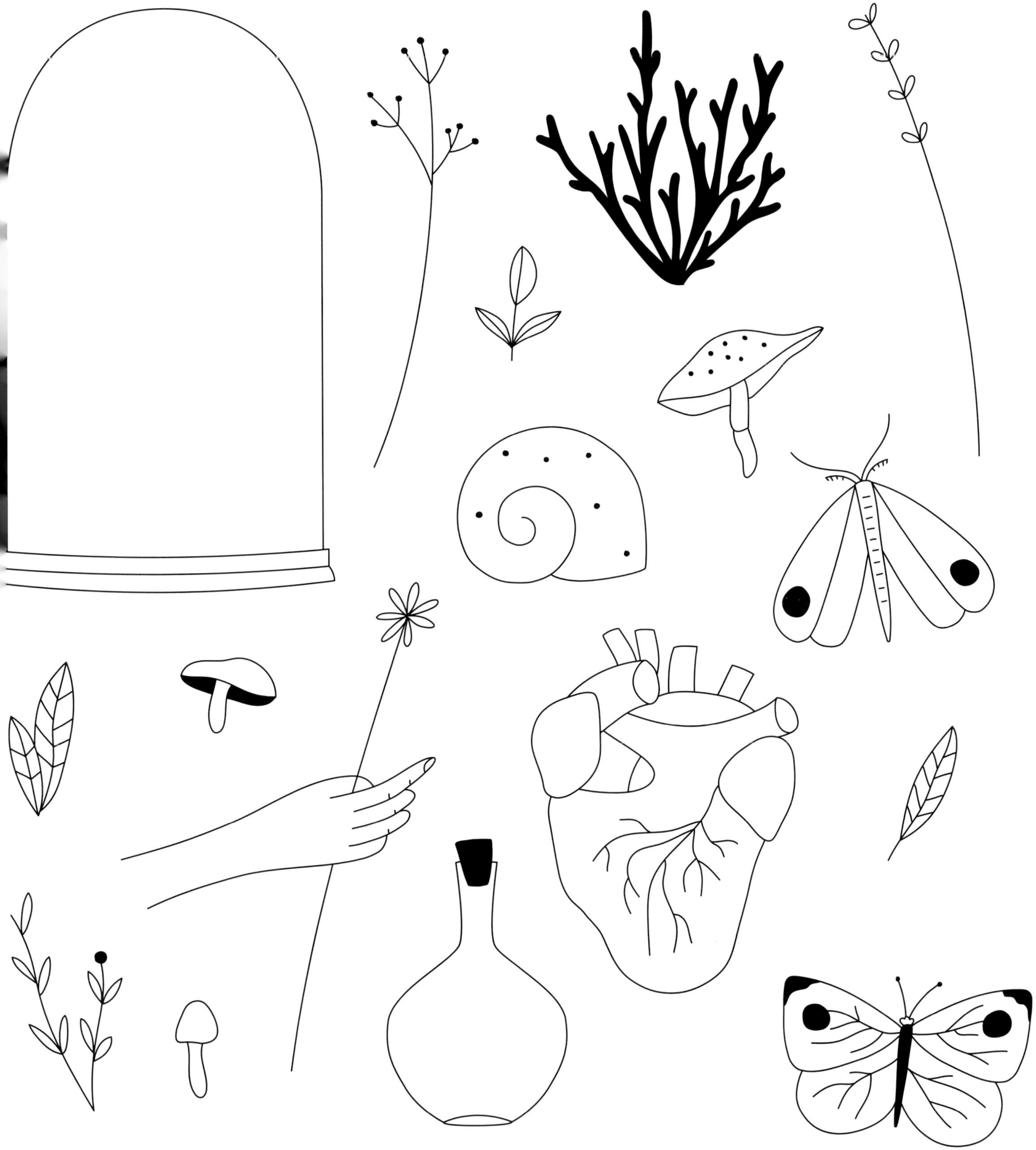

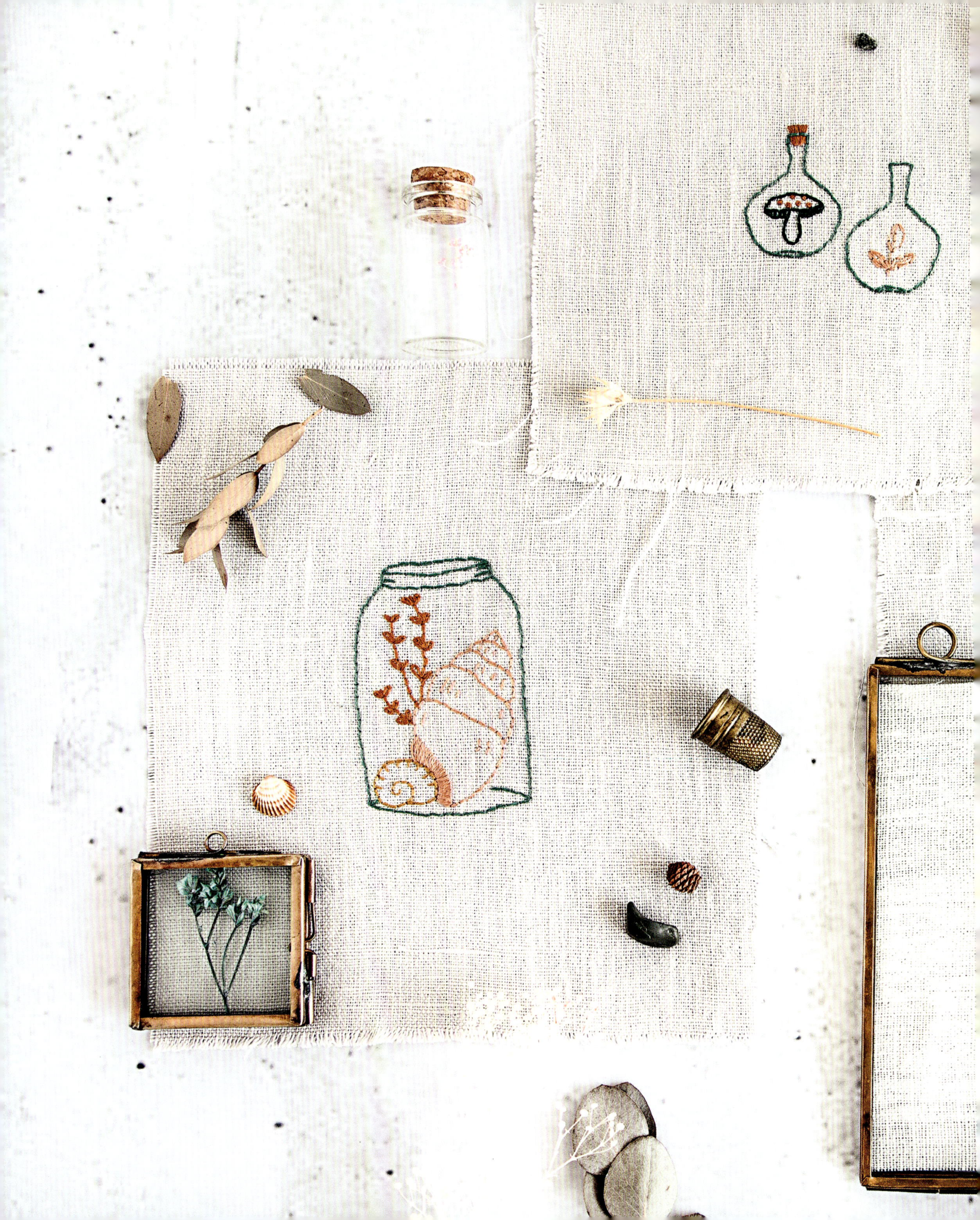

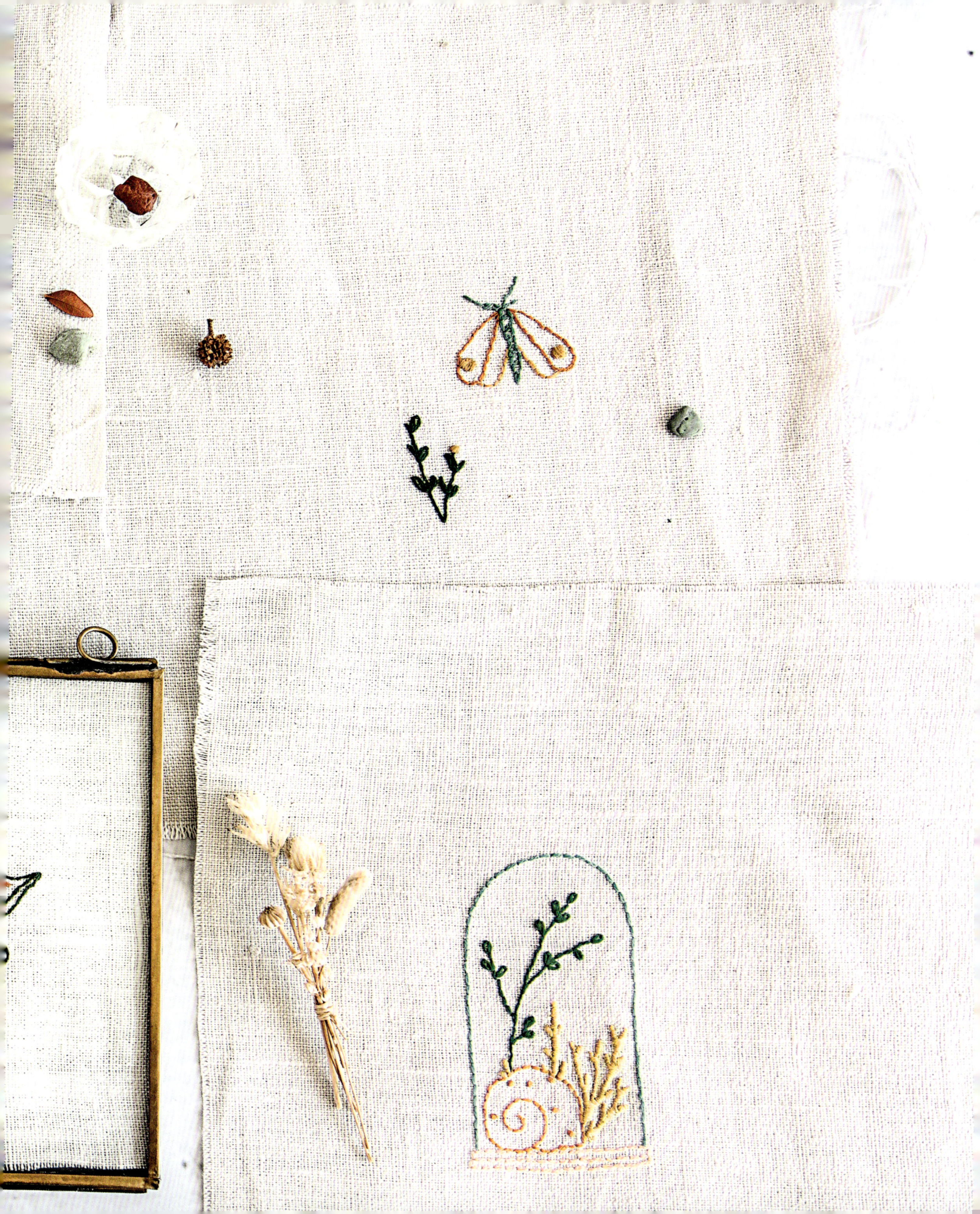

KLEINE PFLANZEN-MOTIVE

Diese kleinen Motive verschönern Ihre Kleidungsstücke oder Stoffe… Ich verziere damit meine sommerlichen Korbtaschen, aber man kann diese Motive auch ganz nach Belieben auf einem T-Shirt oder einer Stofftasche verstreuen. Dabei können Sie ein einzelnes Motiv mehrmals oder unterschiedliche Motive wie auf ein Beet aufsticken.

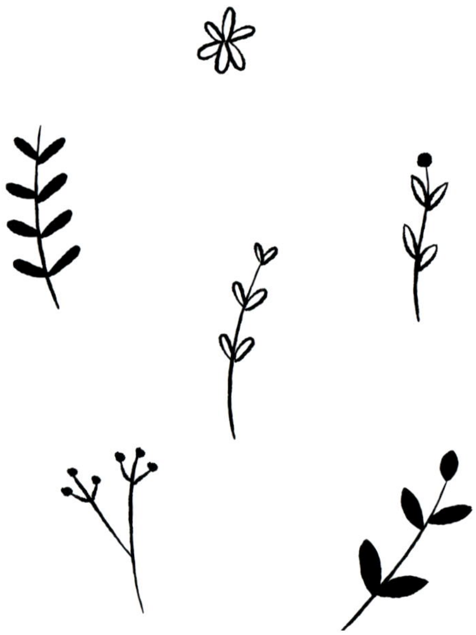

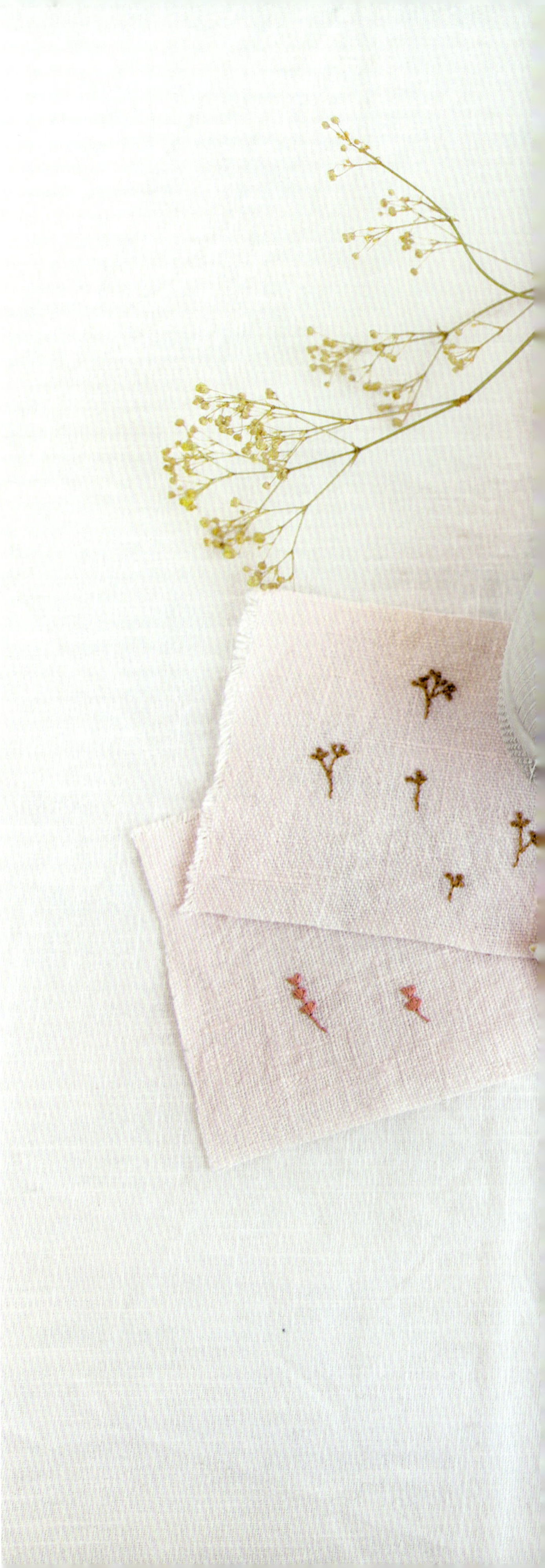

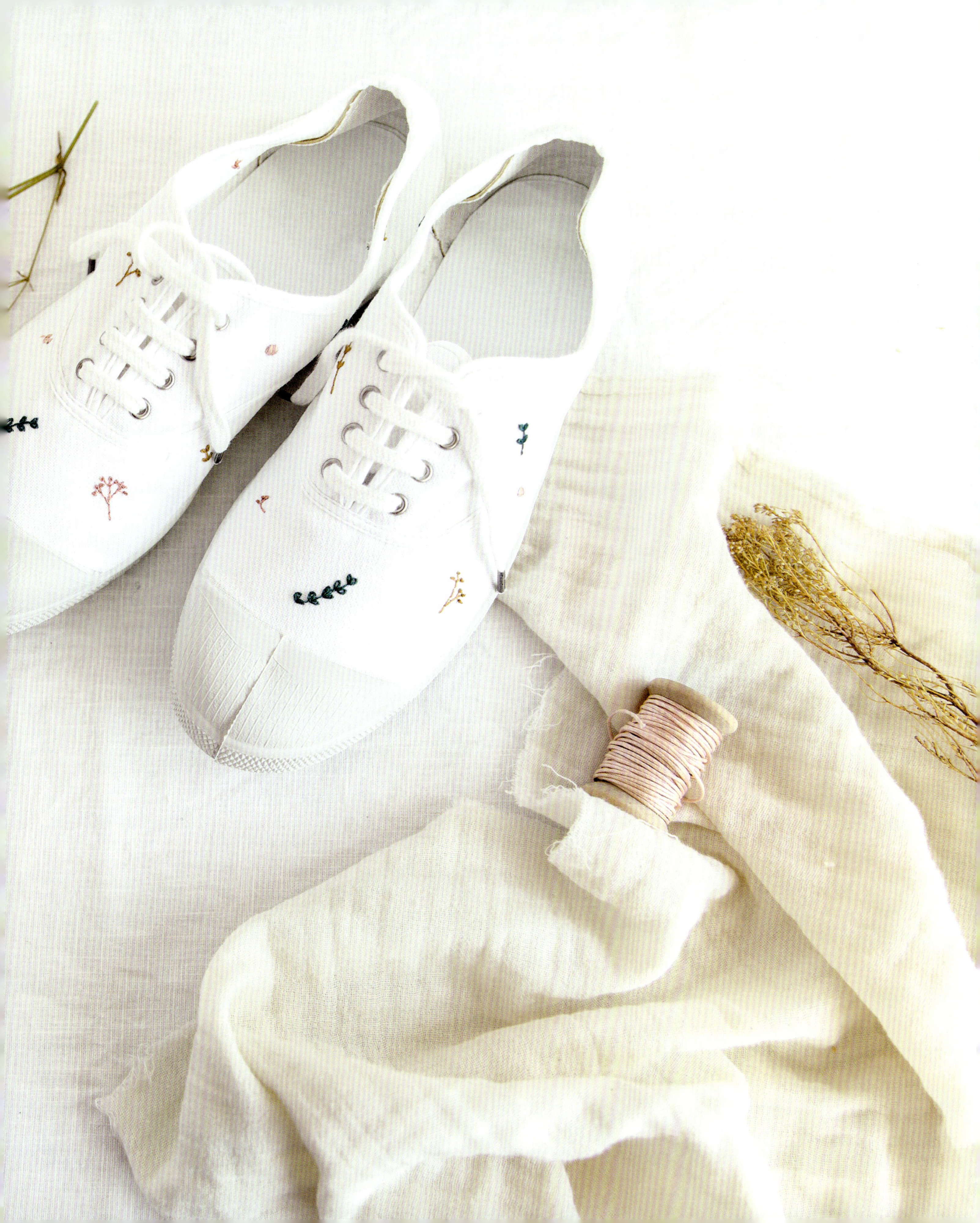

KLEINE PFLANZENMOTIVE

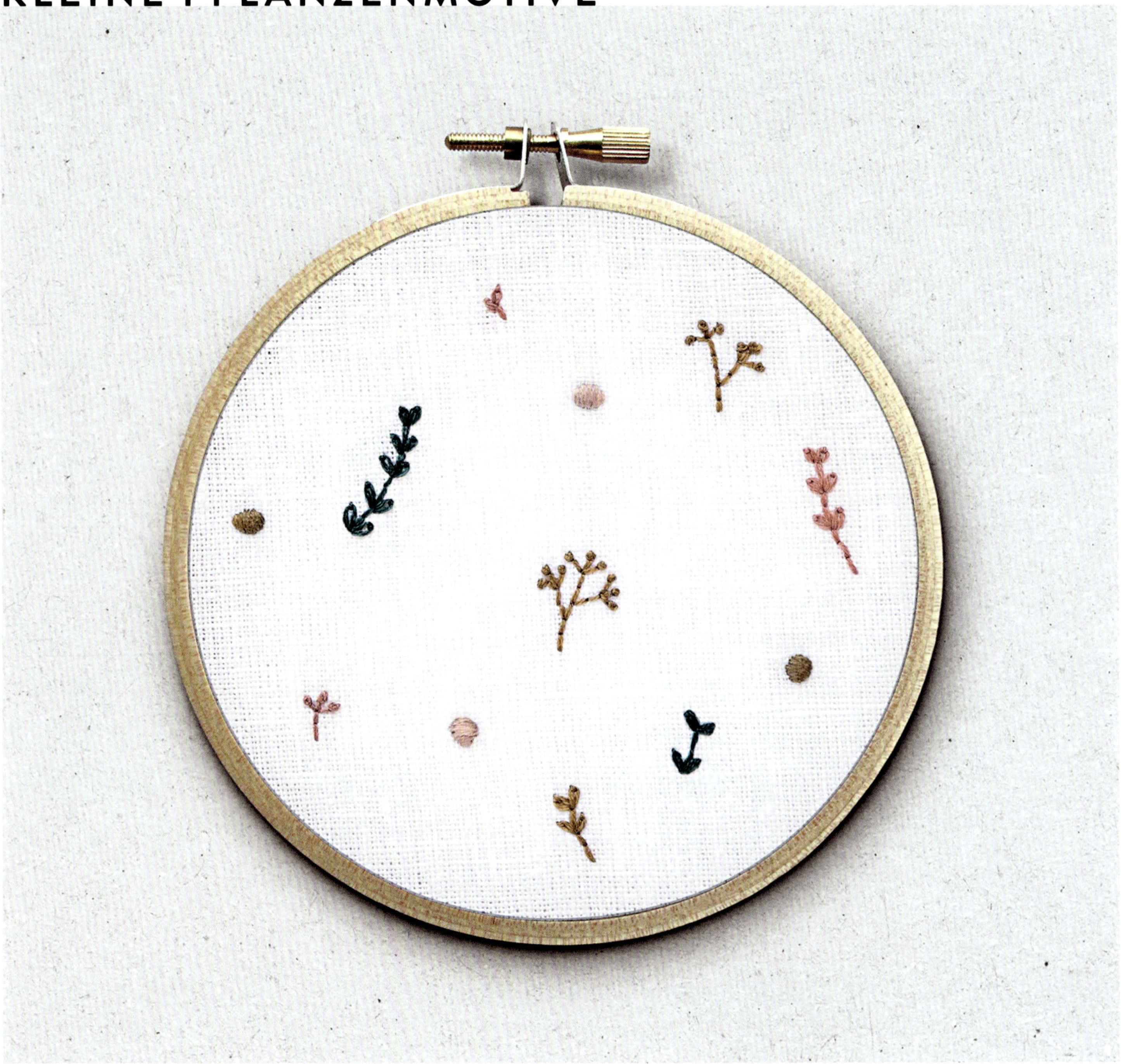

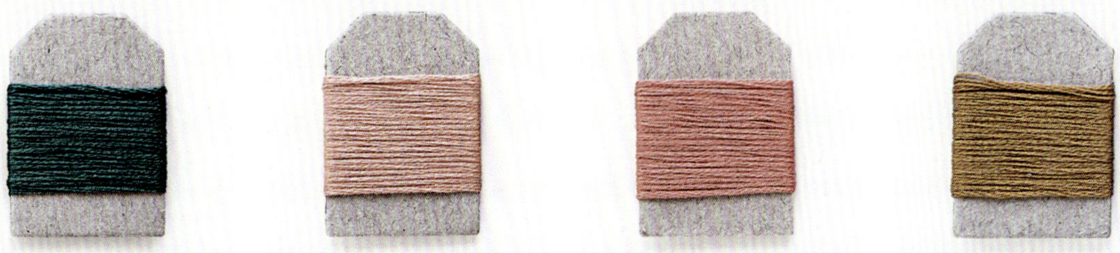

DAS MOTIV
SCHRITT FÜR SCHRITT ERKLÄRT

Das Motiv übertragen und mit den unten angegebenen Stichen und nebenan aufgeführten Farben sticken, dabei die beschriebenen Schritte befolgen.

Motiv zum Übertragen

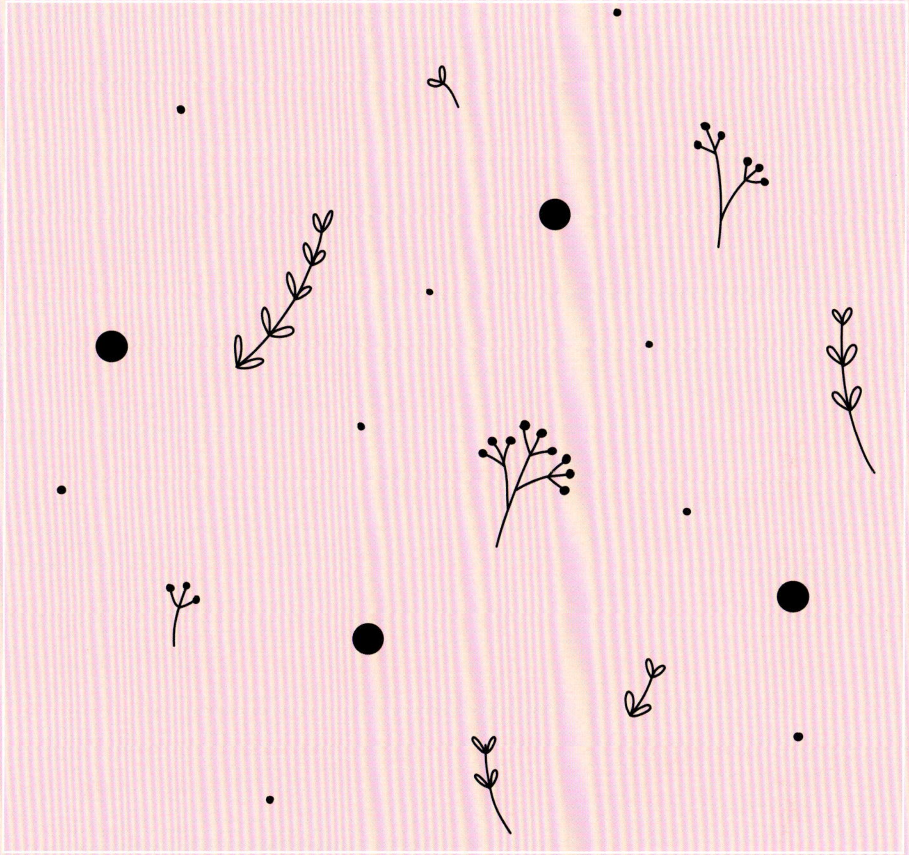

01. 02.

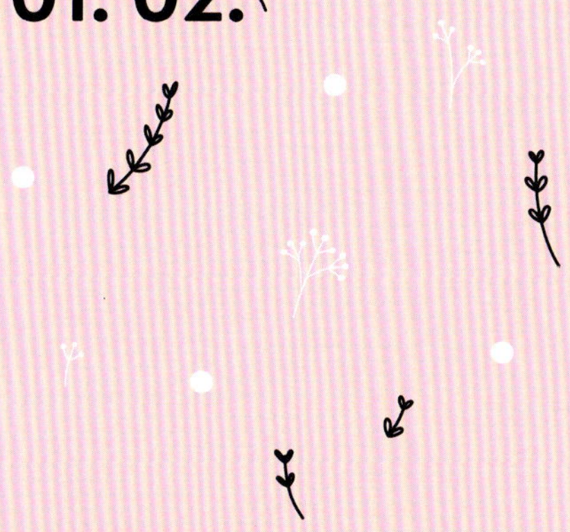

Schlingenstich (Blatt)/ Steppstich
Die Blätter mit dem Schlingenstich und die Stängel mit dem Steppstich sticken.

03.

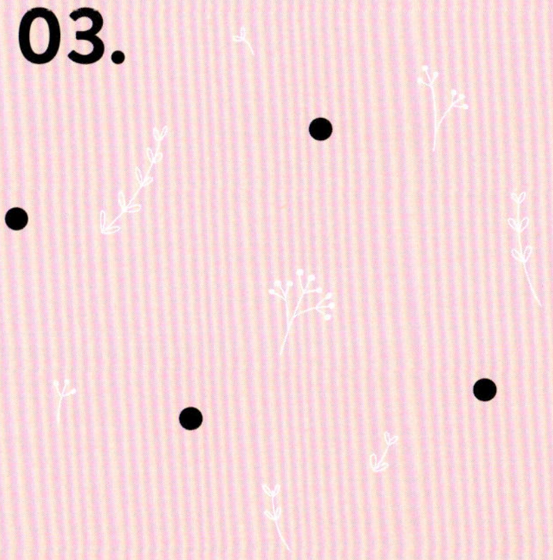

Plattstich
Die Punkte mit dem Plattstich sticken, dabei die Stiche schön dicht setzen, damit sie plastisch wirken.

04.

Steppstich
Die Blütenstängel mit dem Steppstich sticken.

05.

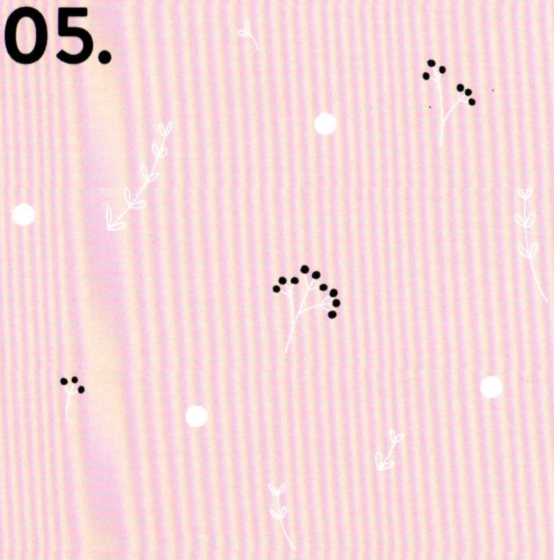

Knötchenstich
Die eingezeichneten Details mit dem Knötchenstich sticken.

KLEINE PFLANZENMOTIVE

Die Konturen und einige Details sind, bis auf ein paar Ausnahmen, alle im Steppstich gestickt.

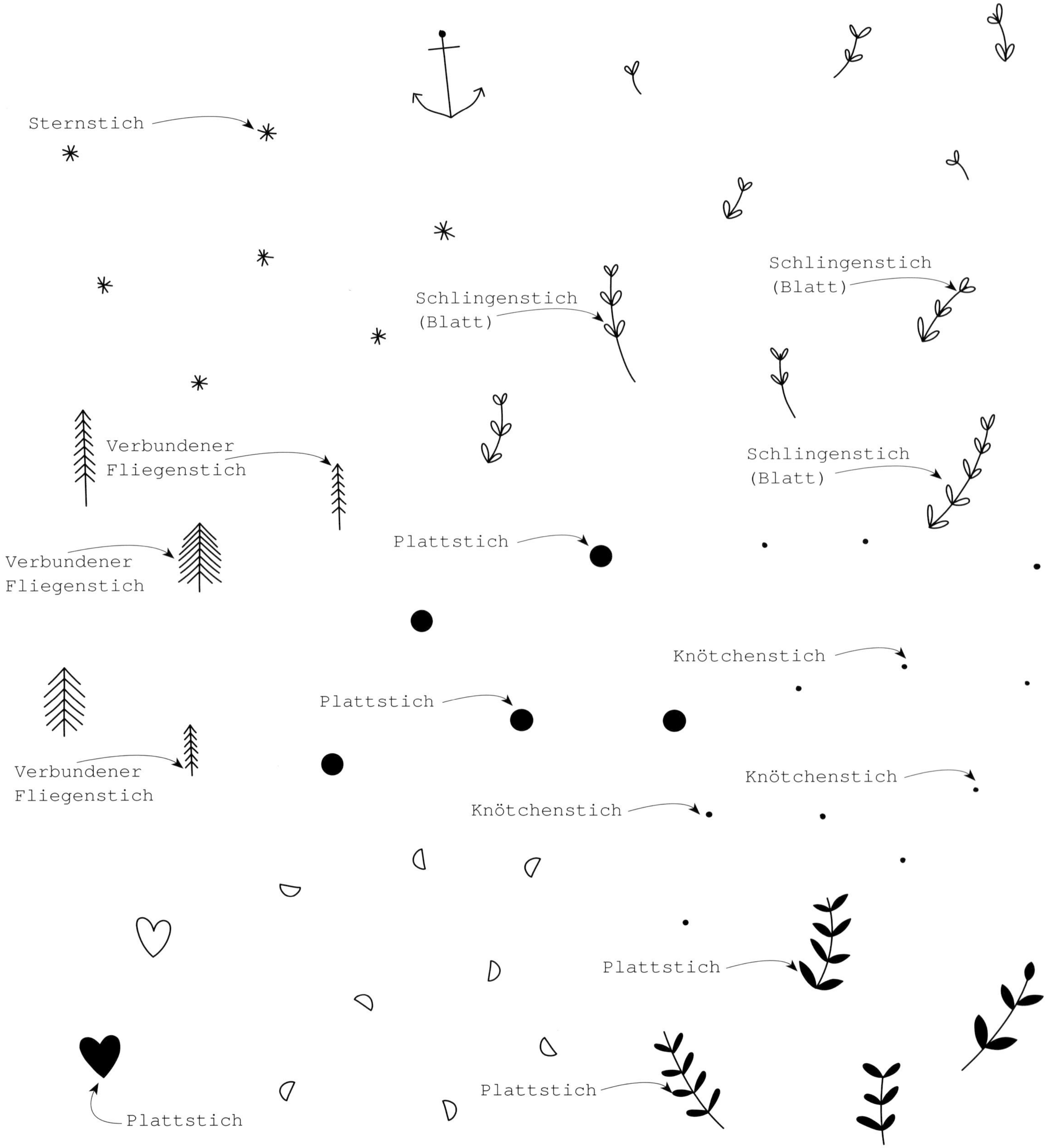

ZUSAMMENGESETZTE MOTIVE

Aus den hier gezeichneten Motiven können die Stickereien in beliebigen Farben frei komponiert werden.

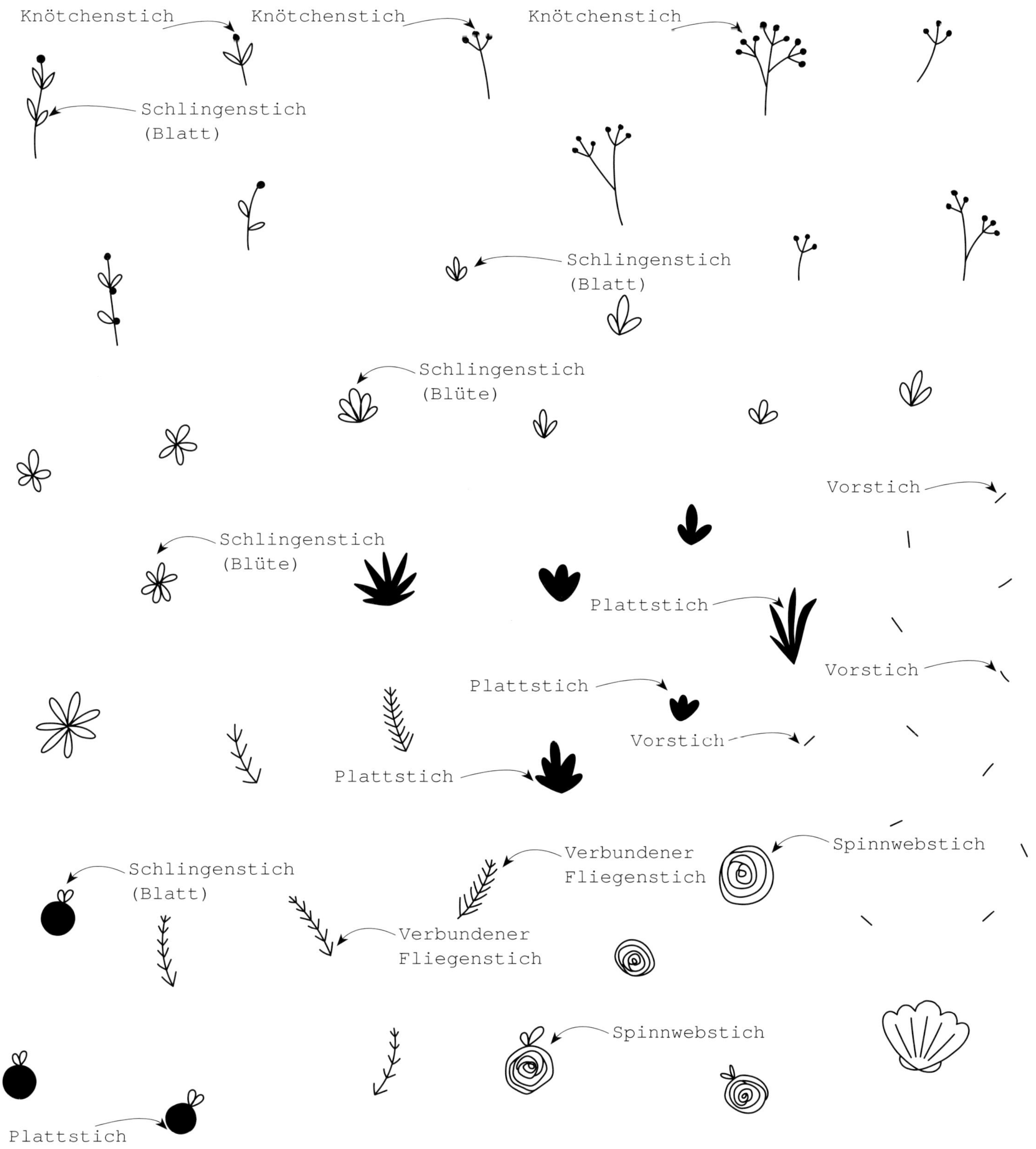

IN DER SONNE

Am Strand ist alles erlaubt!
Da können Sie Ihren Vorlieben für die schöne Jahreszeit, deren Leckereien und den Müßiggang Ausdruck verleihen.
Die Liebhaber des Meeres finden ihr Glück in all den Kleinigkeiten, die dazugehören.

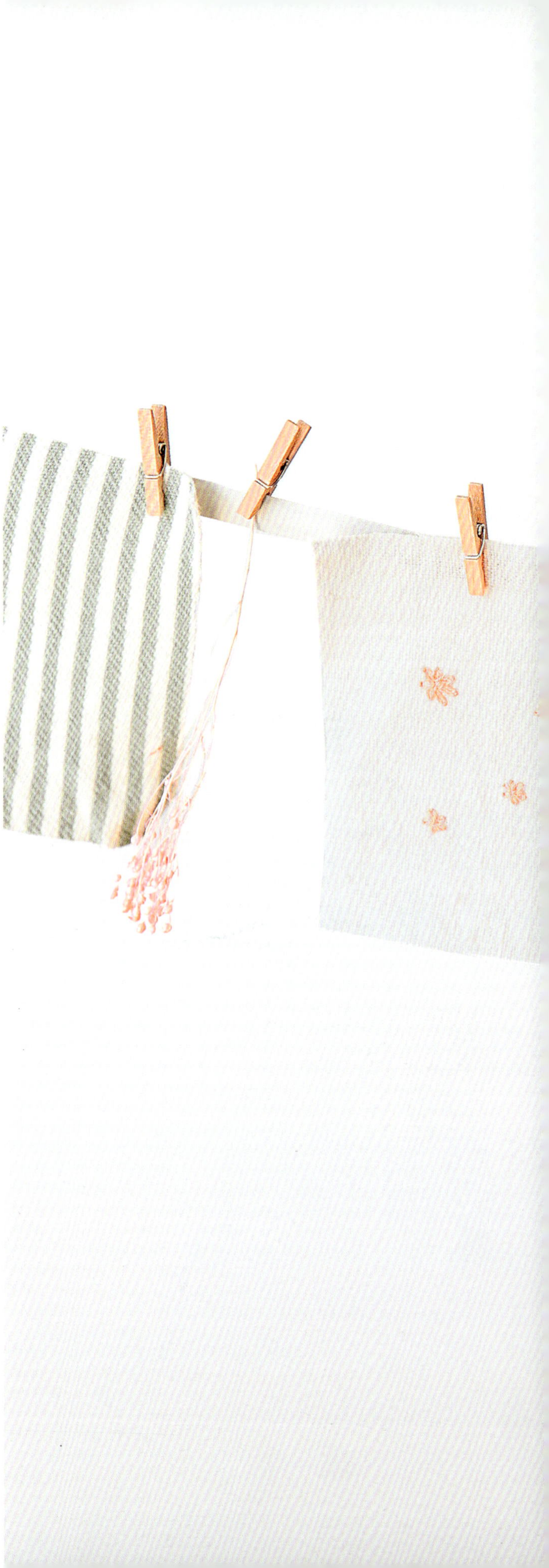

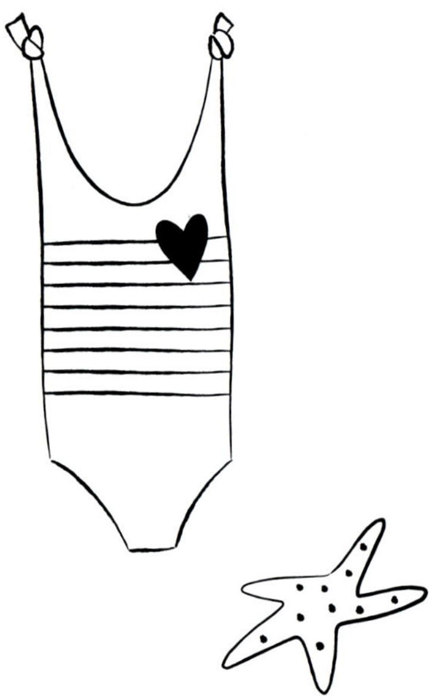

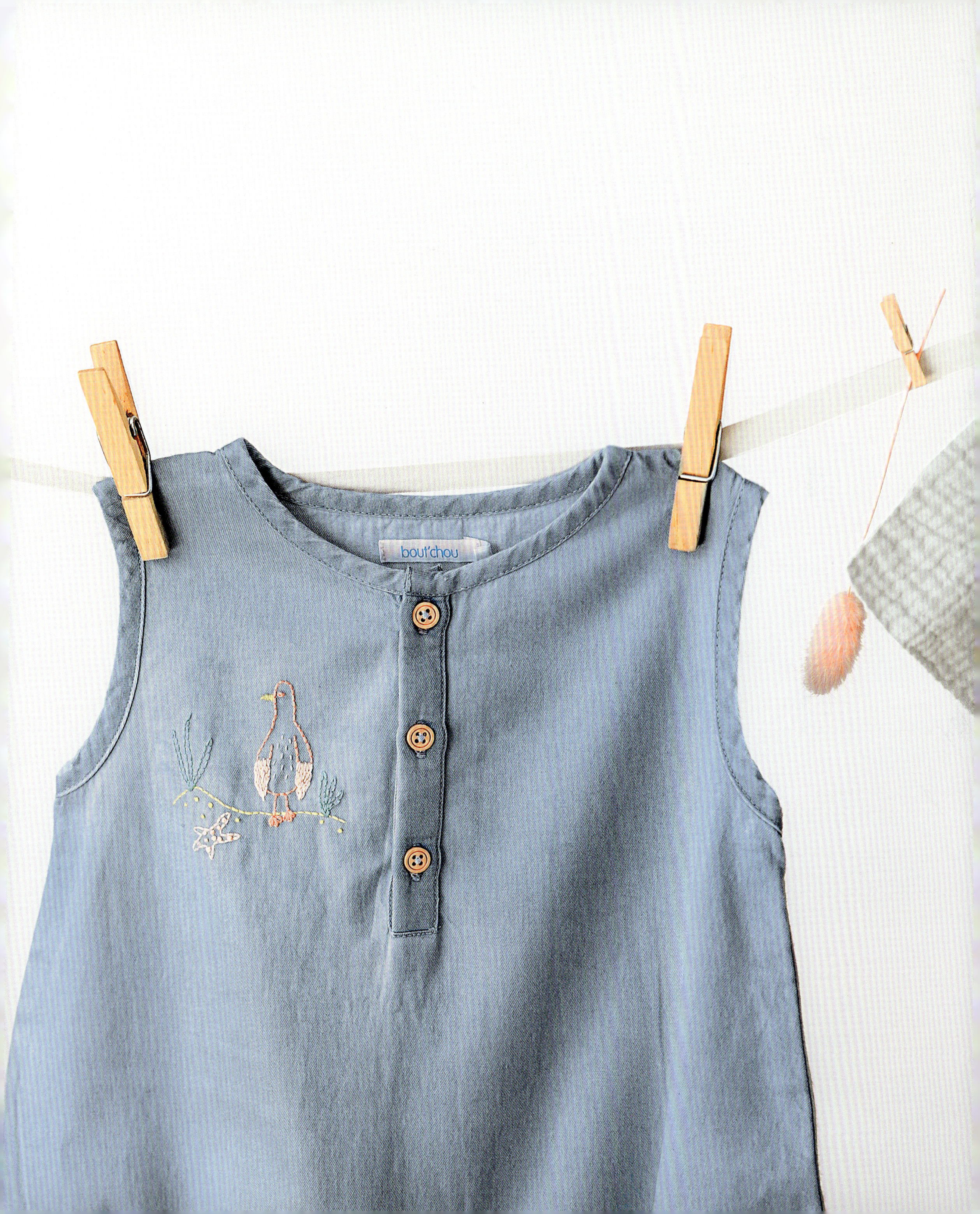

IN DER SONNE

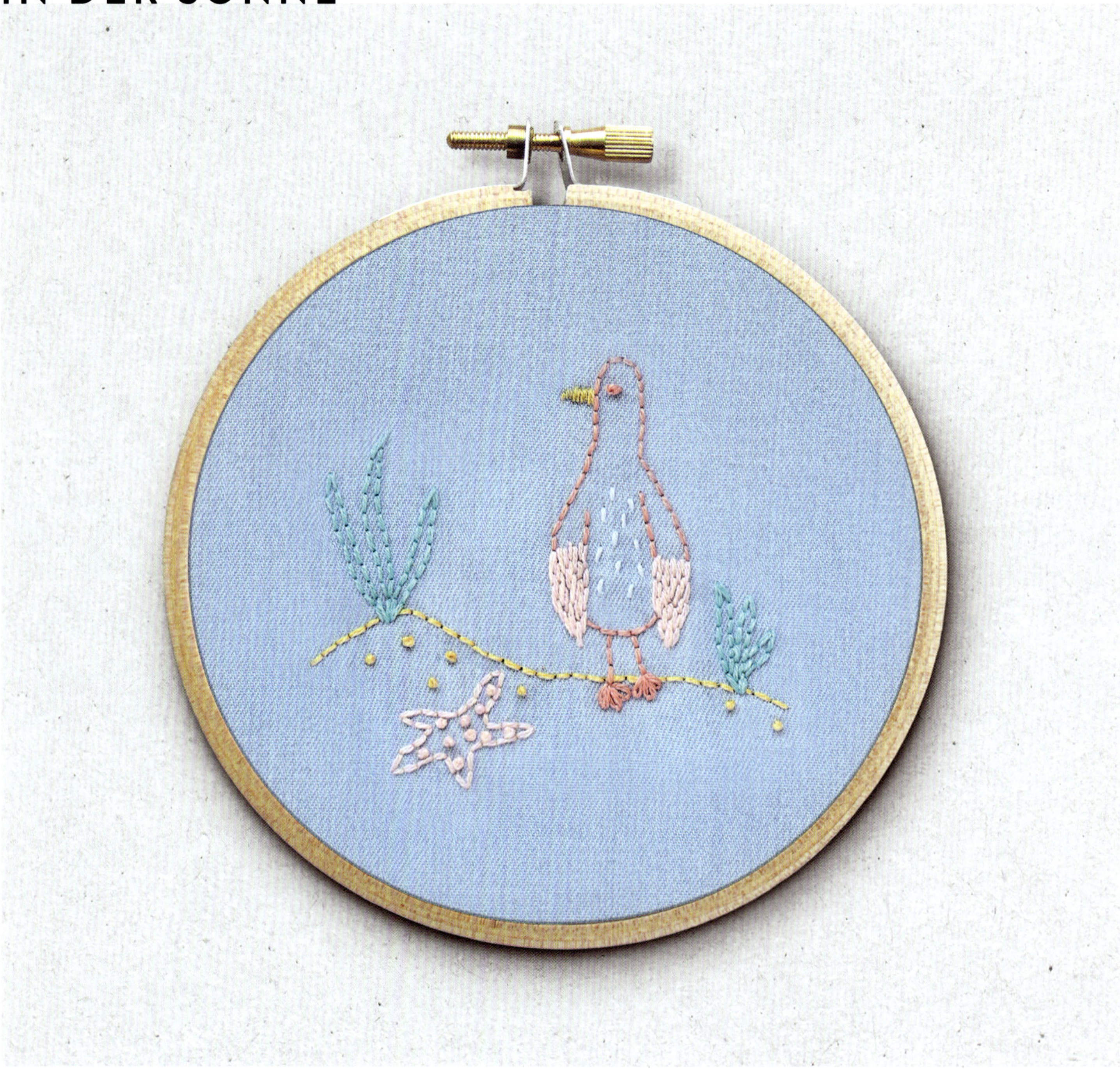

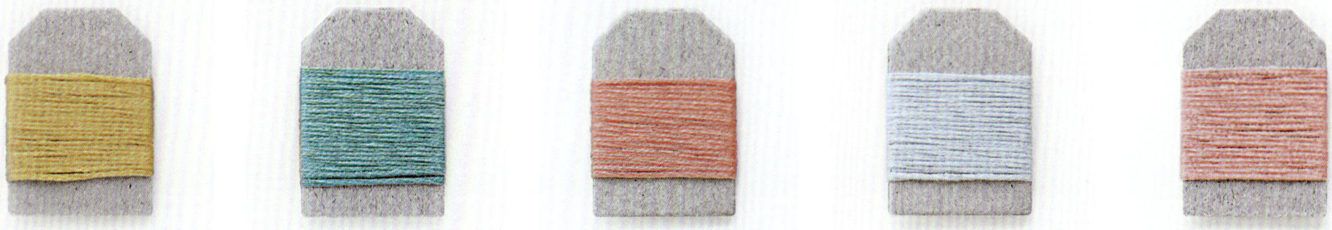

DAS MOTIV
SCHRITT FÜR SCHRITT ERKLÄRT

Das Motiv übertragen und mit den unten angegebenen Stichen und nebenan aufgeführten Farben sticken, dabei die beschriebenen Schritte befolgen.

Motiv zum Übertragen

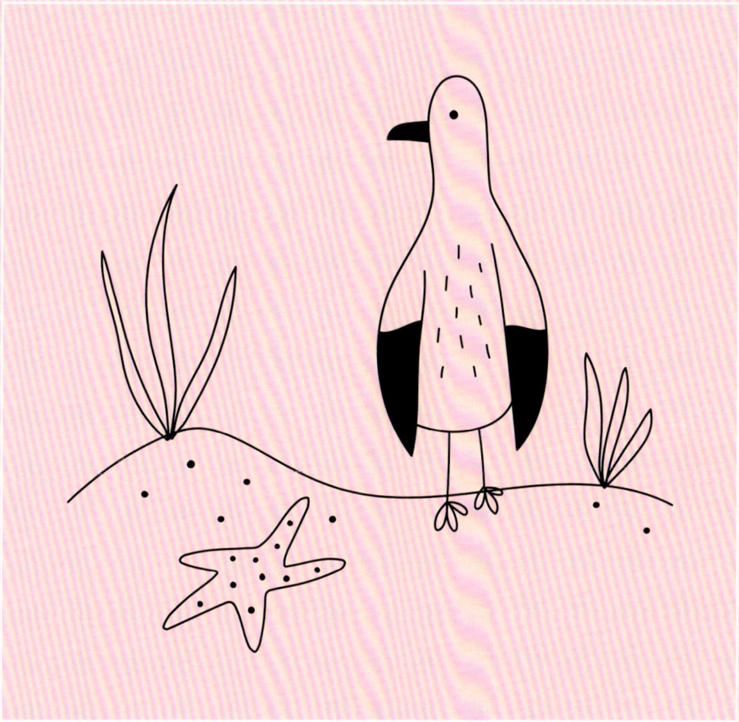

01.

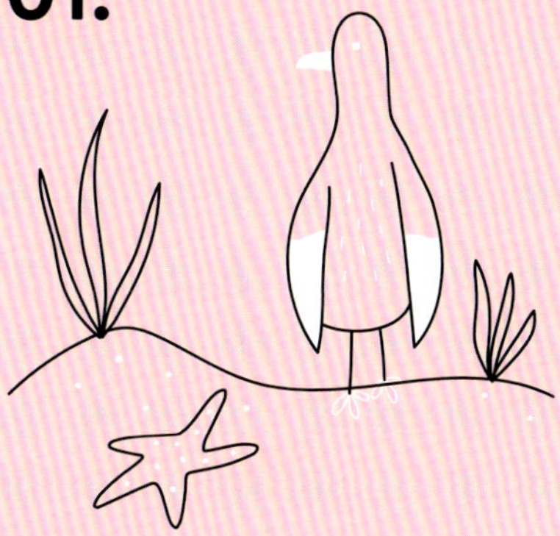

Steppstich
Die Konturen mit dem Steppstich sticken. Die kleineren Details wie die Gräser und den Stern mit kleineren Stichen sticken.

02. 03.

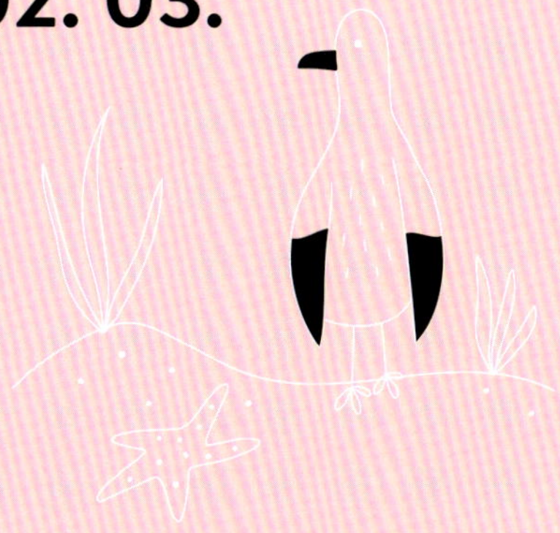

Plattstich/Versetzter Plattstich
Den Schnabel mit dem Plattstich und die Flügelspitzen mit dem versetzten Plattstich sticken.

04.

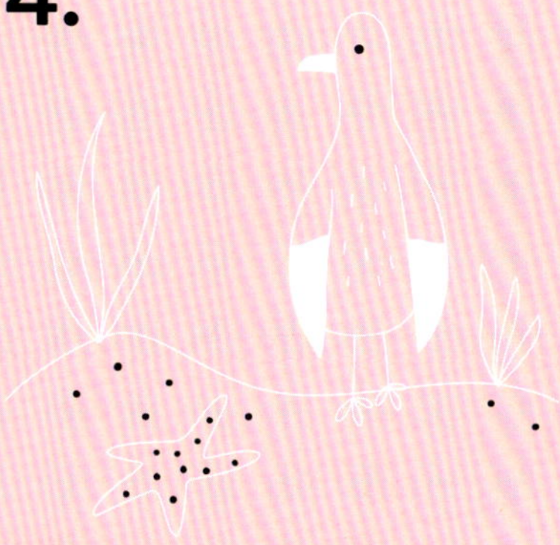

Knötchenstich
Die eingezeichneten Details mit dem Knötchenstich sticken.

05. 06.

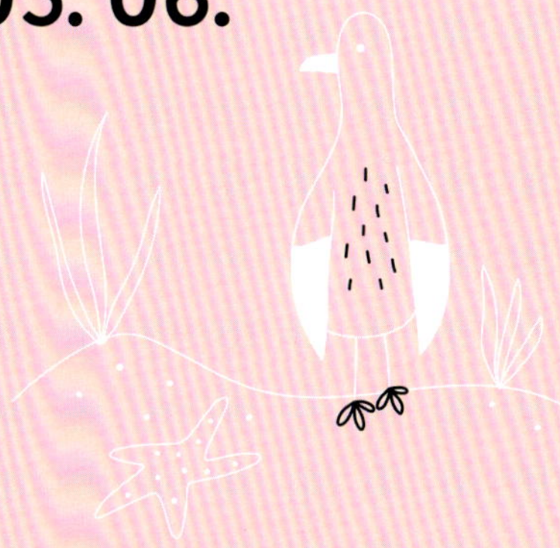

Vorstich/Schlingenstich (Blatt)
Die Federn mit dem Vorstich und die Krallen mit 3 Schlingenstichen sticken.

IN DER SONNE

Die Konturen und einige Details sind, bis auf ein paar Ausnahmen, alle im Steppstich gestickt.

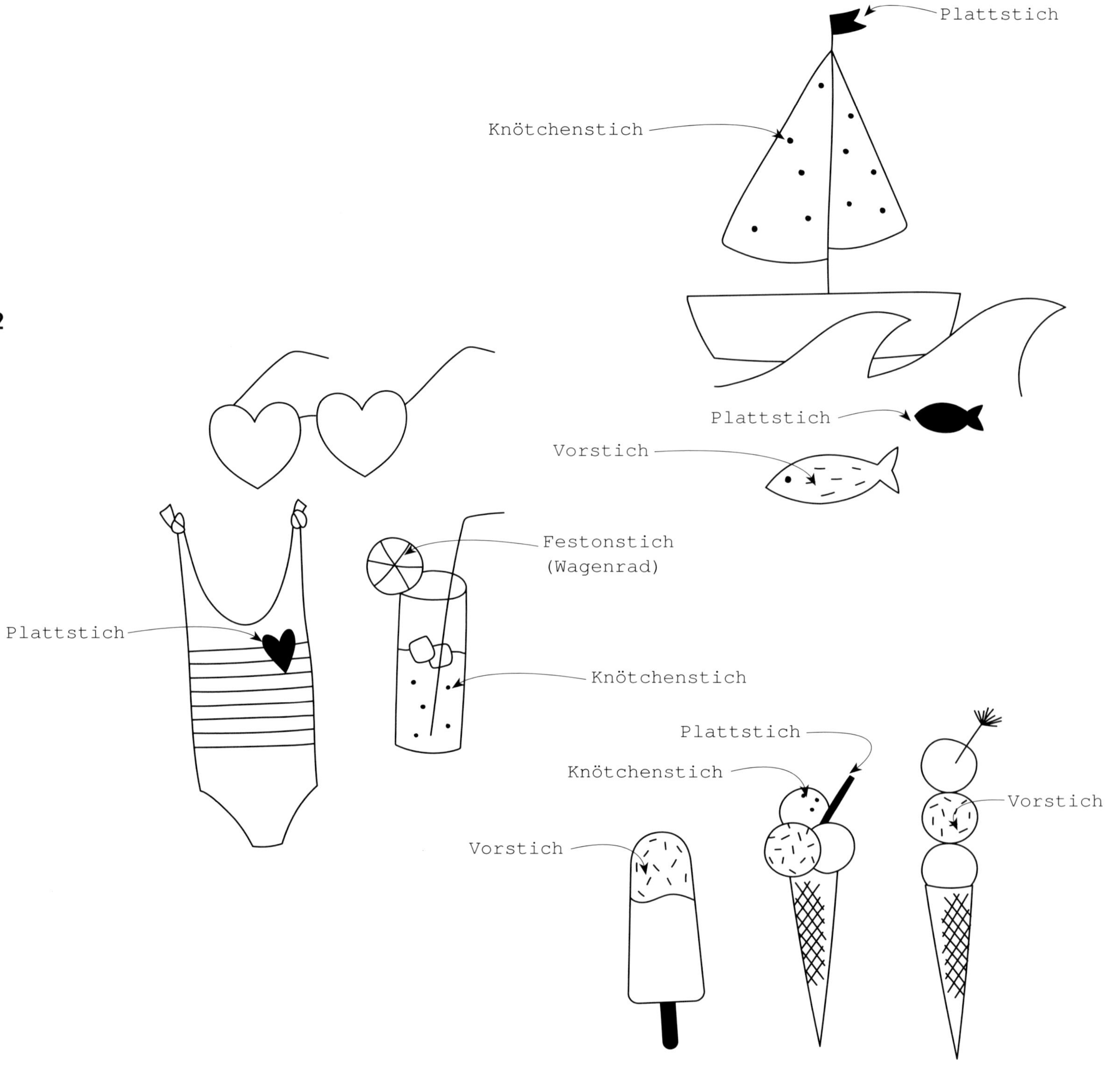

ZUSAMMENGESETZTE MOTIVE

Aus den hier gezeichneten Motiven können die Stickereien in beliebigen Farben frei komponiert werden.

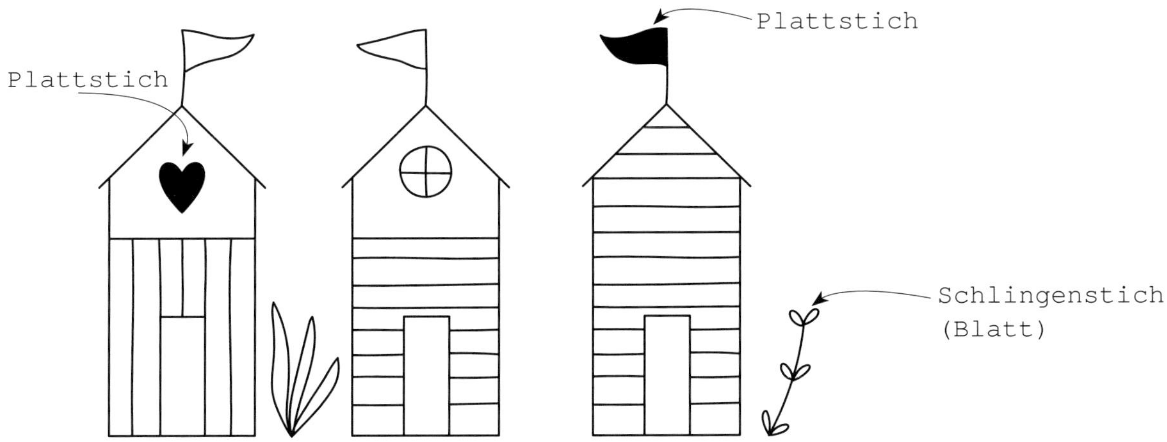

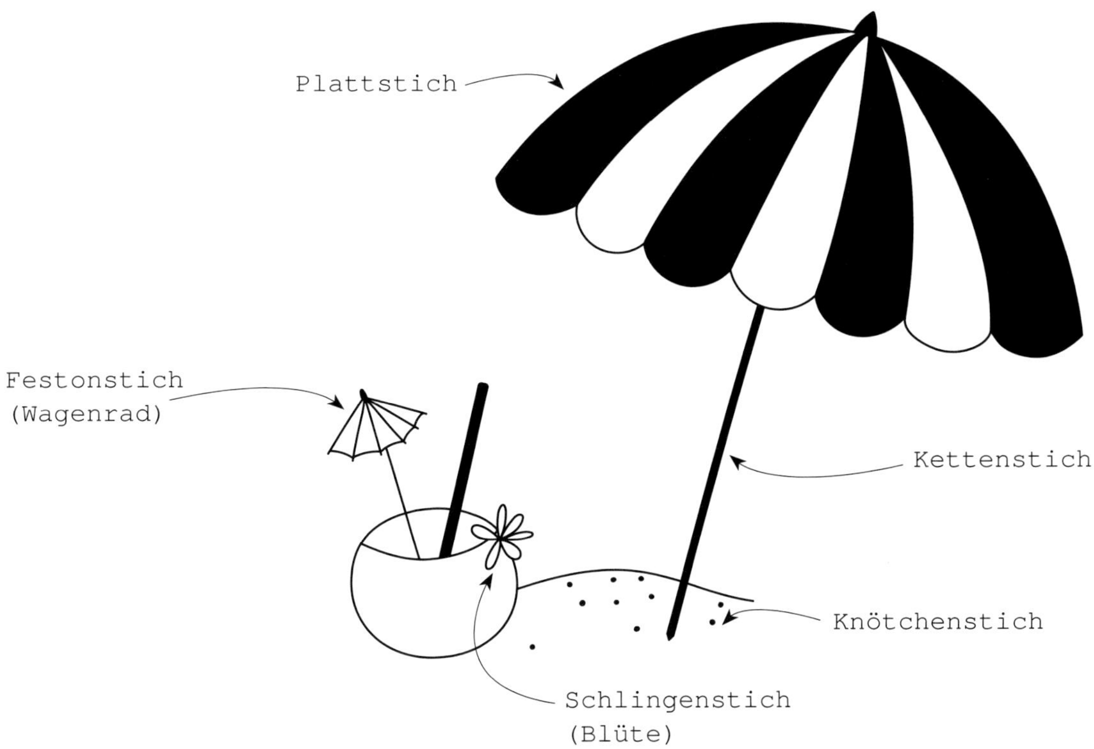

IN DER SONNE

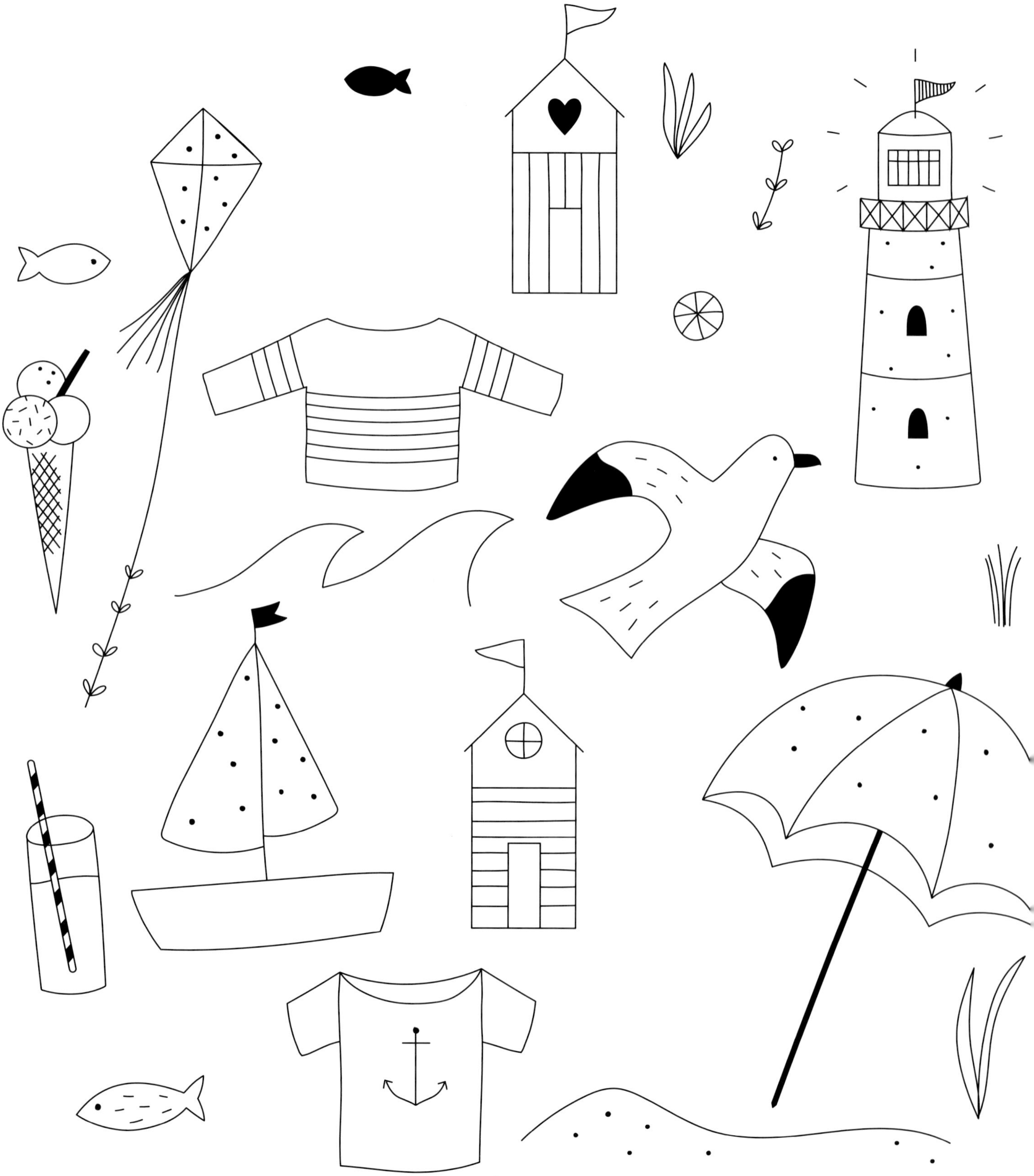

SKIZZENBUCH

Diese zum Thema passenden Zeichnungen können den Motiven hinzugefügt werden, sodass ganz neue Stickmotive entstehen!

VERZIERTE BUCHSTABEN

Hier finden Sie die Klein- und Großbuchstaben des gesamten Alfabets, damit Sie mit Blüten verzierte Wörter schreiben können. Sie können sie auf ein Kleidungsstück, etwa ein T-Shirt, sticken oder auf ein Stück Stoff, das Sie mit einem schönen Spruch oder einer Idee verziert aufhängen können.
Oder Sie sticken das ganze Alfabet und kreieren ein poetisches ABC, das auch sehr hübsch aussehen kann.

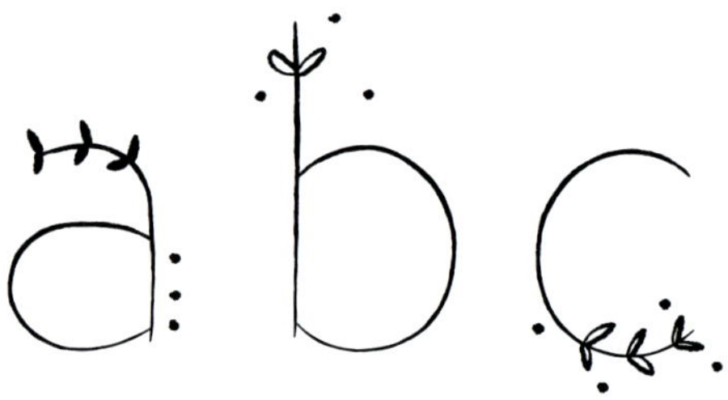

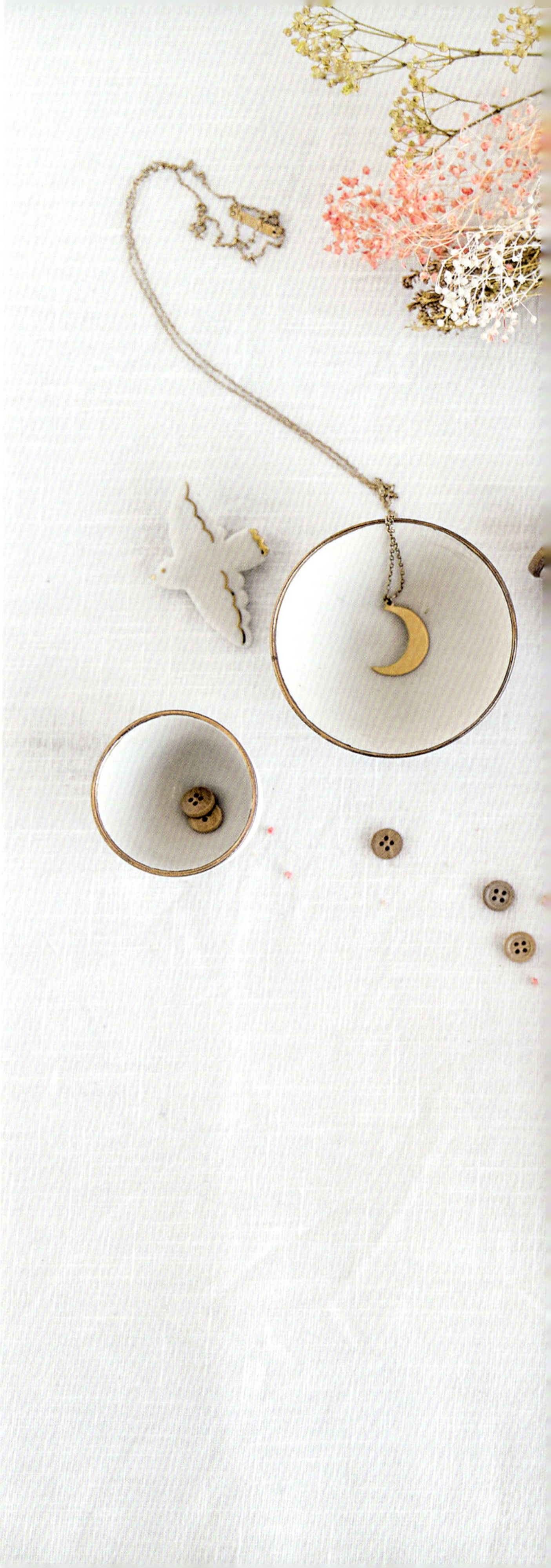

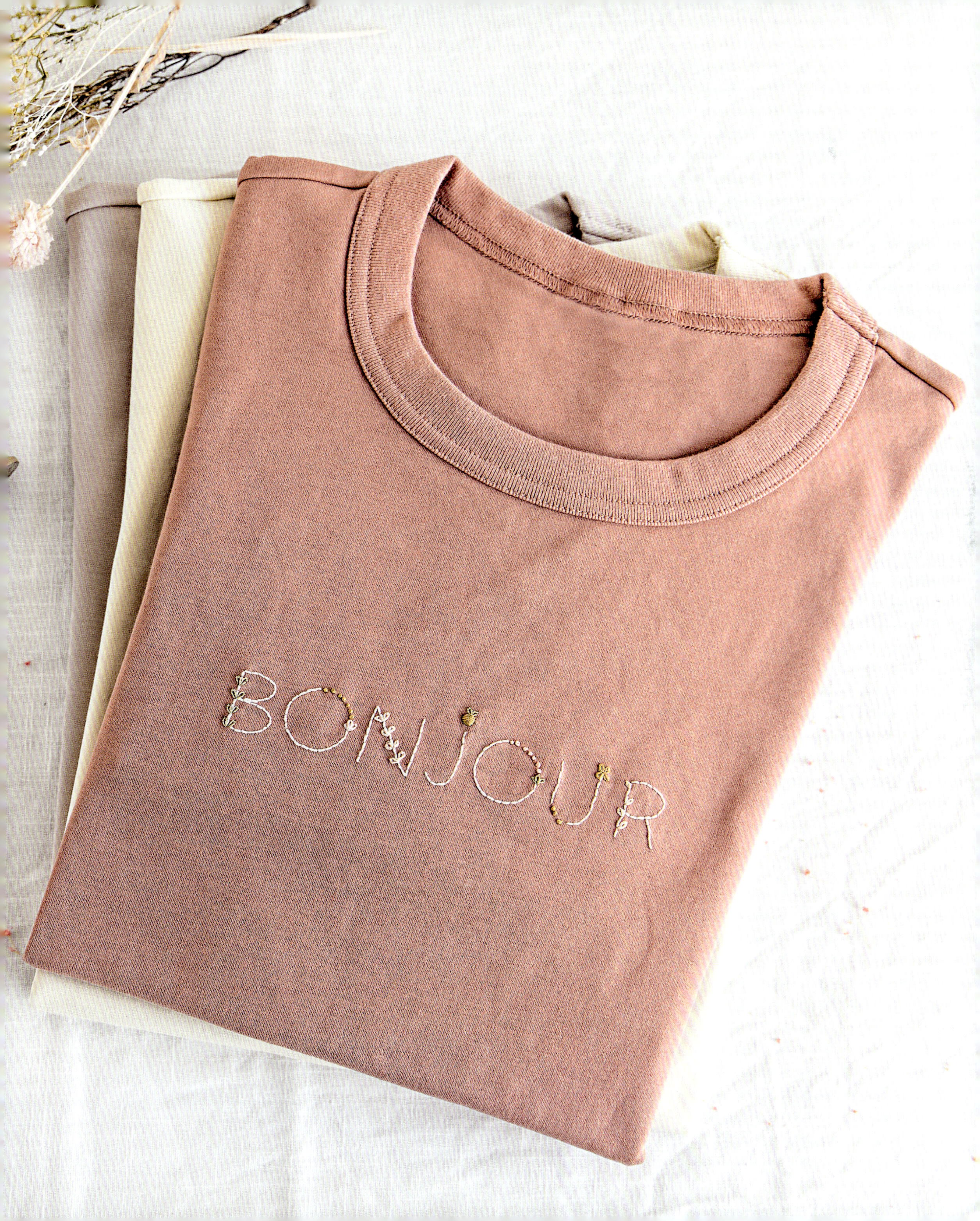
BONJOUR

VERZIERTE BUCHSTABEN

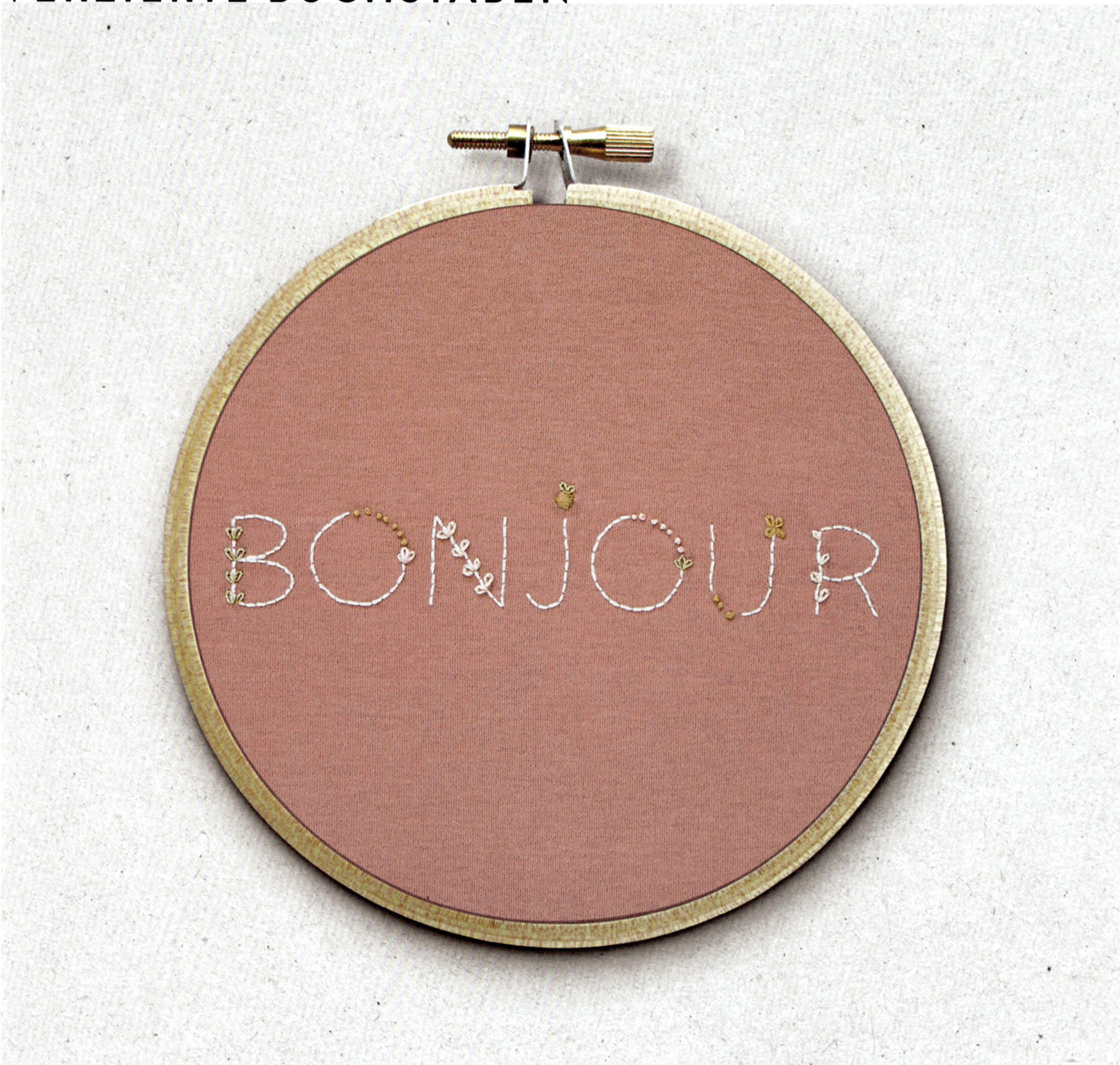

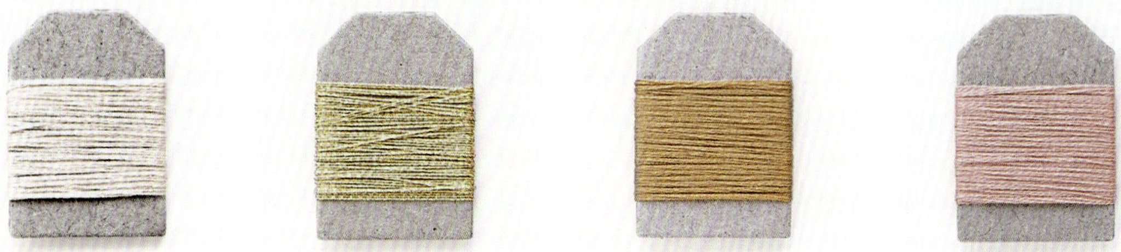

DAS MOTIV
SCHRITT FÜR SCHRITT ERKLÄRT

Motiv zum Übertragen

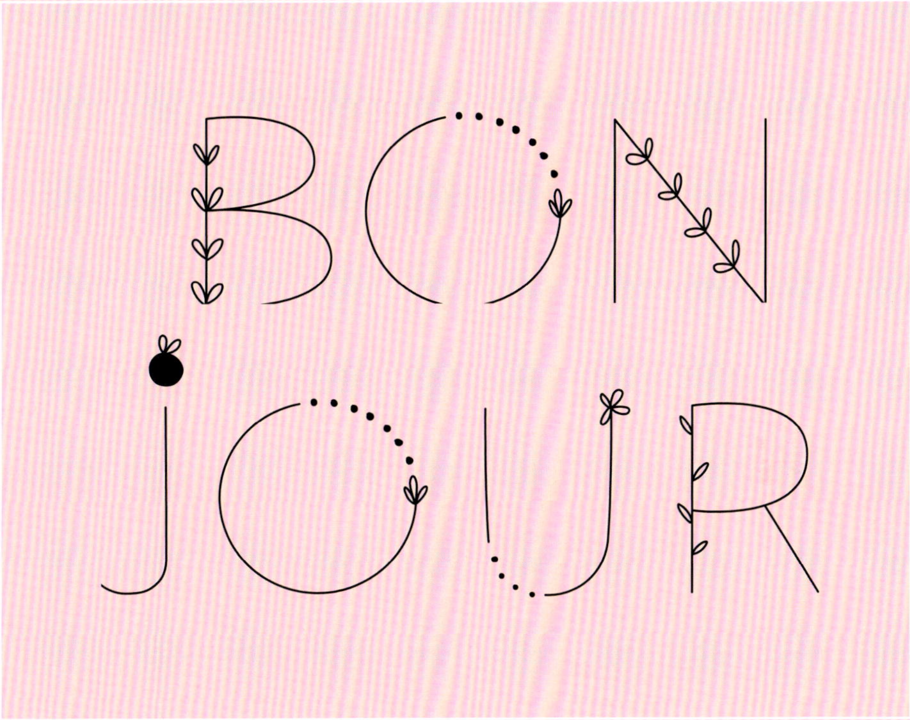

Das Motiv übertragen und mit den unten angegebenen Stichen und nebenan aufgeführten Farben sticken, dabei die beschriebenen Schritte befolgen.

01.

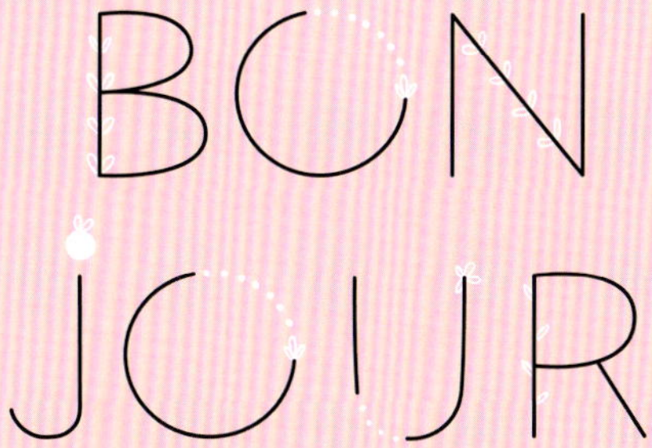

Steppstich
Die Buchstaben mit dem Steppstich sticken.

02.

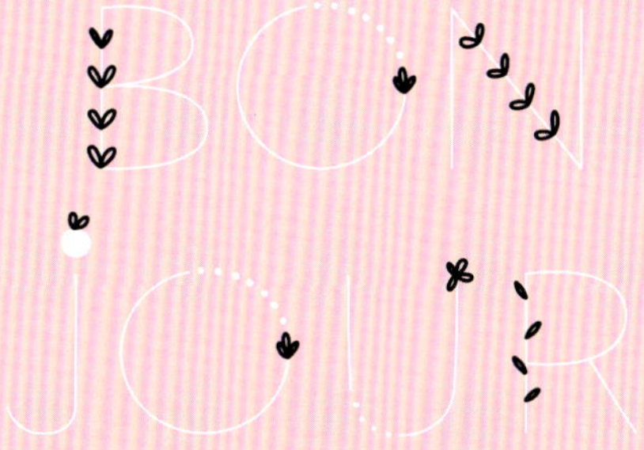

Schlingenstich (Blatt)
Die Blätter mit dem Schlingenstich sticken.

03.

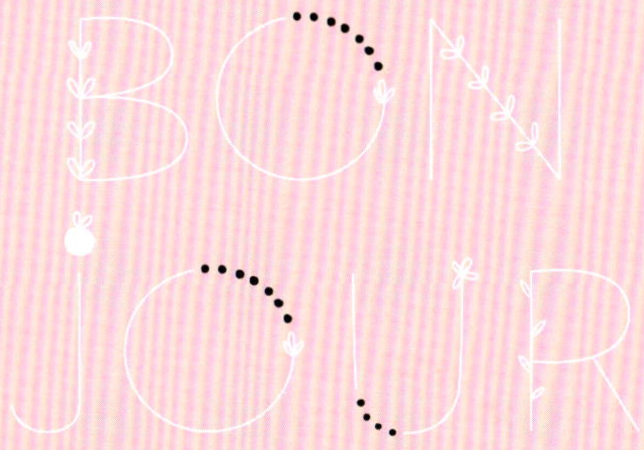

Knötchenstich
Die eingezeichneten Details mit dem Knötchenstich sticken.

04.

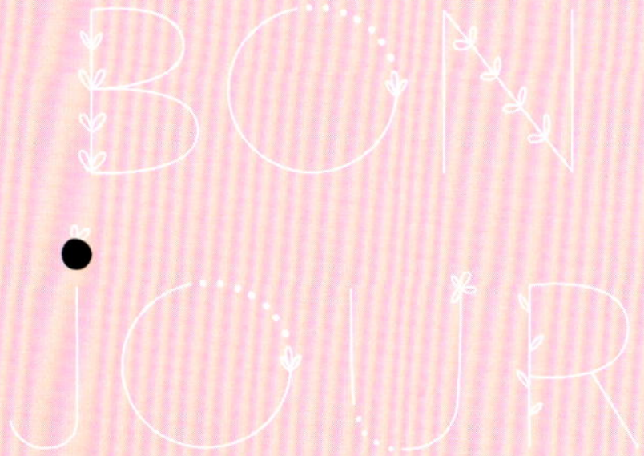

Plattstich
Den Punkt über dem J mit dem Plattstich sticken.

VERZIERTE BUCHSTABEN

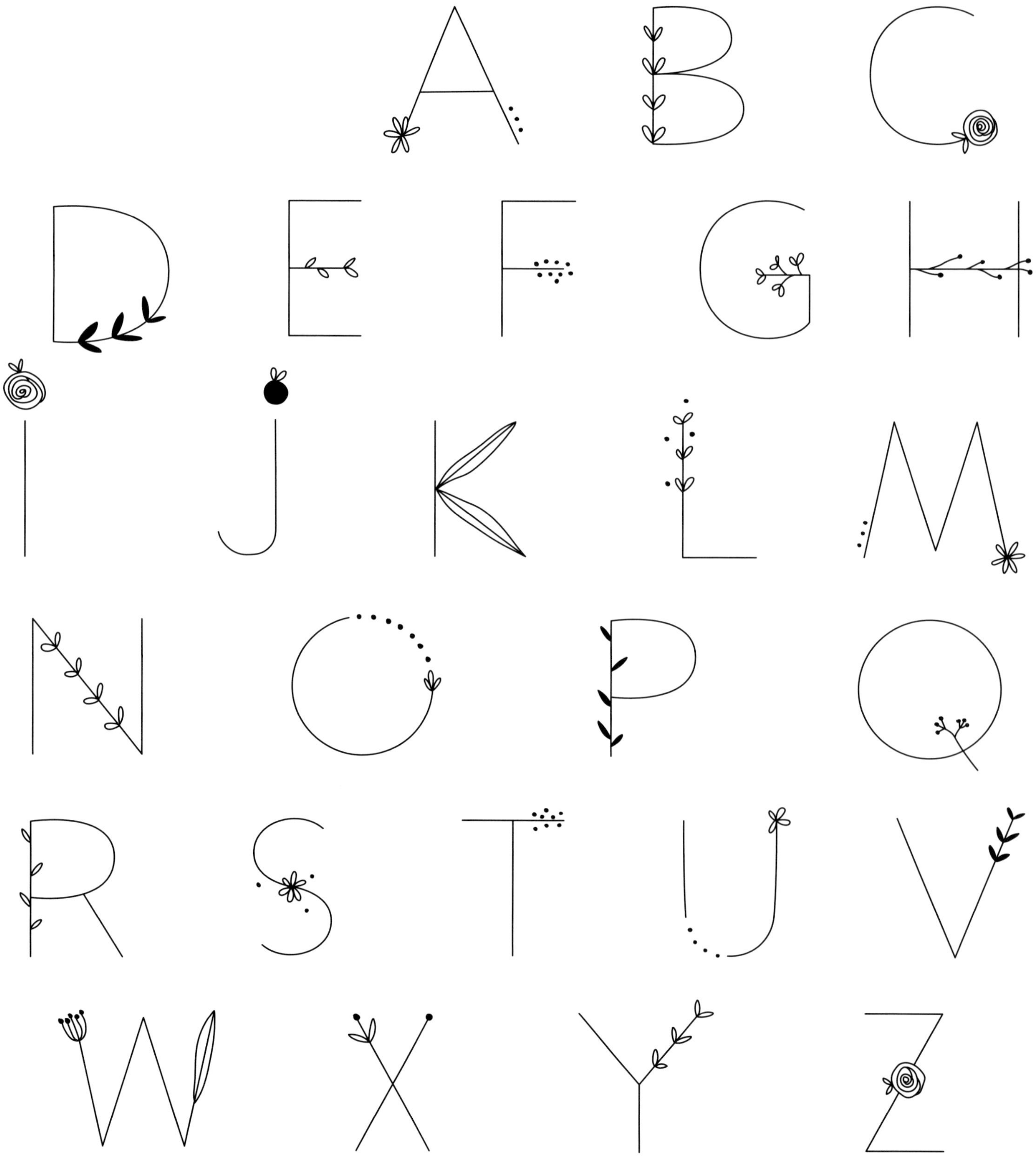

SKIZZENBUCH

Diese zum Thema passenden Zeichnungen können den Motiven hinzugefügt werden, sodass ganz neue Stickmotive entstehen!

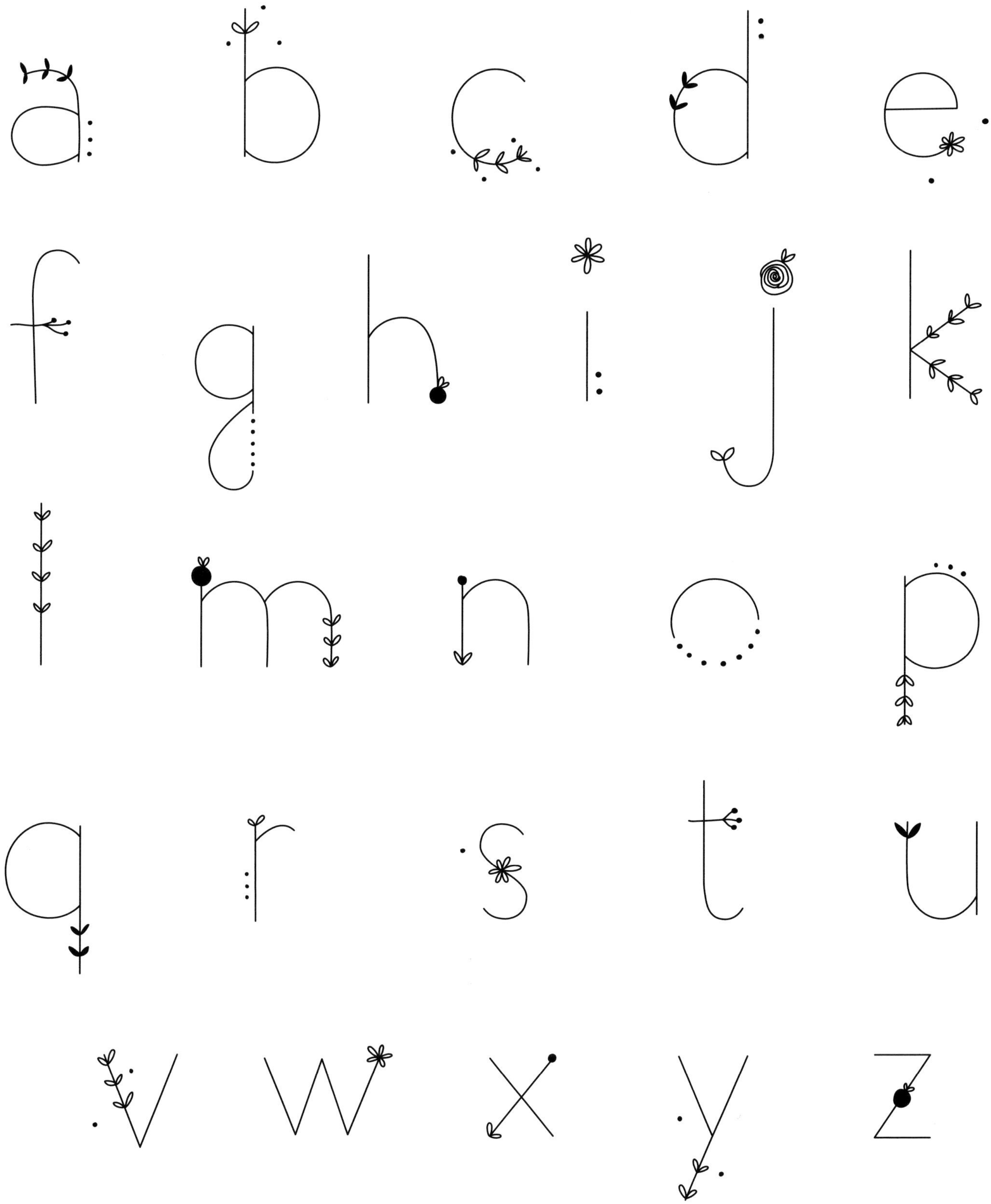

DANKSAGUNG

Zuallererst: Vielen Dank, Pascale, für das Vertrauen, das du mir von Beginn dieses schönen Abenteuers an entgegengebracht hast, für deine Komplimente und ermunternden Worte über meine Zeichnungen und Stickereien. Danke, dass du mir so große künstlerische Freiheit gelassen und mir immer zugehört hast.

Vielen Dank, Émilie, für deine wundervollen und leuchtenden Fotos. Es war großartig, dass ich die Gelegenheit hatte, mit dir zusammenzuarbeiten. Danke, dass du dich mit mir für die Schönheit eines Stoffstücks, für eine kleine Muschel oder einen vertrockneten Blütenzweig (den berühmten) begeistert hast!

Vielen Dank, Cristina, den kleinen katalanischen Lichtstrahl! Danke für deine so wertvollen Ratschläge und deine stets beruhigenden Worte. Du bist die Patin von Rose Céladon und ich habe sofort mit den hübschen Modellen von Nanöo gearbeitet.

Vielen Dank, Julien, dass du immer da warst, mir zugehört, guten Rat gegeben und einfach einen guten Geschmack hast. Vielen Dank, Théo, verantwortlich für die Kommunikation und die Stickarbeiten, für alle deine wichtigen Hinweise.

Khop khun kha an Apolline, die als Erste meine Stickereien von Rose Céladon getestet hat; auch für die gemeinsamen Touren und Strandbesuche in Thailand.

Vielen Dank, Tony, für deine Ratschläge und Unterstützung. Und für die vielen kleinen Gerichte, die du mir zubereitet hast, als ich nur noch den Stickfaden zum Knabbern hatte. Danke für deine Neugier und Kreativität, mit der du immer versuchst, mich zu verstehen und mit der du aus jedem Tag ein kleines Fest machst.

Schließlich danke ich der Firma DMC, die mir in großzügiger Weise alle notwendigen Materialien zur Umsetzung meiner Stickereien zur Verfügung gestellt hat.

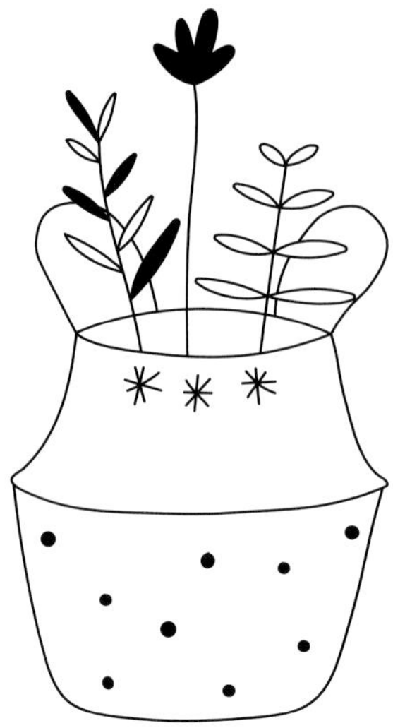

IMPRESSUM

Originalausgabe erschienen bei:
© Marabout (Hachette Livre) 2018
Édité par Hachette livre, Oktober 2018
Fotografie: Émilie Guelpa
Lektorat: Dominique Montembault
Layout: Else

Für die deutsche Ausgabe:
Produktmanagement: Maria Möllenkamp
Übersetzung & Korrektorat: Dr. Katrin Korch, www.literatur-und-mehr.de
Umschlaggestaltung: Leeloo Molnár
Satz: Martin Jablonka
Repro: LUDWIG:media
Herstellung: Julia Hegele
Printed in Türkiye by Elma Basim

Die Deutsche Nationalbibliothek verzeichnet diese Publikation in der Deutschen Nationalbibliografie; detaillierte bibliografische Daten sind im Internet über http://dnb.d-nb.de abrufbar.

3. Auflage 2023

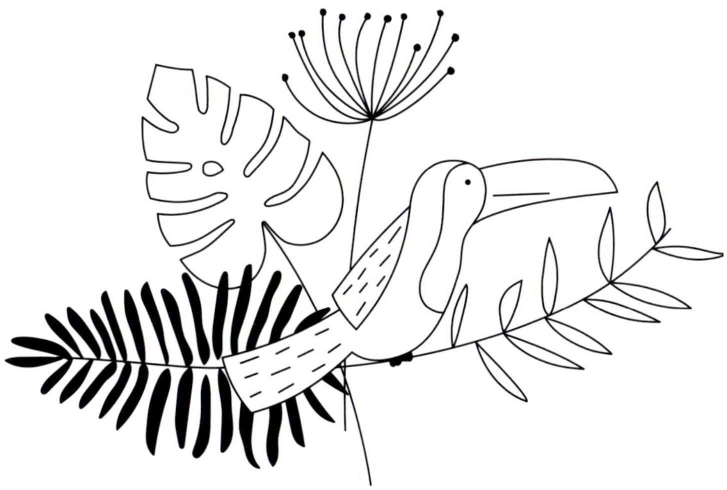

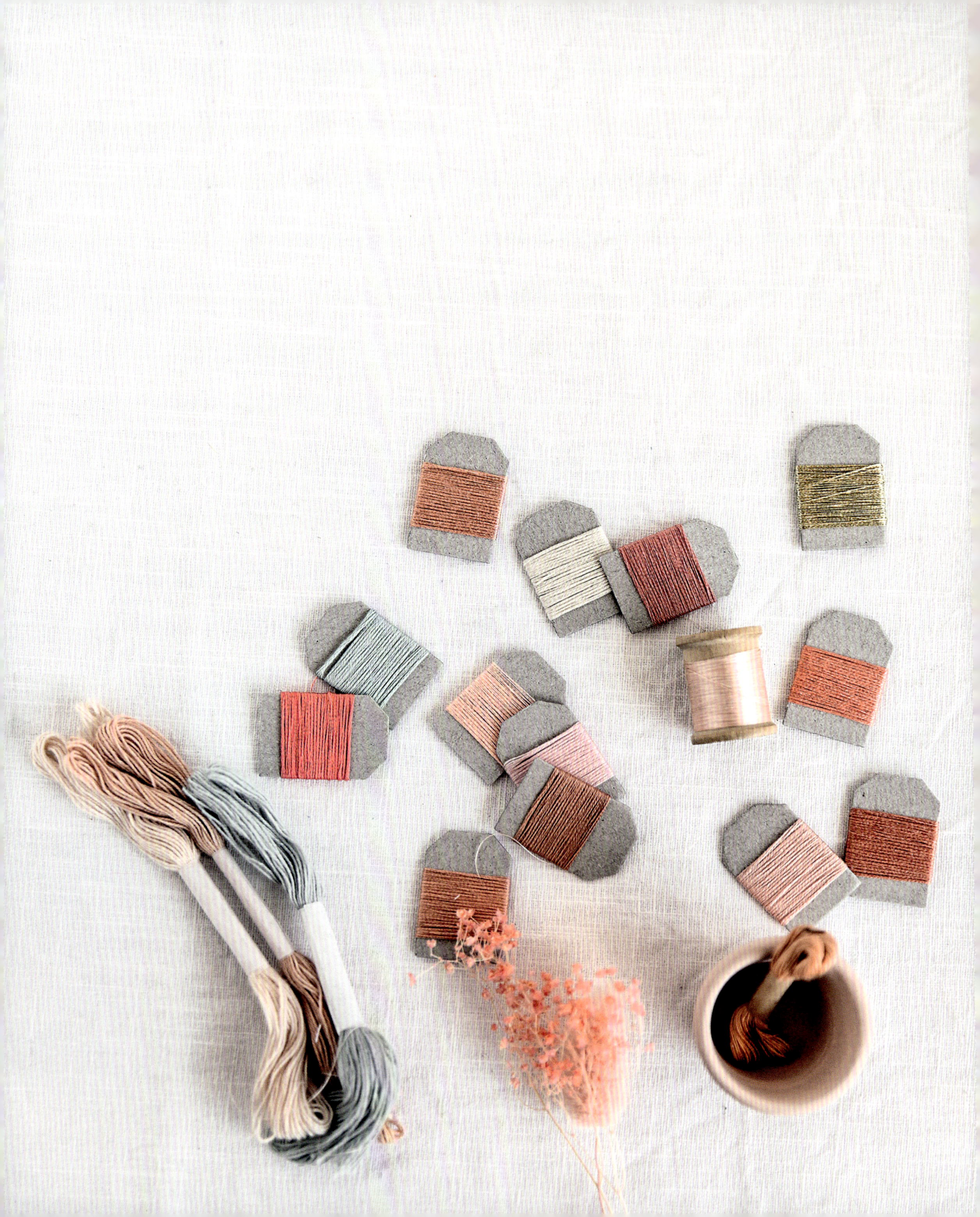